清华哲学文库

基督教与儒家

宗教性生存伦理的两种范型

田　薇　著

清华大学出版社

北京

内 容 简 介

　　本书以基督教和儒家为研究对象,在形而上学的层面上将二者作为两种"范型"纳入"宗教性生存伦理"的框架内,视为"同"一种宗教性生存伦理,又具有各自"不同"的思路和模式。"宗教性生存伦理"的观念指向以终极性为根据、以超越性为取向的人类普遍性本源性的价值生存秩序。以此为观念视阈,本书立足于基督教《圣经》及其现代神学的发展,依据儒家"四书"兼及其他思想文本,重新阐释了一系列基本而重要的话题:基督教的上帝观和儒家的天命观、基督教的罪性论和儒家的善性论、基督教的他力救赎论和儒家的自力修养论、基督教的神爱观和儒家的仁爱观、基督教的永生盼望和儒家的不朽追求。

图书在版编目(CIP)数据

　　基督教与儒家:宗教性生存伦理的两种范型/田薇著.—北京:清华大学出版社,2022.9
(清华哲学文库)
　　ISBN 978-7-302-61397-8

　　Ⅰ.①基⋯　Ⅱ.①田⋯　Ⅲ.①生命哲学－基督教－对比研究－儒家　Ⅳ.①B978
②B21

　　中国版本图书馆 CIP 数据核字(2022)第 125618 号

责任编辑:梁　斐
封面设计:常雪影
责任校对:刘玉霞
责任印制:丛怀宇

出版发行:清华大学出版社
　　　　网　　　址:http://www.tup.com.cn,http://www.wqbook.com
　　　　地　　　址:北京清华大学学研大厦 A 座　　　邮　　编:100084
　　　　社 总 机:010-83470000　　　　邮　　购:010-62786544
　　　　投稿与读者服务:010-62776969,c-service@tup.tsinghua.edu.cn
　　　　质量反馈:010-62772015,zhiliang@tup.tsinghua.edu.cn
印 装 者:三河市东方印刷有限公司
经　　销:全国新华书店
开　　本:170mm×240mm　　印　张:14.75　　字　数:260 千字
版　　次:2022 年 9 月第 1 版　　　　　　印　次:2022 年 9 月第 1 次印刷
定　　价:89.00 元

产品编号:080133-01

教育部人文社会科学基金项目成果(09YJA730005)
国家社会科学基金项目阶段性成果(15BZX101)

Contents
目录

导论

在本书中，我将以"宗教性"和"宗教性生存伦理"为基本观念和基本视域来解读和研究基督教伦理和儒家伦理，就是说，要把基督教伦理和儒家伦理作为宗教性的生存伦理予以理解和阐发。一般来讲，视基督教伦理为宗教伦理是无疑的，但视儒家伦理也为宗教伦理则并非没有疑义，但在本书中恰恰要将二者一并作为宗教性生存伦理的两种典型范式来解读。由是，何谓宗教性生存伦理将成为一个前提性问题，也是将儒家作为宗教性的生存伦理进行解读的基本依据。而在"宗教性生存伦理"概念中，"宗教性"的概念又是思想的基础和理解的关键。下面我对"宗教性"和"宗教性生存伦理"的基本观念进行简要的阐释，并借助相关思想资源的梳理以获得理论的支持，以此为基督教和儒家的观念构架奠定基础。

一、"宗教性"与"宗教性生存伦理"的观念

在习常的理解中，一方面，宗教和宗教伦理往往被定位于某一特殊的社会领域和某种特定的人类活动，是与政治及政治伦

理、经济及经济伦理、艺术及艺术伦理、环境及环境伦理等不同门类的观念体系,是宗教徒在其宗教活动以及社会生活中尊奉的一套特殊的伦理诫命和行为规范。另一方面,现实中的宗教及宗教伦理不仅有其特定的人群共同体作为承载者,而且有其特定的制度机构、仪式仪规和教义信条,更有其各自不同的崇拜对象,于是有基督教和基督教伦理、佛教和佛教伦理、道教和道教伦理等各种形态。这种宗教社会学式的考察将宗教和宗教伦理放在现象形态的层面,作为各种社会生活现象中的一种来把握。我将跳出这个层面,从生活世界的诸多表象形态回溯到人类根本性—整全性的生存本身来看,试图找出宗教和宗教伦理的本质性或本源性所在。这是一种普遍的宗教形而上学层面的"看",也是一种生存论的宗教现象学之"思"。其中首要和关键的一环在于看出或思出宗教之为宗教的本质意义何在,因为宗教伦理的观念基于宗教的观念,关于宗教本质意义的理解直接决定着关于宗教伦理的意义定位。

依照生存论现象学的形而上学之思,各种各样的"宗教现象形态",比如基督教、佛教、道教以及儒家(或儒教),虽然从客体性指向来看,其尊奉的对象有"上帝—圣言""佛法—佛陀""道—神仙""天命—圣人"以及一系列教义学说和礼仪制度的众多差异,从主体性指向来看,人类亦有各种不同的宗教经验如启示—信仰、觉悟—超脱、修炼—坐忘、尽心—知性—知天等,然而,搁置这些差异,透过或越出这些差异而诉诸后面的意义指向,就会发现它们有着基础上的共同性或一致性。

首先,从人的对象性指向来看,它们都是对某种至上者的终极性观照。无论是佛教的"佛法",基督教的"上帝",还是道教的"道"和儒家的"天",虽然它们的具体含义非常不同,但在根本意义上都是作为某种终极的至上者而存在的,构成世间一切现象存在及其运行的灵机和源泉、目标和根据、法则和决定者。正因如此,也就被赋予了某种绝对的不可侵犯的神圣性意义,而人类对于它们的各种形态的观照,不论是基督教的、佛教的、道教的,甚或是儒教的,本质上都属于某种终极性的观照。

其次,从人的自身性指向来看,各种宗教都是对人性有限性的超越性观照,实际上也是对人性生命的完满性的寻求。基督教里堕落的人在"罪性"中受缚,因而要信靠"上帝的恩典"以获救而"重生"并"永生","道成肉身"的耶稣基督便是永生的"完人"典型;佛教的众生在生死中"轮回",因而要在对"佛法"的体悟和修行中"成佛",以跳出三界、超脱轮回、进入永恒的"涅槃"境界,"佛陀"便是"了悟"佛法的典型;道教里的凡界俗人则要在重生恶死、全身保生的根本观念下,通过修炼"真道"羽化登仙,实现长生久视的"神仙"境界,"仙人"便是修道"得道"的典型;而对于儒家来说,每个人通过尽心知性知天的修身养性返本内求之路,以及正心诚意修齐治平的由内及外、由己及人的外推之路,以实现天人合一和内圣外王的至高境界,也是实现成德成人、成贤成圣的完美人格的追求,"圣人"便是天人合一与内圣外王的典型。这一切都表明,各家各教无不在根本目的上致力于追求生命的完满性,在本质上都属于试图摆脱自身有限性禁锢的超越性观照。

在此,终极性和超越性是一体化的。从终极性的至上者来看,说它是终极性的也就意味着它是超越性的,因为超越了一切存在的有限性而是终极而超越的存在者,所以对至上者的终极性观照也是超越性观照。从有限的存在者来看,对自身有限性的超越观照同时就是终极观照,因为只有以终极存在为根据,超越有限才是可能的;没有终极存在作为意义支撑,有限者自身的超越行为可能面临滑入虚无之境的危险。因此综合起来讲,对终极而超越的至上者的观照也就是试图打破自身有限性存在的超越而终极的观照。在宗教状态下,自身性指向和对象性指向是同时并存、一体两面的同构关系与整体存在。这也是基于宗教生存论的立场,在现象学视镜中呈现出来的跳出主客对立的源始浑然的存在状态。

我将对至上存在的"终极观照"和对有限性存在的"超越观照"视为宗教的本源意义和生存论意义,而"信仰"和"信念"则是其基本实现方式和存在方式。终极的指向和超越的姿态由于突破了有限的经验和理性的逻辑,而在这个限度之外伸向了永恒无限的信念之境和信仰之路。这也意味着,宗教作为终极而超越的观照在根本上是一种"信仰观照"。在信仰的观照下,人的有限性存在通过对终极性存在的超越性取向或依归而获得了生存秩序的意义之基。我将这种指向终极而超越之维的生存依归性称作"宗教性",既包含着宗教世界里终极而超越的神圣性存在之维,也包含着人们对于这种存在所持守的终极而超越的信念性生存之维,是终极而超越的至上存在和终极而超越的信仰姿态的统一体。一言概之,"宗教性"即人类的整个价值生存在意义取向上的终极性和超越性。

通过信仰以指向终极而超越之维的"宗教性"是宗教之为宗教的核心与灵魂,也是宗教里最重要、最本质的东西,它是在普遍的形而上学层面上彰显出来的,也可称为"形而上学宗教性"。而由教义信条、仪式仪轨、组织机构、教堂庙宇、特定群体和崇拜对象所构成的一整套外在而庞大的宗教表象系统,则变得不再显要而淡出了视野。透过这种形而上学的宗教性视镜(与现象学视镜重合),一切宗教对于人类存在来说,都可还原为某种面对世界和人类自身的本源性生存模式,即立身有限性境遇,而取向终极性和超越性依归的信念生存。由此,我们便跳出了仅仅指向某种特殊领域和特殊活动的宗教,进入到人类整体性与根本性的生存活动中。这种生存活动在客体方面体现为道德伦理传统的历史创造,在主体方面体现为个体生命世界的意义生成,终极而超越的"宗教性"则为个体心灵秩序和社会伦理秩序的建构而奠基。由是,任何一种伦理道德传统都是一种"宗教性"的价值生存体系,每一个个体的生命过程也都是一种"宗教性"的生存方式。这一切都基于人类超越生物本能限度而追求文化生存意义的特有精神本性,取决于人类试图打破生命存在的暂时性—有限性藩篱而取向永恒性—无限性之境的先天形而上学本性。

于是,在"宗教性"的基础上我们确立起"宗教性生存伦理"的概念。它包含着宗教性、生存性、伦理性三者同构且浑然一体的观念。所谓"生存性"取人的存在性之义,非指任何一种具体生活样态,而是指涉人类生存本身;所谓"伦理性"意味着人伦生存本身的价值纹理,以道德教化的文明特质区别于动物本能生存;所谓"宗教性"则指向人类信仰生存的终极之维和超越之维,从而打通天人之际、有无之界与神人之间。质言之,生存性言述着人的存在本体,伦理性指示着人的道德经纬,宗教性则彰显着人的生存限度以及由此关切终极而试图超越的信念取向。因此,将宗教性、生存性、伦理性一体化的"宗教性生存伦理"意味着:将"宗教伦理"解读为"生存性"的,生存性的就是存在性的;将人的"生存伦理"解读为"宗教性"的,宗教性的也是本源性的;由是,在原发性意义上,道德性伦理即是生存性伦理,亦即是宗教性伦理;在宗教性生存伦理的观念中打通生存伦理和宗教伦理、伦理生存和宗教生存之间的界限,使其融合为一个整体性的存在结构,表现为人类基本的源始同一的生存状态。这样一来,我们跳出了习常的见解,即宗教伦理是特定信徒群体守持的一套基于特定宗教教义的道德诫命和行为规范。相反,"宗教伦理"作为"宗教性的生存伦理",乃是人类根于终极关切的基本生存结构和价值结构,也是一种承载着超越的意义指向的普遍道德构架和生命展开进程。基督教伦理、佛教伦理和儒家伦理等,都不过是宗教性生存伦理的特定表达形态。

以此来看,任何一个源远流长的伦理文化传统都是一种宗教性的生存伦理体系,无不具有将人的整个社会生活秩序和心灵生活秩序引向某种终极价值根据,进而确立某种超越性生存姿态的根本质性,也可称之为"信念生存伦理"。基督教伦理和佛教伦理如此,儒家伦理也不例外。反过来说,借助于形而上学的"宗教性"和"宗教性生存伦理"的观念和视野,我们可以消解关于世俗伦理与宗教伦理截然二分的成见,因此悬置甚或解构儒家是不是宗教、儒家伦理是不是宗教伦理的诸多争议。

二、"宗教性"观念的思想史资源检要

"宗教性"是本书隐含的根基性概念,也是我们将基督教和儒家共同解读为宗教性生存伦理的思想关键。这一概念是从西方丰富的宗教思想资源中吸收和借鉴、引申和转化而来的。为了使宗教性生存伦理的观念获得深厚的学理性支持,我

将选择四位现代人物——西美尔、蒂利希、卢克曼和史密斯——为代表,对他们的理论所包含的"宗教性"思想,择其要点进行专门的梳理和阐发,以彰显他们对于什么是宗教的本质的理解。大致说来,这些理论观点可以概括为两种视野下的观照:一是从人的内在而独特的精神生存本性出发去阐释宗教,二是从人的社会伦理和文化活动出发去阐释宗教。下面逐一展开讨论。

西美尔(G. Simmel)对于"宗教"和"宗教性"两个概念进行过明确的区分,坚持以"宗教性"为取向的宗教观。他沿着两条解释路径进行:首先,立足于个体性生命存在,用"宗教性"(die Religiositaet)指涉某种先天的内在的生命品性,一种非肉体生命乃灵魂生命的存在天性;同时,用"宗教"(die Religion)指涉那些后天的外在的教义、制度和机构,它们不过是"宗教性"的外部呈现形态。宗教的生机不是活在建制性的宗教机构里,而是活在个体心性里,宗教性才是宗教的灵魂与内核。西美尔说:"宗教性……是我们灵魂中的一种存在或事件,是我们天赋的一部分。宗教天性(religioese Natur)在本质上和情欲天性(erotische Natur)是一样的。"①它是"最内在的生命特征","是宗教灵魂的基本存在,它规定了灵魂的一般品质及特殊品质的倾向和功能"。② 宗教的和理性的、艺术的、实践的一样,都是内在于生命之中的"先天形式冲动",在构建世界图景和规整生命内容的过程中,它的独特功能在于"用新的形式把内容推上超验境界",建构起"无数的信仰世界、神圣世界、拯救世界"。③ 在此,"宗教性"的根本意义在于指向"超验"的维度,它使生命存在越出了有限的经验的偶然的层面,朝向某种完整的绝对的和终极的生存秩序。无论外在宗教有多少变化,宗教的价值都会"完好无损地保存在灵魂中",因为人的个体禀性有永不消亡的"内在宗教性"。

其次,西美尔还立足于人的在世关系来解释宗教性的意蕴,用宗教性指涉一种在世关系中的情感所向、一种社会性的精神结构。任何个体都需要生活在社会性的场域,在世关系是个体生命的展开空间。"宗教性"作为个体内在的灵魂天性在其社会生活中得以展开和实现,由此衍生或构成为人际关系中的宗教性。他说:"人与人之间各种各样的关系中都包含着一种宗教因素。孝顺儿女与其父母之间的关系;忠心耿耿的爱国者与其祖国之间的关系或满腔热情的大同主义者与人类之间的关系;产业工人与其成长过程中的阶级之间的关系或骄横的封建贵族与其等级之间的关系;下层人民与欺骗他们的统治者之间的关系;合格的士兵与其队

---

① ［德］西美尔:《现代人与宗教》,曹卫东等译,北京,中国人民大学出版社,2003,第48页。

② ［德］西美尔:《现代人与宗教》,曹卫东等译,第49页。

③ 参见［德］西美尔:《现代人与宗教》,曹卫东等译,第86～88页。

伍之间的关系等,所有这些关系虽然内容五花八门,但如果从心理学角度对它们的形式仔细加以考察,就会发现它们有着一种我们必须称之为宗教的共同基调。一切宗教性(Religiositaet)都包含着无私的奉献与执着的追求、屈从与反抗、感官的直接性与精神的抽象性等的某种独特的混合;这样便形成了一定的情感张力,一种特别真诚和稳固的内在关系,一种面向更高秩序的主体立场——主体同时也把秩序当作是自身内的东西。在我看来,宗教契机似乎就隐含在上述这些关系以及其他种种关系中;由于有了这种特殊的宗教契机,所有这些关系便跟那些单纯建立在利己主义或心灵感应、外在力量或道德力量之上的关系区别开来。"①

这里所谈论的蕴含在一切人际关系中的"宗教性"或"共同基调"是人的在世关系所拥有的某种普遍性的品质或倾向、某种共同性的情感或态度、某种一致性的精神结构或行为方式,具有将"升华、神圣、献身、忠诚"融为一体的特征。它是原初的自发形成的,既具有高度抽象的精神性,由之人世关系才会蕴含着某种内在的至上性指向;也具有感性直接性,它使得每个人都能切身地触摸到,在情感上构成了某种实在的归属感,也因此人际间的各种关系获得了稳固的基础、方向和秩序。在西美尔看来,由于人与人之间的关系贯穿着"宗教性的基调",在社会理想中蕴含着"宗教性的理想",便使得人与人之间的忠诚关系类似于人与神之间的忠诚关系,构成了"维系社会的最可靠的纽带"。假如没有这种宗教信仰,"社会将是一盘散沙"而"不复存在"。②

正是在个体及其人际关系所蕴含的"宗教性"的基础上,才逐渐发展出一套套独立而特殊的、外在而成熟的建构性宗教,如基督教、佛教等。因此,"宗教"不过是人间关系的"绝对化形式",宗教的超验世界则是"社会关系形式经过不断地凝聚和脱俗"的结果。反之,在一切人际关系中蕴含的宗教性为社会整体提供了内在的凝聚力,也使得人类生存的伦理秩序获得了意义根基和确定方向。西美尔将这种存在于个体及其人际关系整体中的宗教性视为一种"形而上学的价值之在",并将走出外在宗教客体的束缚,重建主体内在形而上学宗教性信仰,视为摆脱宗教现代性困境的道路,称此为继启蒙范式之后的新范式。③

如果说西美尔通过内在宗教性和外在宗教建构的区分彰显了宗教性的本质性及其在个体生存和人际关系中的普遍性,那么,蒂利希(P. Tillich)的"终极关切"(The Ultimate Concern)概念可以看作是给宗教性的内涵以进一步的解释。蒂利

---

① [德]西美尔:《现代人与宗教》,曹卫东等译,第4~5页。
② [德]西美尔:《现代人与宗教》,曹卫东等译,第114~115页。
③ 关于西美尔宗教观深入具体的讨论,可参阅田薇:《信念与道德——宗教伦理的视域》,北京,线装书局,2012,第160~186页。

希从人类内部精神生活和外部文化创造的统一角度将宗教最根本的意义解释为"无限的和无条件的终极关切"。按照他的看法,在人的生存活动中有着各种各样的精神关切和物质关切,最终的无条件的精神关切便属于宗教信仰。作为终极关切的宗教信仰不是人类精神的特殊行为而是核心行为,也不是人类精神活动的特殊机能而是所有机能的基础,更不是人类精神生活的某一部分而是人类精神生活的要旨、基础和深层。[①] 它体现着人的超越意识和人格生活的整体性和统一性,对人类精神的各个部分都有着决定性影响。[②] 而内部精神活动的外化过程就是人类文化形态的创造,在这一创造活动中无不蕴含着终极关切,各种文化样态无一不是表达人类终极关切的特定形式。比如在道德领域表现为"道德需求的无条件性",在认知领域表现为"对终极实在的热切渴望",在审美领域表现为"对终极意义的无尽的期望"。[③] 可见,宗教是赋予文化终极意义的"本体",文化则是宗教表达自身的"形式"。而作为人类精神的"特殊方面"和"特殊领域"的"宗教"的出现,恰恰是人的精神生活与"自身之基础和深层的悲剧性分裂"的结果,也是"人与他的自身真实存在的疏离"。当宗教在现代世界完全和人们的生活分离之日,也正是人类存在陷入"困境"和"堕落"之时。[④]

　　显然,蒂利希在这里要表明的是,宗教的实质绝不在于一套独立的宗教建制(教义和制度),相反,当宗教完全沦为一套外在建制系统的时候恰恰构成了宗教的异化,而是在于那支撑一切精神生活和文化创造的终极关切。正因如此,宗教获得了生存论意义上的定位,与人类的生活世界融贯为一个整体存在,并构成人类文化表达样式的基础和本体。这意味着,在人的全部精神活动的终极关切处是"宗教性"的,一切文化生存的基本伦理秩序在其本源处也是"宗教性"的。

　　如果说蒂利希在西美尔的先天宗教性概念上给出的是一种终极关切的意义解释,那么卢克曼(T. Luckmann)的宗教意义原型论则用"世界观"(Weltanschaung)和"个人同一"(Individualle Identitaet)进行阐释。面对以教会为中心的建制性宗教由中心退居边缘的现代性事实,能否将之解读为宗教意义在现代世界的消解?卢克曼认为,如果将教会宗教等同于普遍宗教,则必然得出宗教正在普遍衰落,现代世界越来越少"宗教性",现代人的生活也越来越缺乏"真正意义"。然而,这一结

---

①　参见[美]蒂利希:《文化神学》,陈新权、王平译,何光沪选编:《蒂利希选集》上,上海,上海三联书店,1999,第382~383页。

②　[美]蒂利希:《信仰的动力》(Dynamics of Faith,Happer & Row,Publishers,1957),转引自张志刚:《宗教学是什么》,北京,北京大学出版社,2002,第241页。

③　参见[美]蒂利希:《文化神学》,陈新权、王平译,何光沪选编:《蒂利希选集》上,第382页。

④　参见[美]蒂利希:《文化神学》,陈新权、王平译,何光沪选编:《蒂利希选集》上,第383、412页。

论是由宗教的特殊"历史形式"取代了宗教存在的原型意义。① 实际上,教会宗教这种专门制度化的存在形态只不过是宗教在历史上产生发展起来的一种具体而特殊的形式,在社会演进中并不一定会自始至终保持为唯一的形式,也不可能构成为宗教之为宗教的原型意义。一切试图以教会宗教来评价和定义普遍宗教的做法都是狭隘的种族主义偏见。

那么,作为原型的宗教意义又是什么呢? 卢克曼提出了世界观和个人同一的概念。如果说任何个体的存在都具有超越生物性存在的层面,这个层面就是使人和动物区分开来的"意义世界",那么,成为个体之人就是超越生物性而建构意义世界的过程。这个意义世界的建构和个体之人的成型是一个同一的社会化过程:在这个过程中自己的过去、现在、未来得以整合进由社会定义的个人道德经历中而超脱了个人直接的经验,导致了个体化自我的成型和客观化意义体系的建立。卢克曼认为,这一过程因着对于个人的超脱性和整合性而是"宗教的"过程。他说,我们将人类有机体对生物本性的超越称作宗教现象,将自我成型的社会过程视为基本上是宗教的过程。② 于是我们看到宗教在人类学上首先获得了一个普遍的理由。

继而,卢克曼将这个累代建构起来的意义体系称作"世界观"。它对任何一个个体而言都是一种置身其中的"社会客观化实在"而具有"历史在先性",使得人类有机体超脱了直接的生活脉络而被整合进一个"意义的脉络传统"中。基于此,卢克曼做出了如下判断:"世界观作为一个'客观的'与历史的社会实在,执行着本质上是宗教的功能,我们将它定义为宗教的基本社会形式。这一社会形式在人类社会中是普遍的。"③那么,作为宗教的基本社会形式而普遍存在的世界观是如何发挥宗教功能的呢? 卢克曼进一步的分析指明,世界观作为意义系统是一个包含着等级秩序的结构,世界观的宗教功能就是由一个处于最高层级的、代表着世界观整体等级结构的本质的意义领域来承担和执行的,它被称为"神圣世界"或"终极意义系统"。正是关于这个神圣世界或终极意义系统的一系列表达———一套宗教表象或一套象征符号系统,使得世界观作为宗教的普遍社会形式又得以转化为"宗教的具体社会历史形式"。④ 后者体现为各种不同的宗教传统和宗教形态,在历史发展过程中也会发生变化,如基督教、儒教、佛教以及教皇制的天主教和牧师制的基督新教等。基督教作为一种教会制度专门化的宗教只是宗教的一种特殊表象形态,

---

① 参见[德]卢克曼:《无形的宗教——现代社会中的宗教问题》,覃方明译,北京,中国人民大学出版社,2003,第70页。
② 参见[德]卢克曼:《无形的宗教——现代社会中的宗教问题》,覃方明译,第37页。
③ [德]卢克曼:《无形的宗教——现代社会中的宗教问题》,覃方明译,第42页。
④ [德]卢克曼:《无形的宗教——现代社会中的宗教问题》,覃方明译,第52页。

它由中心到边缘的衰落不过是具体形式的变化,而作为普遍社会形式的世界观及其最高层级终极意义系统,这一宗教的本质—原型意义在现代世界依然存在。

与"世界观"这一中心概念相应的还有"个人同一"。如果说世界观对于个人而言彰显的是一个客观实在的社会性意义等级系统,那么个人同一则是将这一客观的意义等级系统内化的一个意义连贯的主观相关性系统,它构成了历史中自我认同的基础。卢克曼将这种个人同一定义为"个人宗教虔信的普遍形式"。① 相应于世界观等级结构中的神圣世界—终极意义系统的具体宗教社会形式,将之内化为个人意识结构中的"宗教层面"就是"个人宗教信仰的具体形式"。比如"教会"形式的宗教表述在社会中形成了起支配作用的有关终极意义的"官方模型",而个人宗教信仰的具体形式也就相应地表现为"教会取向的个人虔信"。在现代世界伴随着教会宗教的社会支配地位的解体,统一赋予的官方意义模型转变为个人"私人领域"的一种主观意义选择,传统的"有形宗教"转化为现代的"无形宗教"。提供终极意义主题的好比一个消费品市场,每个人根据自己的消费偏好,从形形色色的终极意义市场上挑选适合自己的消费主题。有关神圣世界的终极意义系统不再是一个意义连贯的整体,而是一个松散的、不稳定的意义秩序结构,个人的情感好恶制约着优先性的意义模式。概言之,无形宗教的基础移出了基本社会制度领域而进入了私人领域,个人信仰表现为多元的和自主的社会形式,教会取向的个人信仰仅是形式之一。结论是,现代人的宗教生活采取了新的形式,宗教的意义和功能在现代世界依然普遍存在。

上述可见,卢克曼将宗教植根于人类有机体对于生物本性的超越这一基本的人类学事实,使宗教的存在与人的存在之间确立了普遍的本质联系,将世界观和个人同一作为宗教的普遍形式使其遍及整个社会和个人,并以此实现意义整合的宗教功能,从社会哲学的层面上为宗教提供了普遍的学理解释。这一解释显然越出了宗教的各种现象形态和各种文化传统的具体差异,直指其普遍而本质的"宗教性"意义。

为了更好地揭示人类一切宗教文化生活所包含的这种"宗教性"的意谓,史密斯(W. C. Smith)甚至提出,解构"宗教"概念代之以一对新概念——"信仰"(Faith)和"累积的传统"(Cumulative Tradition),以便跳出"谁是真宗教"的伪问题及其论争。在他看来,作为一种教义和制度的统一实体,一种社团性的信仰体系,这种意义上的宗教概念不过是近代以来西方文化的产物,却被当作宗教标尺推到了全世界。通过追溯宗教观念的起源和演变可知,这种宗教概念不仅在西方宗教史上是

---

① [德]卢克曼:《无形的宗教——现代社会中的宗教问题》,覃方明译,第63页。

变化的,而且更不适合对于东方宗教文化的解释。要想真正把握各种不同的宗教传统,必须放弃当下的宗教概念,用"信仰"来指称在个人和超越之间发生的、无法从外部直接审视的宗教经验,它是一切个人性宗教生活的内在生命;用"累积的传统"来指称信仰得以表达的、可以对之进行客观观察的文化框架,它是历史的世代累积的结果。① 翻开佛教的经文、古埃及的经卷、中国古代的典籍、印度人的梵经,还有希伯来语、希腊语的《圣经》,这些文献都没有一个可以表示现代"宗教"概念的词语,但都提到了诸如佛法、道、天命、梵、神、真理这一类东西,它们充满了活生生的宗教性,并在对这些东西的世代崇敬和尊奉的态度中形成了各自独特的文化传统。

因此,史密斯说,在世界范围内我们都可以广泛观察到人的生活是"宗教性的",任何时代和地区的人们,各种不同文化传统中的人们一直都是"宗教性"的,其实"宗教性的生活是人的一种属性"。可是,当宗教从一种"个人生活的性质"转向一种"组织化的体系"和"一个个实体性的宗教"时,那种"共通性"就不复存在了。② "宗教的"比"宗教"更能贴近人类的个体性生活③,而近代以来出现的以某种社会建制、特定社团形式为标志的"宗教实体"概念,则恰恰跟宗教生活实践的衰落联系在一起。如果没有宗教的概念,人们更容易是宗教性的,而宗教的出现反倒可能成了"虔敬的一个敌人"。④ 因而,保留"宗教性",用一个具有普遍解释效用的概念框架即"信仰"和"累积的传统"来消解"宗教"概念就成了史密斯的主张。在他看来,任何一种历史性的宗教生活体系都包含着一个信仰的内核,一个文化表达框架;前者是活生生个体性的,后者是文明累积而成的社群性的伦理传统。

综上所述,在"宗教性"的意义上,就像汤因比所言,宗教是人类个体面对世界所特有的本质生存态度,也是文明传承的内在源泉和动力⑤,"一种文明形态就是其宗教的表达方式"⑥;或者像道森(C. Dawson)说的那样,人类各种文化现象都是宗教信仰与社会生活相结合的不同类型⑦。这意味着宗教性是一切个体生存深处的终极意义指向,也是所有文明传统的信念根基。

---

① 参见[加]史密斯:《宗教的意义和终结》,董江阳译,北京,中国人民大学出版社,2005,第333~334页。
② 参见[加]史密斯:《宗教的意义和终结》,董江阳译,第123~124页。
③ 参见[加]史密斯:《宗教的意义和终结》,董江阳译,第385~386页。
④ 参见[加]史密斯:《宗教的意义和终结》,董江阳译,第19页。
⑤ 参见[英]汤因比:《文明经受着考验》,沈辉等译,杭州,浙江人民出版社,1988,第203页。
⑥ [英]汤因比、[日]池田大作:《选择生命》(*Choose Life*,Oxford University Press,1976),转引自张志刚:《宗教学是什么》,第127页。
⑦ 参见[英]道森:《宗教与西方文化的兴起》,长川某译,成都,四川人民出版社,1989,第1~17页。

三、儒家作为宗教性生存伦理的一个范型

在吸纳上述思想资源的基础上,本书以"宗教性"为基石,将宗教与个体生存和社会历史文化生存贯通起来。一方面用"宗教性"指涉整个社会伦理体系的终极意义根基和正当性依据,以及由此形成的内在凝聚力,另一方面用"宗教性"指涉生存于其中的个体生命对超越自身之上的意义整体的依归性。由是,宗教性生存伦理便是指向终极之维和超越之维的价值生存秩序,以超验的意义支撑经验的世界,以终极的信念支撑现世的生活,以超越的姿态立身于有限的处境,突破了某种特殊教义、制度和信徒构成的具体宗教形态的藩篱,跳出了特定伦理规范体系的限度,进抵人类根本的普遍的宗教性生存伦理之序,也就是一种终极而超越的意义生存结构。这意味着,宗教性伦理是从本源生存的意义上获得定位的,是在哲学形而上学的层面上予以把握的,既可被称为生存论的宗教性伦理,也可被称为宗教性的生存伦理。

以此观之,各种伦理文化传统无论具有多少差异,都或隐或显地具有某种指向自身终极价值依据的宗教性品质;每一个人无论在现实生活中是否以某种组织礼仪的形式持有对某个特定对象的信仰崇拜,都在自身有限性的生存中自觉或不自觉地包含着某种超越性的精神意识和价值信念。正因如此,关于儒家伦理的解读才得以作为"宗教性生存伦理"的一个范型来展开。换言之,我们正是在宗教性和宗教性生存伦理的视域下,获得了关于儒家伦理的定位。无论儒家伦理看起来多么异质于基督教伦理这种典型的毋庸置疑的宗教伦理,它也将由于具备自身的终极性和超越性之维,而像基督教伦理一样被解读为一种具有"宗教性"的"生存伦理"。因此,在通常所谓以儒家为代表的世俗伦理和以基督教为代表的神圣伦理之间,并不存在一条完全隔绝和不可逾越的界限,它们不过是以不同的方式表征着人类生存伦理的宗教性而已。

以此观之,儒家从根本上看来,乃是一套基于天道—人道、天理—人心、天命—人性之信念的价值体系和教化之说,带有明显的宗教性。从个体立身来看,儒家伦理思想的基本内容是一套以仁为核心的心性修养之学,主张内圣外王、修齐治平的圣人之道。从社会关系来看,是一套以仁为核心的人伦秩序之说,主张父慈子孝的孝悌伦理和君尊臣忠的不忍政治。然而,为什么要修仁义之德?为什么要守人伦之序?为什么要行仁德之政?儒家最终将其合法性和正当性根据归于天或天命、天意、天理和天道。天不仅化育了人类自身,而且衍生出人类精神与社会生活的准则。在生养宇宙万物的过程中,在对人的经久不衰的关怀中,天充分展现出仁的美德,天命即是人性,天道即是仁道。仁道之天决定了人之为人的本质也是仁,决定

了人的行为及其人伦秩序也要践守仁之道。反过来说，人类抱仁守仁的道德践履活动也是一种奉天承运、受命顺道的超越性活动，这正是儒家天人合一的追求。在此，从天到人的终极性存在秩序和从人到天的超越性活动秩序都体现着儒家伦理生存的宗教性。

包括儒家伦理和基督教伦理在内的宗教性生存伦理，其可能性的根据何在？一言概之，它们无不源于人类精神生存的先天本性，那就是试图打破自身存在的有限性境遇的束缚，而追求终极性和超越性存在的形而上学倾向。换言之，人是一种有限性的精神存在，因着精神，他对有限性拥有自觉意识；因着精神，他试图超越有限性处境而取向无限性生存。这是人的先天的形而上学本性。对此，舍勒(Max Scheler)用"绝对域"(Absolutsphäre)的意向来指称人类的这种先天精神取向，将之视为一切宗教性生存的基础或根源。在此，无论是有神论者，还是无神论者，都在根本上是一个意向或指向绝对域的"信者"；或者相信绝对者是"神"，或者相信绝对者是"无"。[①] 即是说，无论如何，都是一个"宗教性"的生存者。

四、基督教和儒家的观念构架

立足于宗教性生存伦理的视域，我们将展开关于基督教和儒家的思想解读。需要说明的一点是，关于基督教的讨论关涉到从传统到现代的思想演变，关于儒家的讨论则主要以"四书"为依据而仅仅关涉到原始儒家。其原因一是笔者知识储备有限，无力涉猎和驾驭如此广泛的典籍；二是"四书"及原始儒家作为后世儒家的奠基者，当也能代表儒家思想的基本主旨。全书通过五个观念，亦即五个思想环节的解释构架，力图使基督教和儒家呈现出作为"同"一种宗教性生存伦理又具有"不同"的各自独特的思路和模式。下面对这一构想作一个导引性说明。

第一个思想环节是关于终极而超越的绝对至上者的预设，这是宗教性生存伦理的首要而根本的观念，对人而言具有本源性和神圣性意义，能够作为人的伦理生存的合理性和正当性的基础与核准。故第一章阐发基督教的上帝观和儒家的天命观。

第一章第一节立足于生存论的角度讨论基督教传统上帝观的基本特征和现代上帝观的多元化图景。绝对性、位格性和神圣性是传统上帝观的三大特征。绝对的上帝是创造的存在，"使在"的存在，构成为人类存在的基础和生存的依据；位格的上帝在赋予人的人格以尊严的前提下与人进入了深度的相遇，并得以参与人类

---

　① 参见［德］舍勒：《绝对域与上帝理念的实在设定》，孙周兴译，张志扬校，刘小枫选编：《舍勒选集》下，上海，上海三联书店，1999，第 899、902 页。

的历史和生活；神圣的上帝以不可抗拒的威严和崇高彰显着一种全然相异者的超越性，唤醒人类对于自身存在限域的意识，并为之提供存在论上的归属感。由此预制了神人之间的基本关联模式是一种"给予—接受""恩典—承纳""启示—信仰"的结构秩序，此为典型的基督教伦理生存模式。奥斯维辛后的神学反思带来了现代多元化上帝观的重构，通过对利奇尔主义自由神学的社会论上帝观、巴特新正统神学的人神相异论上帝观、朋霍费尔世俗神学的苦弱论上帝观和莫尔特曼希望神学的末世论上帝观的个案阐释，来展现现代思想的多元景观。

第二节揭示儒家天命观的独有品质和基本特征。天在儒家传统中同样具有终极而超越、至上而神圣的意义，但是并不像基督教的上帝那样具有一种此岸和彼岸、世俗和神圣判然两分的性质，而是展开为一种天命和人性、天道和人道、天理和人心之天人之际、天人相与、天人合一的存在或生存境界，具有人文性和宗教性、神圣性和世俗性杂糅的特质。既是变幻莫测、造化神奇、化育万物的自然之天，又是天时到人事起、充满玄妙时机的社会历史活动的实际境遇之天，也是有生生之仁、本然之诚、福善祸淫的道德之天，还是赋予社会人伦、历史人生以至上根据的终极之天。故天的观念是以宗教性的终极意义为根底，以自然性和道德性为特征，因之天命、天意、天道、天理也都具有这一基本的性质和功能。据此，关于天命观的讨论展开为两个问题：一是从思想史的角度并联系《尚书》《国语》《左传》考察天命观的确立和演变；二是以《大学》《中庸》《论语》《孟子》即"四书"为依据进行文本解读及义理分析。由此揭示"与命与仁"和"立命存性"之天人之际、天人相与的生存境界，顺天、应命、存性、弘道、崇德、思诚，构成了儒家宗教性生存伦理的至上关怀和终极姿态。

第二个思想环节是关于人性自身的预设，宗教性生存伦理在设立了超越人之上的终极本源—根据以后，便进入到对于人性自身的观照。关于人性的善或恶的观念将在本源处获得原始依据，并在与本源的疏离或契合中展现出人特有的形象。故第二章阐发基督教的罪性论和儒家的性善论。

第二章第一节阐释基督教源自上帝创造与人类堕落的神人疏离框架下关于人性的罪性论。毫无疑问，在创造论的大前提下，神人疏离的背后是神人之间的原初关联，罪性的背后也是人的原初性善，因为上帝所造的一切包括人性都是好的，此即创世记的伊甸园神话。然而，基督教所要彰显的恰恰不是人的原初性善，而是以第一人亚当的堕落为标志，从此为后人所承袭的可谓之根性的罪性。基督教关于人的典型形象是神的形象和自然形象、超越的精神形象和有限的受造者形象的统一，这是人的独特的存在结构和生存处境，也构成了精神超越性和肉身有限性的双重性及其内在张力，这种张力的作用酿成了人性的罪性。不顾依属的自然的有限的存在向度,试图完全变成超越的、自由的、无限的存在者便是人性僭越之罪,意志自由在其中发挥了关键作用。透过奥古斯丁关于罪和自由关系的探索,基督教开辟了关于罪的可能存在的源发性意识与追问,使得自由意志和自由生存成为中心问题,通过罪性的否定性之维彰显出人的肯定性的自由之维。透过尼布尔的视镜,宗教作为人类精神试图超越有限性存在的产物,既包含着人性最高的可能性,也隐藏着将自身提升为神的更大罪性的可能性。这是在宗教生存中包含的自由精神超越的悖论。

第二节阐释儒家由天命而人性的天人一体化框架下关于人性的性善论。人源出天地之间,又超越万物之上,在以仁为天人之本、诚为天人之道、存天命以为性的思路中,儒家取向先验性善论。对此的阐释将援引"四书"和《易传》兼及《荀子》,第一步将人放在天—地—人的大框架中以显现儒家"何为人"的宏观形象。人本天而来,乃天地造化之精;天人相通,天之所具的特性人也具之。既有恭天顺命的至上而超越的精神取向,也有自然运作生机造化的生物属性,还有有别于禽兽万物的道德本质。人之所禀乃天之所命,人之所是乃天之所赐。在与天的关联中,人呈现出自然化生又超拔在万物之上的道德形象,凝结为一个"君子"人格。第二步进入微观人性梳理儒家关于性善还是性恶的思想义理。按照儒家观点,君子人格乃后天养成,其内在的根据何在?这便是"性善"的先验人性论观念。解读孔子"与命与仁"的天人相与之道,分析孟子的性善论,再较之以荀子的性恶论,可以得知,性善论的终极根据在天,人性源自天命,禀受天之正命存为人之性,故善。此谓性善论的存在论理由。而孟子以心释性,用恻隐、羞恶、是非、辞让之善心来解释仁义礼智之善性,所谓尽心—知性—知天,可谓性善论的认识论理由。

第三个思想环节是关于超越性生存的取向。宗教性生存伦理的思想立于人和终极之间,无论在神人框架抑或天人框架中,关于终极而超越的至上者的信念预设构成了人类打破当下存在限度的绝对性原则,从而赋予人类生存以超越性取向,此也是人类特有的精神生存本性。无论按上帝形象造人,还是存天命以为性,由于背离上帝之罪性的神学预设,由于要完成天命在身的使命担当和道德信念,都构成了何以超越自身有限性所招致的困境问题。故第三章探讨基督教的他力拯救以称义之路和儒家的自力修养以成圣之道。

第三章第一节解读基督教的超越观念,这是一个如何从罪性的束缚中解救出来,重新回归和自身本源之间的存在论关联的问题。超越的路径即是依靠"他者"的神圣力量,在上帝的恩典和启示之下,通过信仰而获得重生的拯救之路。其神学根据和人性论理由既关涉到基督教的创世论和基督论的大前提,更关涉到基督教关于罪中之人的意志能力的看法。在超越—拯救之路上,恩典—启示—信仰—再生是一个决定性的链条。正所谓因信称义,而非因善成圣。这一超越观念带有突出的他力外向性特征,但同时包含着自身内在的信仰革命。

第二节解读儒家的超越观念,在天人一体、性命合德的运思框架里,从人道可以开显天道,经人心可以体悟天意,超越的实质是一种反省内求的活动,是一条经过自力修养而成德成圣之路。从天—人之序来看,善性先天,立命存性,所以良知固有,心具仁端。这是道德自力所以可能的内在根据。从人—天之序来看,良知意味着对天命的直接觉识和领悟,基于良知的道德自力和反省内求既是诉诸仁心,开启良知,回归善性,也是溯源天命,开敞天命,完成天命。于是超越包含双重面向:一方面,回归自身便回到了与天命同在的本源处,知会了己之心性便领悟了天之所命。此之谓尽心、知性、知天,可以说是超越的内向性。另一方面,将在身的天命开显和完成的过程也是一个由内及外的过程,从内在性命和良知善端开始,将之逐渐发扬光大直至充塞天地之间,这是一种立人极以参赞天地化育的天人合一之境,也是正心诚意、修齐治平、亲亲仁民爱物的圣人之道。此之谓存心、养性、事天,可以说是超越的外向性。

第四个思想环节是关于本原性情感(爱)的观念。在宗教性的生存伦理秩序下,从神人或天人之间到人人之间相互对待、相互关联的方式或状态,其存在论的性质和基础不是知性的,而是情性的,可称之为爱。爱作为一种原初存在论的事实,是一种自身性、本源性、原发性和在先性的情感,是一种涵容或消解了否定性在内的肯定性存在,呈现为一种敞开或接纳而非疏离或排拒的生存论立场和姿态。故第四章阐发基督教的神爱观和儒家的仁爱观。

第四章第一节解析基督十字架之爱和舍勒、尼布尔关于爱的现代重释,论述基督教的神爱是一种以爱承负恶的绝对范式。在基督教里,爱是无条件的、无差别的绝对神性之爱,超逾自然人性的秩序而构成人爱的基础。爱是一条从神性到人性的路。爱不是植根于人性,而是植根于神性;不是爱植根于人,而是人植根于爱。由神爱到人爱,爱神和爱人构成基督教生存伦理的两大诫命。面对现代思想和生活的挑战,通过讨论舍勒和尼布尔关于爱的意义的重释,对此做出进一步回应。

第二节阐释儒家仁爱的本质和实现方式。儒家的仁爱即人爱,在本质上是一个涵盖天地人的形而上学宗教性观念,立足于人性,上达天地,下贯万物,以其所爱及其所不爱,正所谓仁者无不爱,既具有伦理普遍性也具有宗教超越性。在实现方式上采取了由近及远、推己及人、从人到物,直至天地的顺序和路径,可称之为仁爱的次第模式。以"四书"为据稍及后儒,先将仁放在天人之间予以定位和把握,以"仁者人也"与"生生谓仁"来释仁。然后通过阐发守诚之道、中庸之道、忠恕之道、应对之礼、五伦之常,揭示儒家仁爱实践的内容和路径,强调儒家仁爱凸显的伦理品格以及仁爱基于亲亲又超越亲亲的普遍性和次第性。

第五个思想环节是关于终极关切,即涉及"永恒""未来""希望"的观念。人是一个时间中的存在者,无论人如何在世也跳不出死亡大界,正是生命的有限性把人抛到了虚无或永恒面前,这是一个有关未来或希望的问题,一个由终极信念支撑的终极关切问题。它既源于人的有限性存在,又是在人的自由意志中被开启的。以永恒肩住虚无,以永在否定死亡。故第五章阐发基督教的永生盼望和儒家的不朽追求。

第五章第一节阐发基督教终末论关于永生的希望。首先围绕历史观念和死亡与复活的观念论述基督教传统终末论的基本思想,将基督教的线性历史观置于整个神圣史的总体框架中来把握,以显明基督教通过历史神学的方式开启了历史哲学的道路,并以奥古斯丁的观点为代表阐发基督教对死亡的理解与对复活的盼望。然后梳理现代终末论关于永恒希望的重构,通过阐释饶申布什关于上帝国的社会福音论、麦奎利关于末世论的解神话的实存论以及莫尔特曼希望神学的末世论重建,充分展示这一最为遥远的信念与最为现实的关注完全交融在一起的终极盼望。

第二节探讨儒家的不朽追求。儒家的终极关切在悬置死亡、搁置来世的基本前提下,从今生而非死后求取"活着"的永恒意义和不朽价值,即在超出个人性生死的意义上获得与人类同在、与日月同辉的不朽性和永恒性,因此属于一种"此世性"而非"彼世性"的关怀。对此,首先分析儒家传统的实用理性品格,揭示从活着出发的务生而非务死的明智态度及其重视社会事务和道德人伦的关怀取向。然后论述儒家从"生"的视角追求"活"的"不朽"。所谓活的不朽意味着今世的作为不会随着个人的死亡而消失,相反,它会超越个人短暂的一生,在其身后留下传世的历史性影响。立功、立德和立言之"三不朽"是其典型代表。此外,不朽观念还有着最为平实而基本的关怀和最为高超而至化境的指向,前者即是在子孙后代身上的生命延续,这是一种子子孙孙无穷尽的大家族观念,完全相应于儒家以宗法血亲为轴心由近及远的社会人伦系统;后者在于天人合一、万物一体的审美性和宗教性体验,这是一种摆脱了一切束缚的自由无限的极致之境。"三不朽"借助于社会历史的途径,世代血脉相传借助于宗法人伦的途径,天人合一借助于超越的生存境界的途径,都指向了永恒不朽的终极关切。

总之,基督教和儒家作为两个范型,被置于同一种宗教性生存伦理的观念构架中,这一观念的构架是形式的和普遍的,也是本源性的和存在性的,是二者同具的;但是每一个观念作为一个思想的环节在内容上的展开,对于基督教和儒家来说却有着非常不同的精神性格和具体内涵。我们接下来将予以充分而深入的阐释。

第一章

基督教的上帝观和儒家的天命观

在宗教性伦理的视域中,第一位的观念便是关于某种终极而超越的存在的意义预设。它对于人的存在来说具有本源性和至上性,能够作为人的伦理生存秩序的合理性和正当性根基与核准,并且反过来又构成其自我完善和自我超越的方向和目标,是一个绝对性的起点和终点相统一的观念和原则,并因而获得了某种神圣的意义。这在基督教和儒家的伦理体系中分别体现为信仰的上帝和敬畏的天命。

第一节　基督教的上帝观:从传统观念到现代重构

基督教是一个神圣和世俗分界的二元体系,上帝是神圣世界的最高体现,上帝信仰是其核心,圣经是其依据,由此形成一套神圣的教义系统和伦理规范系统。基督徒的整个生活世界以上帝存在为生命之源,一切行为以圣经教导为最高准则。在基督教的生存伦理秩序里,普遍的生活结构是从神圣到世俗、从超验到经验的价值定向,属于一种典型的从未来到当下、从希望到现实的生存样态。上帝存在作为至上的信仰是导引全部历史和文化、人生实践和生活行为的最高依据和目标。从这一神圣原则出发,基督教一方面把现世生活秩序与超验的意义秩序联结起来,使个体或群体在偶在的、脆弱的现实世界中有一个超验的落脚点,另一方面开启了有限的道德生存面向永恒的神性世界无限开放的维度,使人的生命和生活具有崇拜、忠诚、虔敬、信靠和服从的宗教性品质和美德。在此,信仰是道德的基础,道德是信仰的落实。

于是,有关上帝的观念是基督教整个理论—实践体系的根基和目标、轴心和关键,上帝以什么样的面目出现,不仅反映着人们的上帝观及其演变,而且反映着上帝与世界、上帝与人类之间的关系及其演变,进而在根本上折射出人类对自身的理解及其生存的现实。从总体来看,由圣经发源的上帝观经历了由传统到现代的演变,相应地,基督教的生存伦理也由传统秩序进入现代秩序。鉴于基督教传统上下两千年的历史传承,把握起来既不宜于仅仅做抽象的理论概括,也不易做出详尽的历史追踪,下面采用一般概括的方式论述传统上帝观,然后采用个案的方式论述现代上帝观。

一、传统上帝观的基本特征及其神人关联模式

(一)上帝观的《圣经》依据

通常,在基督教的传统中,上帝指谓一个至高无上的存在者,一个神圣而超验者,一个绝对完满的终极实在者;一个具有位格、全知、全能、全善、全在的神,是造物主也是救世主还是与基督徒同在的主,即"圣父—圣子—圣灵"三位一体的神;其超越人类又临在人类,以"道成肉身"的耶稣基督形象显现人间,为救赎人类在十字架上受难又复活。对具有如此内涵和外延的上帝的信仰构成了基督教的核心。在此,不管怎样描述上帝的特征,上帝都是独一真神,唯一神圣,与人之间有着不可跨越的界限。人是人,永远不可能是上帝。

上帝观的经典依据首先源自《圣经》[①]在旧约开篇《创世记》里叙述的上帝耶和华作为"造物主"创造天地万物和人的故事。"起初,神创造天地。……神说:'要有光!'就有了光"(1:1~3)。之后神又依次创造了地上、海洋和天空的各种植物及动物,还按照自己的样式创造了人,并看所造的一切"都是好的"(1:26~27)。上帝凭着他的话语或意志从虚无中创造了一切。在《出埃及记》里又记叙了上帝作

---

① 本书所引《圣经》皆为环球圣经公会有限公司 2002 年出版发行的简体跨世纪版《圣经新译本》,是在和合本基础上修订而成的。

为"人类的主"，看着"终日心里思念的尽都是恶的"人们而"后悔造人在地上"，于是把他们从地上消灭，只有义人"挪亚在耶和华面前蒙恩"（6：5～8）。同时，也记述了上帝作为"救世主"指引摩西带领着犹太人出埃及、过红海、返回故乡的故事（6：6～8）。

在《新约·约翰福音》的开篇就讲："太初有道，道与神同在，道就是神。这道太初与神同在。万有是借着他造的；凡被造的，没有一样不是借着他造的。在他里面有生命，这生命就是人的光"（1：1～4）。约翰显然是在借用希伯来传统之外的另一个传统即希腊哲学的概念——作为世界本源而万古长存的"逻各斯"（Logos，道）来称谓太初就在、自在永在的"神"，他既是万物的创造者，也是包蕴生命之源、照亮人生世界的生命之光。这样的上帝既具有《旧约》中万能上帝的创世和人格特征，也具有了一种至上的哲学本体论的意义。特别是接下来讲道："道成了肉身，住在我们中间，满有恩典和真理。我们见过他的荣光，正是从父而来的独生子的荣光"（1：14）。"从来没有人见过神，只有在父怀里的独生子把他彰显出来"（1：18）。这里耶稣基督出现了，《旧约》里不见身影的上帝在《新约》里已然"道成肉身"（the word became flesh），通过耶稣基督这一活生生的人格形象带着天国福音来到人间，怀着纯粹的圣爱为救赎人类被钉十字架，三天后死而复活，继续通过圣灵活在基督徒的心中，引导他们在世上过圣洁的生活，直至基督再临实现末世审判和永生。

《尼西亚—君士坦丁堡信经》就用下面 12 个信条确立关于上帝的信仰大纲：

"1. 我信独一上帝，全能的父，创造天地和有形无形万物的主；2. 我信独一主耶稣基督，上帝的独生子，在万世以前为父所生，出于神而为神，出于光而为光，出于真神而为真神，受生而非被造，与父一体，万物都是藉着祂造的；3. 祂为要拯救我们世人，从天降临，因着圣灵，并从童女玛利亚成肉身，而为人；4. 在本丢彼拉多手下，为我们钉于十字架上，受难，埋葬；5. 照圣经，第三天复活；6. 并升天，坐在父的右边；7. 将来必有荣耀再降临，审判活人死人，祂的国度永无穷尽；8. 我信圣灵，赐生命的主，从父和子出来，与父子同受敬拜，同受尊荣，祂会藉众先知说话；9. 我信独一神圣大公使徒的教会；10. 我认使罪得赦的独一洗礼；11. 我望死人复活；12. 并来世生命。"①

基督教的上帝观也通过那些奠定了传统神学体系的神学家们的阐释而构成了经典的理论表达。奥古斯丁（A. Augustine）在《忏悔录》里这样描述心中的上帝："我已经确信你的实在，确信你是无限的，虽则你并不散布在无限的空间，确信你是

---

① 汤清编译：《历代基督教信条》，香港，基督教文艺出版社，1999 年第 5 版，第 20～21 页。

永恒不变的自有者"①；是"永恒的真理，真正的爱"②；是"至高、至美、至能、无所不能、至仁、至义、至隐、无往而不在，至美、至坚、至定，但又无所执持，不变而变化一切，无新无故而更新一切；……行而不息，晏然常寂，总持万机，而又一无所需；负荷一切，充裕一切，维护一切，创造一切，养育一切，改进一切；虽万物皆备，而仍不弃置。你爱而不偏，嫉而不愤，悔而不怨，蕴怒而仍安；你改变工程，但不更动计划，你采纳所获而未有所失；你从不匮乏，但因所获而欢乐；你从不悭吝，但要求收息。……你并无亏欠于人，而更为之偿；你免人债负，而仍无所损"③。这样绝对完美、无所不包的上帝，也是那三位一体、彼此合一又平等的上帝。④ 托马斯·阿奎那（T. Aquinas）在《神学大全》中认为，上帝是至完满、纯现实；是不动的永恒、绝对的无限；是全在、全知、全能的世界创造者和统治者；是最高的和首要的真理，是真善美的统一；是真正的正义、最高的爱和至福；也是包含三位一体奥秘的上帝。⑤

　　根据上面的引述，我们从宗教哲学的层面可以发现，上帝所具有的最本质的属性在于绝对性、位格性、神圣性，并因而构成超越性和内在性的统一。有关这方面的理论也是基督教传统的神学—哲学关于上帝属性的学说，通常称之为神性观，体现着上帝观的核心内容，由此也预制了神人之间的深度关联模式以及人的存在处境和存在方式。下面从生存论的视角对此展开讨论。

　　（二）上帝观的基本特征之一：绝对性

　　上帝是绝对的。绝对性的观念可以表述为：无限性、永恒性、不变性、全能、全知、全善和全在之完满无缺性，只要是肯定性的属性，上帝无所不具、无所不有，并使这一切成为可能。这样的上帝自然是绝对的无与伦比的存在。不过，如何具体理解和阐释这些表述的意思，在神学史上却从来不是确切无疑、定于一格的。在此我们不准备作神学史的详细考察，从总体来看，这些关于上帝属性的概括既具有哲学的抽象思辨的解释意义，也具有信仰生存的实质性内涵。对于基督教来说，后者是更为核心的意义指向，对于本书的研究视角和题旨来说，也是关注的中心。因此，在对上帝绝对性的理解上，笔者采取一种生存论的解释。

---

① ［古罗马］奥古斯丁：《忏悔录》，周士良译，卷七，第 20 章，北京，商务印书馆，1963，第 133～134 页。

② ［古罗马］奥古斯丁：《忏悔录》，周士良译，卷七，第 10 章，第 126 页。

③ ［古罗马］奥古斯丁：《忏悔录》，周士良译，卷一，第 4 章，第 5～6 页。

④ 参见［古罗马］奥古斯丁：《三位一体论》，《奥古斯丁选集》，汤清编，汤清、杨懋春、汤毅仁审译，香港，基督教文艺出版社，1996，第 1 页。

⑤ 参见［意］托马斯·阿奎那：《神学大全》，北京大学哲学系外国哲学史教研室编译：《西方哲学原著选读》上卷，北京，商务印书馆，2014，第 261～266 页。

　　这就是说,当我们说上帝是绝对的时候,绝非意味着仅仅在使用一个绝对性的理念或概念,而是在表达通过人的整个生命存在所体会和把握到的东西。就像麦奎利(J. Macquarrie)指出的那样,绝对性意味着上帝的"压倒性"存在和力量。由是,当说上帝是无限的,意味着人类不可测度他,指明了在神人之间的一种感受深刻的对照,即人自身是如此有限的、脆弱的存在,作为"此在"与使得任何此在成为可能的上帝之间存在巨大反差。当说上帝是永恒的,是从我们自己存在的短暂性出发,去领略那无始无终、自在永在之在。当说上帝是不变的,绝非意味着上帝如一块巨石停留在某一静止状态,其实他将一切变化包含在自身,要理解他的一贯性,上帝一贯如此,永远如此,因而是信实的,是完备的。当说上帝是全能的,并非表示一种可以做任何事情的绝对力量,而是说只有上帝而非任何其他才是一切可能性的源泉。当说上帝是全知的,意味着上帝摆脱了人类认识的单一观察点的限制,他超越每个观察点又占有每个观察点。当说上帝是全善的,意味着上帝是一切道德价值存在的基础和尺度;当说上帝是全在的,意味着他突破所有限度而不受任何事实环境的约束,那是人类此在的基本特征。① 这样的上帝自然是完满无缺的,完善又完美、至高而无上,因而也就是超越一切存在的绝对存在者。

　　上帝的绝对性与基督教的"创造"观念是分不开的。在基督教里,只有上帝是独一无二的存在,因为他是创造者,一切都是他的创造物。上帝与包括人和世界在内的一切受造物之间构成了创造和受造的关系,因而也就是绝对与相对的关系。上帝的创造不同于世上的任何创造,他是从虚无中进行创造,是无中生有,而任何世间创造都是有中生有。所以,上帝或上帝的存在是"使在的在"(I let be what I let be),因而是绝对的在,一切存在都是领受在的在,因而是相对的在。正是在这种"创造—受造""有—无"的神学框架中,预制了人的此在境遇在根本上乃是一种存在与虚无、生与灭、在与非在的生存境遇。可以说,基督教通过创世神话所昭示出来的正是一种人类根本的生存场域:作为有限的具体的受造者置身于存在与虚无之间,他参与存在就在,但也可以随时不在。否定性进入到他的构成方式之内,虚无成为他的一个生存要素。向前进入更充分的存在,向后滑入所由出的虚无。上帝的创造并未产生一个完成的世界,存在着可能迷失在虚无之中的风险。这意味着,处在存在与非存在之间的人类自身,若要避免虚无并达到真正的自我存在,必须向前朝向那使在的创造者上帝,只有他才赋予生存的根基,也只有建立在上帝使在的前提下,才能找到自我衡量的绝对尺度和意义,这就是说要进入一种宗教性的生存伦理状态。

---

① 参见[英]麦奎利:《基督教神学原理》,何光沪译,香港,汉语基督教文化研究所,1998,第270~274页。

可见，上帝全在的绝对性意味着他使在的创造性，而创造的绝对的上帝之在预定了此在之人置身于其中的"存在与虚无"的生存框架，以及人类走向存在还是滑落虚无的生存命运的承担与抉择。对此，巴特（Karl Barth）在谈到上帝时指出，作为高于人和世界的主，上帝在创造人和世界时，也使自己与世界和人维系在一起。上帝自身是独一的完整的不可分解的，同时却是充实并包涵了其他所有的存在者，构成为人类有意义地生存在这个世界上的起点和终点。"作为他自己在他的存在之中的上帝自身是这样的一个存在，他不需要任何其他的东西，同时，所有其他的东西由于他而得以开始，随着这个开始，我们必须并总是能够充满信心和毫无缺憾地开始。同时，他又是终点，在这个终点里，所有的事物合理和必然地终结了，有了这个终极，我们必须带着自信而无缺憾地结束。"①上帝的绝对性存在构成了人类生活的起始本源和终极归宿。

（三）上帝观的基本特征之二：位格性

上帝是有位格的。位格（person），亦译人格，对于上帝而言通常称作位格，既意味着完备的人格，也意味着使人格成为可能的基础。按照基督教教义，上帝不仅是一个永恒无限的至上神、超越神，而且是一个活生生的充满意志和情感的神，一个怀着爱和正义的创世主和救世主，一个父—子—灵三位一体、道成肉身进入人世的神。无论是《旧约》里创造天地万物、赏善罚恶实行公义、与摩西订立律法十诫的圣父耶和华上帝，还是《新约》里道成肉身、作为圣子的耶稣驱鬼治病、给人生命和自由、亲近卑贱、以爱对恶、十字架上受难和复活的基督上帝，都表明了一个鲜活的人格神，一个有着丰富的行动内容的神。对于这个神，巴特说道："那就是上帝，在第一个单独的人的形式里，他宣谕族长和摩西，以及先知和后来的使徒。这就是上帝，在这个'我'中的上帝，正是他具有而且显示了最高的统治和一切其他的完美性。"②而这个上帝对于基督教来讲尤其通过耶稣基督的形象而更加彰显出其位格性。正如巴特所说，上帝就是"其名和道路由耶稣基督承载的那一位"。凭着耶稣基督这一名字，"上帝自己成为人，他成为这一特别的人，正是这样一个所有子民的代表，他从上帝那儿派生出来，奔赴人"③。凭着耶稣基督这一名字，上帝亲自赋予他的子民以"希望和允诺"，给所有民族以"邀请和召唤"，同时也给予其"问题、命令

---

① ［瑞士］卡尔·巴特：《教会教义学》（精选本），戈尔维策精选，何亚将、朱雁冰译，北京，生活·读书·新知三联书店，1998，第 12 页。
② ［瑞士］卡尔·巴特：《教会教义学》（精选本），戈尔维策精选，何亚将、朱雁冰译，第 6 页。
③ ［瑞士］卡尔·巴特：《教会教义学》（精选本），戈尔维策精选，何亚将、朱雁冰译，第 7 页。

和审判,它们高悬在整个人类和每一个个人的头上"①。

透过《新约》里耶稣的一系列话语,我们可以清晰地看到这位活跃在世间的人格神的形象:

"我从天上降下来,不是要行自己的意思,而是要行那差我来者的旨意。那差我来者的旨意就是:他所赐给我的人,我连一个也不失落,并且在末日我要使他们复活。因为我父的旨意,是要使所有看见了子而信的人有永生,并且在末日我要使他们复活。"(《约翰福音》6:38~40)

"凡犯罪的都是罪的奴隶。奴隶不能永远住在家里,唯有儿子才可以永远住在家里。所以,神的儿子若使你们自由,你们就真的得自由了。"(《约翰福音》8:34~36)

"我给你们一条新命令,就是要你们彼此相爱;我怎样爱你们,你们也要怎样彼此相爱。"(《约翰福音》13:34~35)

"我就是道路、真理、生命,如果不是借着我,没有人能到父那里去。如果你们认识我,就必认识我的父。"(《约翰福音》14:6~7)

基督教的人格神看上去带有神话色彩,但关键在于解读其中的生存论意义。神的人格性意味着,虽然上帝是绝对的并因而超越在人之上,却不是和人完全隔绝和疏离的,而是进入历史,临在人间与世人同在。上帝也不是一个全然外在的统治者,而是能够通过人格性的交流得以深度进入人的存在的神,是人可以通过敞开自身而接纳到生命深处的神。对于基督教来讲,人是上帝的所有造物中最高的造物,拥有神的肖像,这个肖像正是与万物相区别的"人格"。作为造物主的上帝对于人类的超越性不可能跟人格性全然无关,否则无法为人所了解和接受,当然更不可能在人格性存在之下,他与人类之间的关联是以人格性的方式实现的。

站在哲学的立场上来看,位格概念指示着一种完整的精神存在,包含着内在的复杂性、生动性、创造性、统一性。一方面,上帝作为位格的存在意味着在原创性的行动中呈现出来的上帝自身丰满而完整的存在性。这一点恰恰可以集中体现为,或者说,我们可以将之理解为在创世和救世过程中而行动着的"圣父—圣子—圣灵"这个三位一体的神。三个位格,一个实质;三个形象,一个本体,可谓一与多的完美统一。它是上帝向外的绽放和创造,也是上帝向内的包容和护佑,可谓圣爱行动的丰富性和整全性的完美统一。有鉴于此,麦奎利对于这一古老的位格三一论,从存在的角度给出了一个崭新的解释。他将"圣父"称为"创始的存在",意味着"使在"的终极行动以及万物得以存在的条件和一切存在可能性的源泉,指向"上帝奥秘的深度";将"圣子"(上帝之道或逻各斯)称为"表达的存在",意味着创始的存在

_____

① 〔瑞士〕卡尔·巴特:《教会教义学》(精选本),戈尔维策精选,何亚将、朱雁冰译,第7页。

通过表达的存在而倾倒出来,在存在物的世界里找到了表达自己的方式,产生了有着可理解的结构、处于时空中的具体存在物的世界;最后,将"圣灵"称为"统一的存在"。创始的存在通过表达的存在走出来进入了一个存在物的世界,这是一个变易的、纷繁的、充满种种可能性的世界。在此,存在有可能被分裂、被破碎、被撕开,承担着存在护卫者的命运的人可能会忘记那使在的存在,与存在疏离,滑向虚无。于是,圣灵便去重建存在和存在者的统一,较之最初尚未走出创始的存在时的统一,这是一种新的更高的统一,一种自由的统一,一种包容着自由而负责任的存在物的多样性的统一。①

在此我们看到,正是上帝的位格性使他自身充盈着一切存在的可能性,也使他得以创世又入世,超越又内在,与人和世界之间建立了不可分离的存在论关系,构成了人类生存的初始源泉和本原之基。对此,蒂利希认为,上帝的人格性是一种象征的说法,而这一象征绝对是基本的、具有生存本体论意义的,因为一种"生存关系"终究是一种"人格对人格"的关系,人不可能终极地关切其人格性比人少的任何东西。但是,"人格的上帝"又并不意味着上帝是"一个人",只是意味着,上帝是任何有"人格者的基础",他自身内部有着"本体论上的人格力量"。②

另一方面,上帝作为位格的存在也意味着,在完整的上帝位格面前人将自身的人格也整个地摆出来、献上去,与上帝进入一种深度的共同体关联。西美尔在《上帝的位格》中认为,真正的位格意味着完备或完满,只有永恒的上帝才具备真正的位格。上帝作为位格的存在远远超越了人,它是绝对的连续性和自满自足,完全填满了位格的概念。人的位格在时间和环境的约制下不可能是真正完整的自己,永远是一个肉身朝向精神统一性或灵魂完善性的生成过程,而完满的上帝位格便是不完满的人格朝向的目标。③ 事实上,正是在上帝和人的位格性相遇和互动里,上帝通过启示将自身给予出来,而人在敞开自身中接纳了启示中的上帝。所以,马丁·布伯(M. Buber)提出了"人格相遇"论,把人格关系看作一种"我—你"之间的主体性关系,这是一种对话关系,而非"我—它"之间的主客关系,这则是一种操作关系。在"我—你"关系中,双方都是主动行动者,我向对方敞开自身,对方也向我敞开自身,互相主动地让对方了解自己,从而在互动的基础上实现真正的相会和相遇。而在人神之间发生的"我—你"关系乃是我和"永恒的你"之间的关系,这种人格关系虽然可以类比人人之间的"我—你"关系,但正如蒂利希评论马丁·布伯的时候指

---

① 参见[英]麦奎利:《基督教神学原理》,何光沪译,第263~267页。

② 参见何光沪:《多元化的上帝观》(增订版),北京,中国人民大学出版社,2010,第149页。

③ 参见[德]西美尔:《现代人与宗教》,曹卫东等译,第61~67页。

出的那样,在"我"和"永恒的你"相遇中达到了"我——你"的统一,在这种统一中,自己和自己达到了统一,自己和世界也产生了相融,然而,这种"我——永恒的你"的关系却是不可超越的。我和永恒的你的相遇是"宗教性相遇",我"献身"在里边。①

麦奎利也强调,在人神之间发生的人格关系与人人之间的人格关系相比,存在着一种巨大的差异,那就是上帝存在的绝对超越的压倒性完全可以将接受启示的人俘获,就在接受者深度卷入进去的时候,上帝完全把自身传达了出来,作为一种"馈赠"为人所接纳。在此,接纳者几乎完全成为一个被动者。② 这也正是上帝作为一种活生生的位格力量在接受者心中激发的真实而实在的生存体验和存在状态。这同样是一种宗教性的生存状态,正是在这种生存状态中,上帝显现和被感受为神圣的存在。换句话说,上帝的神圣性打开了,我们与上帝的神圣性相遇了。

(四) 上帝观的基本特征之三:神圣性

上帝是神圣的。基督教信仰上帝为独一真神,这个神已如上述是创造人和万物的神,是超自然、超人类、超出世间一切的神,所以是绝对超越的存在;可是,这样一个超越之神却又同时是一个三位一体的位格神而临在人间,他的人格远远超出了人的人格而是完满的、完美的和完善的。对于世俗世界的一切存在来说,这样一位拥有完美人格又绝对超越在人之上的上帝是无与伦比的,完全超出了人类可能经验的限度,因而其存在性质是截然非凡而无比神圣的。

神圣性的观念在基督教里与超验性、神秘性不可分割。所谓"超验性"是指上帝的所在所是超出了我们处身其中的经验世界的限度,我们从自身出发,也只能从自身出发的有限经验和认知,是无法理解和抵达那超出经验之外的上帝存在的。从有限无以达至无限,从相对无以达至绝对,从暂时无以达至永恒,从经验无以达至超验。所以,上帝是谁,上帝的本质是什么,真正说来,我们是绝不可能给出一个答案的。一个被理解了的上帝绝不是上帝。所谓"神秘性"是指上帝的所在所是与世间的任何所在所是相比,都包含着全然超出的、截然不同的东西;与我关于存在对象的任何类型的经验相比,在我关于上帝的经历或遭遇中都有着迥然相异的东西;对我任何理性的认识能力来说,上帝都完全超乎我的解释和表达;我们关于上帝的一切认识和表述都无法揭示出上帝的真实本相,上帝完全是在理性之上的超然的神性奥秘。

---

① 参见[美]蒂利希:《文化神学》,陈新权、王平译,何光沪选编:《蒂利希选集》(上),第536~537页;也可参阅[德]马丁·布伯:《我与你》,陈维钢译,北京,商务印书馆,2015,第11~17页、69~75页。

② 参见[英]麦奎利:《基督教神学原理》,何光沪译,第125~127页。

因此,神学史上向来有"否定神学"的说法。按照这种观点,上帝作为超乎人的理解的神圣奥秘,只能以否定的方式说他不是怎样,不能以肯定的方式说他是怎样。尽管如此,关于上帝存在及其本质的探寻却一直是基督教神学史上的中心话题。上帝观是神学的基石,只有奠定了上帝观,才能进一步确立其他诸如宇宙观和人生观,并由此引导人们的生活实践。在探寻上帝的神学之思背后蕴藏的是信仰关怀和生存态度,正因如此,也就不可能不对上帝的存在及其本质做出某种肯定性的表述。但是,正如许多神学家指出的那样,无论我们用任何属性的概念去做肯定性的表述,这些表述也都是象征性的和类比性的,神圣性的上帝依然在我们的描述之外。究其因,上帝的神圣性完全不同于人世的凡俗性。

对此,奥托(L. Otto)在《神圣者》一书中给予了出色的阐述。他指出,用精神、理性、目的、意志、全能、完善等所有语词描绘神圣者的属性,都无法揭示那"神圣"二字的本质意义。神圣之所以为神圣,不在这些理性的和道德的意义之中,相反,除去所有道德和理性的意义之外的"剩余"才是那真正的"神圣"(das Heilige),它是超理性的、超道德的,是最深的、独一无二的。通常赋予神圣以"完善"的意义,但这个意义绝非原初的而是派生的。那么,剔除了理性和道德之外的剩余物,即"神圣"的意义究竟该如何理解呢? 奥托通过宗教现象学的方法揭示了神圣的意义。按照他的理解,神圣的根本意义在于,它是"全然相异"或"绝异之彼"(das Ganz Andere),有"令人战栗的神秘"和"不可抗拒的威严",是可以体认却难以言传的,它将人们的目光引向概念思维和伦常经验无法企及的幽暗的非理性领域,落在了通常的熟悉的范围与辨识明察之外。

奥托借助于亚伯拉罕在上帝面前为所多玛求情时的宗教感受[1]指出,"当着某个具有超常力量与绝对权能的对象的面"所产生的感受是一种"受造感","与那个高踞万物之上的权能相比,这个受造物自感卑微渺小,等同虚无"。[2] 于是,施莱尔马赫所讲的那种对于无限者的"绝对依存感"便油然而生。就在这绝对超常和虚无受造之间的无比差距中,感受着神圣者的绝异之彼和奇特神秘,领略着神圣者"不可抗拒的威严"和"令人战栗的畏惧"。这畏惧不同于任何一般意义的畏惧,是一种"宗教之畏"。既叫人产生自我的渺小感、卑微感甚至虚无感,也唤起人的崇高感、敬畏感,令人神往。因而,奥托也用"畏惧与神往"之"奇特的对立统一的性质"来解释那神圣亦即神秘的意义,并将这种既令人战栗又令人着迷的东西看作一切宗教

---

① 亚伯拉罕说:"我虽然是灰尘,还大胆地对我主说话。"(《创世记》18:27)

② 参见[德]奥托:《论"神圣"——对神圣观念中的非理性因素及其与理性之关系的研究》,成穷、周邦宪译,成都,四川人民出版社,1995,第12～13页。

里最为核心而独特的东西。① 这也最为典型地体现出神人相遇的宗教性状态,超出了真假知识和伦理善恶的层面。

不过,对于上帝的神圣性的解释,虽然奥托凸显的是与道德性和理性相分离的神秘性特质,但对于许多神学家和哲学家而言,则恰恰是通过上帝的无限理性和纯粹德性来彰显其神圣。比如康德的理论就是一个典型。按照他的定义,意志与道德法则的完全适合就是神圣性②,而在所有的理性存在者中,只有上帝作为无限理性存在者,才具有这样的绝对神圣性。在上帝的神圣意志中,没有任何与道德法则相冲突的准则或偏好,不仅如此,而且对于每一个有限理性存在者来说,上帝作为终极裁定者还为他的道德能够配享的幸福(至善)份额做出了精确判断。在此,上帝的神圣性不仅不和理性与德性相隔绝,而且正好在于上帝拥有人所不具备的道德纯粹性和理性无限性。通常在基督教的传统中,神圣性与位格性、绝对性是可以互释的统一体。

总之,上帝的绝对性、位格性和神圣性是基督教上帝观的基本特征。绝对性的上帝是创造的存在、使在的存在,构成为人类存在的基础和生存的依据;位格性的上帝在赋予人的人格以尊严的前提下与人进入了深度的相遇,并得以参与人类的历史和生活;神圣性的上帝以不可抗拒的威严和崇高,彰显着一种全然相异者的超越性,唤醒人类对于自身存在限域的意识,并为之提供存在论上的归属感。显然,这样一个上帝是一个既超越又内在的上帝,既超越人间又临在人间。上帝的存在与人的存在之间在根本上结成了无法解开的生存论关联。

(五) 神人关联模式: 启示恩典—信仰承纳

按照基督教的思路来看,神人之间的基本关联模式是一种恩典—承纳、启示—信仰、给予—接受的结构秩序。透过《旧约》中的"摩西五经"可以看到,创造万物的上帝与选民摩西立约,赐下摩西十诫,从此以色列人承纳和拥有了一套他们的"律法"。这些律法既是犹太人圣事活动尊奉的神圣信条及清规戒律,也是世俗生活不可违背的伦理法则和道德规范。所以,《旧约》的上帝是一位充满了无比威严和力量的上帝,既有创世的大能,也有救世的威力,参与生活、干预历史、惩治罪恶、制定律法,是构成整个社会公义秩序的最高源泉。与此相应,犹太人的生活是神圣和世俗一体化的世界,从宗教圣事到日常俗事,全部生活行为都以上帝的律法为准绳。

---

① 参见[德]奥托:《论"神圣"——对神圣观念中的非理性因素及其与理性之关系的研究》,成穷、周邦宪译,第14～36页。

② 参见[德]康德:《实践理性批判》,李秋零译注,北京,中国人民大学出版社,2011,第123页。

透过《新约》"福音书"则看到,上帝之道成了肉身,耶稣基督以上帝之子的形象临在人间,《旧约》里不见身影的圣父上帝如今由圣子彰显了出来。耶稣基督是神又是人,是一个有完美人格的人,也是一个有神圣位格的神,是神格和人格、神性和人性的完美统一。他出于纯粹给予性的神爱、带着神的恩典从天国来到人间,这恩典就是将真理、生命和自由的天国福音启示给人、恩赐给人、宣告给人,为的是把人从与神的疏离之罪中救赎出来,重获新生,回归与上帝的和解。于是,耶稣基督成为朝向天国的引领者,成为人神沟通的唯一之路,成为信徒生活的力量源泉。在此,从神的一面来讲,基督的真理是"启示"的真理,是亲知亲见亲证的真理,而非通过逻辑认识而获得的真理;基督的自由是"给予"的自由,使人脱离罪的处境回归神圣家园的自由,而非自己去奋力挣得的像神一样无需任何依持的自由;基督的生命是"恩典"的生命,是来自生命之源的永恒的生命,而非此世拥有的坚执不舍的却必然是暂时的将死的生命。从人的一面来讲,只有放下人性的理性傲慢,在虔诚的"信仰"中才能获得神的启示真理,从而跟随耶稣基督的真理之路;只有放下人性里要与神比肩的僭越神性的狂妄,在谦和的"领受"中才能得到神给予的自由,从疏离神的罪性自由返回神的自由怀抱;只有摆脱牢牢抓住生命不放的自然欲望,在献身的"承纳"中,让自己活在基督的生命里,从而基督才能活在自己的生命里,与神同在,获得永生。

上述"给予—领受""恩典—承纳""启示—信仰"的生存伦理构架是和基督教的整个教义体系完全一致的。它首先源于"创造—受造"的上帝创世论,其次源于"创造—堕落"的人类原罪论,再次体现着十字架上基督之爱的救赎论,最后则是反映着永恒拯救的终末论。源于《圣经》的"创造—堕落—救恩"的整个基督教神学框架相应形成了"恩典—承纳"的生存伦理模式,在此基础上展开了神与人之间的生存辩证法。从总体来看,在上帝的至上统摄下,一方面,基督教的生存伦理秩序有着确定的目标和方向、牢固的根基和神圣的核准,人在世界上的位置是安然的有归属的,人的整个行动有着最终的依据和决定性的支持;另一方面,人们生活在一种秩序森然的伦理状态中,自由跃迁的可能性空间相应地也受到了约制。只要终极的上帝莅临在场,即使一切机缘和偶然的出现尽有可能,但冥冥之间终有其神意和神命所在。故而基督教传统的生存伦理体系是以神律为准绳,由神意来指引,从神到人,从神圣到世俗,从超验到经验的一套价值秩序,上帝及其意旨是其正当性的根据和保证,也拥有着道义性支配法权。

从历史的角度来看,以神为核心的传统基督教生存伦理体系在现实化的过程中有一个显著特征,那就是基督教教会占有统治地位和主导性作用,整个中世纪的神学生存模式都与教会制度紧密结合在一起,以致逐渐演化为永无错误的教皇几乎占据了基督在尘世的位置,一切得救的可能性包括读经、与天父之间的神圣性沟通,都必须经由教会神职人员的中介作用。这样一来,外在事功、外在制度以及全部圣事活动的过度强化,掩盖和削弱了上帝的恩典、基督的救赎以及内心虔敬信仰的根本意义。这也是诱发 16 世纪路德(M. Luther)宗教改革运动的内在原因,由此突破了中世纪教会一统天下的生存伦理的传统模式。鉴于其对后世的深远影响,我们下面再稍加讨论。

从外部实践来看,路德宗教改革将矛头直指中世纪基督教中心罗马教会制度,解构其独揽神性的特权和权威,消解其作为神人沟通的中介地位,将信仰从种种宗教仪式和外在事功中解放出来回归个体内心,将读经的权利从神职人员手中取回交给每个平信徒,突破了中世纪大一统的教会制度。从内部更深的原因来看,路德宗教改革源于他的灵性生命体验与根本神学困惑,症结在于"得救"问题。由于对死亡的恐惧以及末日审判时能否在基督面前得救的焦虑,路德的个人生活陷入深刻危机,做修士的种种苦行和圣事善功也丝毫解决不了这一问题。但在一次对上帝的恩赐公义的直觉体验和良心困境中,在对保罗《罗马书》的深切阅读中,路德突然打开关于得救的洞见,这就是"因信称义"。上帝通过十字架已将罪人称义的恩典给予了人,是否获得这一恩典,一切自我的外在努力对此都无济于事,只有凭借内心的虔敬信仰才能确认。由之进一步批判教会偏离了福音书的教导和实践,蜕变为一套世俗化的制度、机构和传统,主张神职人员并不具有垄断神圣的特权,所有信仰者都拥有祭司身份,教会就是这些信徒兼祭司的人们的团体。唯凭基督,唯凭圣经,唯凭恩典,唯凭信仰,在个人之我和唯一上帝之间建立起直接的亲密的联系。由此解构了中世纪教会的外在统治,转向以"基督—圣经"为中心的神学生存范式。对此汉斯·昆评价道:"从中世纪神学向宗教改革神学的转移,就像从地球中心观向太阳中心观转移。"[1]"因信称义"的发现带来了关于上帝和人的新理解,上帝不再是抽象的"在自身之中"(an sich),而是具体关怀我们、"为我们"(für uns)的恩慈的上帝。"我们应殷勤查考上帝的话,知道并确信上帝亲自对我们讲话。"[2]而梅列日科夫斯基进一步揭示了神人关系的个体独特性,"耶稣和我之间的一切"不是和一切人之间的一切,"而仅仅是在他这独一者和我之间的一切",一切都是"独特的"。[3] 路德因信称义的思想重树了基督教更为纯粹的"恩典—承纳""启示—信仰"的生存伦理模式。

---

① [瑞士]汉斯·昆:《基督教大思想家》,包利民译,北京,社会科学文献出版社,2001,第 137 页。
② [德]路德:《马丁·路德文选》,马丁·路德著作翻译小组译,北京,中国社会科学出版社,2003,第 127 页。
③ 参见[俄]梅列日科夫斯基:《宗教精神:路德与加尔文》,杨德友译,上海,学林出版社,1999,第 12 页。

　　路德发起的宗教改革产生了深远而复杂的影响，在此我们无意展开全面的讨论，只想指出一点，就是关于主观思想与客观效果之间的深刻的历史交错性。路德的初衷是要在教会体制日益世俗化的处境下返回福音的上帝观，持守和纯洁基督教生存伦理的神圣之维，但最后导致的历史性结果却超出他的目的之外。他试图回归个人和上帝之间的自由沟通的努力，孕育了近现代世界关于人的个体性、独立性及其自由的观念，这一观念伴随着资本主义市场经济、政治民主体制的形成最终演变为一套离却上帝的个体自由主义的价值体系和生存伦理。就此而言，路德发起的宗教改革较之文艺复兴对于后世的影响更为深刻而内在。在这方面，马克斯·韦伯（M. Weber）通过深入研究路德—加尔文的新教伦理和资本主义的关系，一方面揭示了验证得救和荣耀上帝的神圣动机和世俗禁欲主义极大地激发了新教徒奋力投入现世工作，理性地从事一切活动，促成了近代资本主义的诞生，另一方面又揭示了一旦资本主义自身的经济冲动力日益强大直至成为唯一动力的时候，神圣冲动力也就被消解了。[①] 这便是历史经纬在个人活动面前交织而成的吊诡之谜。

　　与此同时，从文艺复兴发源的倡扬人的理性尊严和现世幸福的人文主义思潮走上了历史前台，从中世纪大学发源的阅读上帝自然之书的自然科学也确立起科学理性主义的支配地位，这一切都导致了以"人"为主角的近代世界的形成。尤其是经过了 18 世纪启蒙运动之后，伴随着科学主义和人文主义的胜利进军，科学解开了一个又一个自然之谜，从物理学到生命科学，从微观世界到宇观世界，科学证明了自然界是一个物质的有规律的运动过程，并不包含上帝任意插手其中打断自然链条的奇迹。相应地便是"自然神论"的观点，即上帝在最初创造了自然界以后就不再干预自然，而是让自然按照自身的规律来运动。于是，超自然的上帝在自然界隐遁了。不仅如此，人类还充分确立了关于社会发展和历史进步的乐观主义信念，相信凭借着科学理性就能认识和掌握社会发展规律，使社会进程越来越合目的性，依靠人类自身的力量，就可以不断走向自我完善、自由和幸福。于是，人义代替神义成为社会历史的目的和尺度，人取代神成为自身的创造者和主宰者。于是，"上帝"在自然—人—神的宇宙世界、社会历史进程、人的整个生存伦理世界全线退隐，以理性主体性为主导的现代生存模式严重解构了"恩典—承纳"的神人关系模式。终于到了现代门槛，尼采喊出"上帝死了"。

　　然而，死亡的另一面便是现代上帝观的重构。现代上帝观与传统相比发生了

---

　　① 参见[德]马克斯·韦伯：《新教伦理与资本主义精神》，于晓、陈维钢译，西安，陕西师范大学出版社，2006，第 88～106 页。此外，也可参阅[美]丹尼尔·贝尔：《资本主义的文化矛盾》（赵一凡等译，北京，生活·读书·新知三联书店，1989）一书的相关论述。

巨大变化,呈现出丰富多姿的样态。下面再选取个案讨论的方式,以期更为充分地展示基督教上帝观的全貌。

二、现代上帝观的多元化与神人关联的多向度

对于现代基督教世界的状况,宗教社会学家贝格尔(P. L. Berger)说过这么一段话:"如果评论家们能对当代宗教达成什么共识的话,那就是超自然者从现代世界隐退了。这种隐退可以用这样一些戏剧性的说法来表达:'上帝死了'或'后基督教时代开始了'。或者也可比较平淡地说,这是一个全球性的也许是不可避免的倾向。所以'激进神学家'阿尔蒂泽(T. Altizer)以一种信仰告白式的庄严告诉我们:'我们必须意识到上帝之死是一个历史事件,上帝已在我们的宇宙、我们的历史、我们的生存中死了'。……20 世纪的文化将继续是越来越'感性'(sensate)的文化……卡恩和维纳定义为'经验的、此世的、世俗的、人本的、实用的、功利的、契约的、享乐主义的'等。"①以"上帝死了"为表征的现代世界意味着超验的神圣维度的退隐和经验的实证维度的彰显,以人类科技理性为主导的现代社会已经演变为一个世俗化、合理化的世界,这几乎成了思想家们的一个共识,比如韦伯和卢曼(N. Luhmann)的宗教社会学也都对此做过相当深刻的论述。然而,现代世界的问题恰恰在于:宗教的边缘化招致了社会根基的裂散和意义共识的缺失,凡俗主义对神圣之维的解构导致了超越性的排斥、终极意义的放逐以及精神资源的枯竭,人们的生活和工作再也难以找到价值根据和意义支持。对此余英时评论说:"西方存在主义者强调现代人的失落、惶恐、虚无、认同危机种种实感,这些恐怕都与'上帝死亡'后价值之源没有着落有关……在外在超越的西方文化中,道德是宗教的延伸,道德法则来自上帝的命令。因此上帝的观念一旦动摇,势必将产生价值源头被切断的危机。"②于是,如何重新寻找和理解上帝,重新阐释和建立人和上帝的关系,成为基督教在现代生存处境下面临的一个根本性问题。

不仅如此,更为严峻的历史处境在于,进入 20 世纪以后,现代世界成为各种力量贲张、较量和冲突的舞台,一方面伴随着科学技术的上天入地彰显了人类驾驭自然的巨大力量,创造了现代社会物质文明的繁荣丰盛;另一方面,人类自身力量的膨胀也孕育了灾难性的自我毁灭和自然毁灭的生存危机,这恰与整个现代社会的法制化、秩序化、合理化景观构成了相反的对照。这意味着人类对自然和社会的控制能力与对自我和宇宙的觉识能力并不是在同一个层面上的问题,后者不可能不

---

① [美]贝格尔:《天使的传言》,高师宁译,香港,汉语基督教文化研究所,1995,第 10 页。

② 余英时:《内在超越之路》,北京,中国广播电视出版社,1992,第 47～48 页。

指向某种绝对存在和终极价值的诉求。特别是两次世界大战暴露出来的理性之丧失、正义之脆弱和人性之罪恶,更是对离弃上帝而将自身变为上帝的人类狂妄企图的尖锐质疑。尤为致命的是,奥斯维辛对千万犹太人犯下的惨绝人寰的罪行这一人类永久的记忆和创伤,既是关于上帝被遗弃的控诉和证词,也是对仁慈万能的上帝究竟何在的疑问和呐喊。在此,传统的基督教上帝观和上帝信仰也在经受着严峻的考验,不能不引起一系列神学的深刻反思。究竟该如何理解上帝,如何理解上帝和人的世界的关系,上帝何在何为,这一切都关系到人类究竟应该如何生存在这个世界上。

正是在上述种种复杂的历史处境下,基督教开始重构上帝观,重释人和上帝的关系,进而重建现代人的生存伦理。笼统地从总体来看,现代上帝观的内在品质是生存论的,外部呈现是多元化的。由于上帝之思总是从当下人的独特的生存境遇出发,使得上帝观不再具有以往的大一统特点,而是表现出多面向和多维度。下面选择几种代表性的观点进行个案讨论,即利奇尔主义的自由神学、巴特的新正统神学、朋霍费尔的世俗神学、莫尔特曼的希望神学,分别提出了社会论上帝观、全异论上帝观、苦弱论上帝观、末世论上帝观。

(一) 利奇尔和饶申布什的社会论上帝观

19世纪晚期出现的利奇尔派自由神学从时代大背景来看,是典型的现代之始社会文化气候的乐观表达,伴随着社会进步和人的力量的增长而取向一种社会性的上帝观。从思想发展的内部来看,19世纪后叶,在德国的哲学和神学界开始了"回到康德去"和"回到历史去"的思想立场。现代新教神学的开创者施莱尔马赫就是从康德的宗教理解出发,把信仰建立在人的情感体验的基础上,把上帝理解为在人的绝对依存感中呈现出来的无限者,开辟了神学解释的人文主义向度。后来的神学家利奇尔(A. Ritschl)既受到康德道德宗教的影响,也接受了施莱尔马赫有关宗教体验的观点,但同时采取了历史解释的立场以避免其主观主义的危险性,强调神学的恰当对象必须关涉在耶稣基督身上启示出来的福音的历史实在性。在他看来,宗教体验并非一种神秘的感受,而是一个实践的问题,从根本上说,宗教是道德自由的体验,是摆脱自然盲目必然性束缚的体验。上帝就是人类出于道德需要、为了取得压倒世界的精神胜利而设立的一种保证,但这并不意味着上帝是一个虚构,而是在实践中已被体验为某种实在和力量。"只有当上帝被视为对信徒保证了一种超越世间限制的世间地位时,对上帝的认识才能证明是宗教的认识。除了这种信仰的价值判断,绝不存在任何配得上这种内涵的对上帝的认识。"①这意味着关

---

① [德]利奇尔:《基督教关于称义与和解的教义》第3卷,转引自[美]利文斯顿:《现代基督教思想》上卷,何光沪译,成都,四川人民出版社,1999,第490页。

于上帝的信仰乃是一种价值事实或价值判断,关联着人对世界的态度。上帝不可能在其自身中被认识,只有在对我们的价值作用中将自身启示出来的时候,才能被认识。"上帝和信仰是彼此不可分离的两个概念;然而信仰显然并不存在于抽象的认识或关于纯粹历史事实的认识中,……信仰投身于其上的上帝之'善与力量',在路德看来仅仅启示在基督一个人的工作之中。"①信仰中的上帝仅仅是在"基督事件"中启示出来的,它既是福音的历史实在性,又非纯粹的实证历史性,通过耶稣基督启示出来的上帝是"历史上的耶稣"与"信仰中的基督"之间的统一。可见,利奇尔的上帝观是基于生存体验和道德实践而生发的信仰决断,基督的神性来自信者心中对启示的接受和对信仰的宣告,就像彼得的信仰宣告:"你就是基督!"

利奇尔还进一步论述了"上帝国"的思想。在他看来,《新约》里的耶稣承担和实践着一种道德天职或道德使命,就是要导向"上帝国"的神圣目标。这一神圣而道德的上帝国不仅是基督徒团体的最高的善或道德理想,而且首先是上帝自己的最高目标,是上帝在基督身上以"原初的方式"予以实现的"永恒的自我目标"。所以在耶稣基督里,"上帝之道乃是一个有人性的人"。在此,神性与人性、神圣与道德是不可分离的,对于基督作为"完全启示出来的上帝"之"宗教评价"与对于基督作为"完全实现了的人"之"道德评价"是结合在一起的。不仅如此,宗教评价依赖于道德评价,就是说,基督上帝因为首先是一个唯一的完善的人格,所以他才能"有资格"担任"引进上帝国"的"特殊天职"或"最高天职",并在传播真理和毫无间断的慈爱中完成这一天职。当然,基督的这一道德使命同样被视为上帝意志的实现,基督道德使命的完成也证明了天父的仁爱、恩典和真理。②

利奇尔的上述理解突破了传统上帝观的程序,更多地带有人文解释下的道德和人性色彩。他把基督救赎解释为宗教方面的称义与道德方面的和解。"称义"是指通过基督献祭实现的上帝赦罪;"和解"是指通过基督之爱实现的对信徒团体的道德塑造,就是要信徒追随基督积极参与上帝国的目标,促进地上人类的组织化和完善化。利奇尔更为强调的是后者,对他而言,基督教主要不是一种为了个人得救的善,而是一种有待实现的社会理想。他的上帝国表现出社会性和目的性特征,上帝国作为基督徒团体的最高善或道德理想,激发着成员们通过互爱互惠联结在一起。一方面,这个植根于爱的道德的上帝国是超现世的,不会伴随着现世的精神生活条件的变化而消失;另一方面,它又通过人们负责任的美德生活和社会的道德

---

① 参见[德]利奇尔:《基督教关于称义与和解的教义》第 3 卷,转引自[美]利文斯顿:《现代基督教思想》上卷,何光沪译,第 493 页。

② 参见[德]利奇尔:《基督教关于称义与和解的教义》第 3 卷,转引自[美]利文斯顿:《现代基督教思想》上卷,何光沪译,第 499~502 页。

改造而具体展现出来,因而是彻底的现世的。对此,利文斯顿(J. C. Livingston)评述道,利奇尔的上帝国思想切中了久被忽略的一个真正的圣经主题,同时也包含着19世纪晚期道德乐观主义的因素。① 的确,福音书里围绕着耶稣基督由信望爱联结而成的信徒团体,包含着使徒时代的某种社会理想,而这一点在之前的基督教神学中并未得到充分彰显。置身于现代世界奋进的行列,处在人类社会大踏步向前的凯歌声中,将基督福音、上帝之国和道德人性以及社会的完善化关联起来,也是时代的文化处境的反映,这一取向在后继者中更加得到了呈现和推进。

在利奇尔的影响下形成了利奇尔主义自由派神学,其中的重要人物哈纳克(A. Harnack)提出了福音三主题:一是上帝国就是"神圣的上帝在个人内心中的统治";二是圣父上帝和人类灵魂具有无限的价值;三是更高的正义与爱的诫命,意思是说,以爱为源泉,追求更高的正义——超越律法形式,注重内在的道德意图和品格。② 因此,耶稣教导爱上帝和爱邻人,基督福音是道德与宗教的结合,宗教是道德的灵魂,道德是宗教的肉体,建设一个道德的社会是福音包含的重要方面。这种上帝观代表了典型的新教自由主义精神,反映出关于福音解释的社会性和道德性维度。

利奇尔主义的影响还远及美国,产生了饶申布什(W. Rauschenbusch)所代表的以上帝国教义为核心的社会福音派神学,完全从伦理和社会的角度解释上帝国,强调基督福音的社会意义,被尼布尔称为美国"社会基督教的真正创立者"。在他看来,上帝国是最重要的神学教义,是在"耶稣心目"中占有"最重要地位"的观念。可是,以往神学仅仅在末世论的意义上领会它的价值,其实,"上帝国教义本身即社会福音"。上帝的拯救行为不仅将个人从自私自利的天性和道德上的无能中拯救出来,而且要在"人类里面"建立一个"公义的社会"。"上帝国是按照上帝意旨而组成的人类组织。"③上帝国的福音不仅包括宗教生活,而且包含经济、社会及政治生活,耶稣救赎是人类整个生活的"社会性的救赎",基督教是从"伟大的社会理想"出发,希望在"地上"建立起一种"神圣的社会秩序"。上帝国的实现是一切人类问题在基督精神的统治下的合理解决,是整个"社会秩序的基督化"。而基督化的社会秩序的发展将是"上帝拯救力量的证明","社会运动的失败"将使人"怀疑上帝的存在"。由此可知,上帝就在我们的生活世界里,并非与人类不同,居住在高处,这是"专制和武断的上帝观"。相反,"上帝内蕴在人类之中的宗教信仰却是民主的上帝

---

① 参见[美]利文斯顿:《现代基督教思想》上卷,何光沪译,第508~509页。
② [德]哈纳克:《什么是基督教》,转引自[美]利文斯顿:《现代基督教思想》上卷,何光沪译,第515页。
③ 参见[美]饶申布什:《饶申布什社会福音集》,赵真颂译,香港,基督教辅侨出版社,1956,第404~412页。

观念的自然根据。若是上帝高高在上,那他当然需要副手来替他治理,需要神置的教皇和神授的王权来代他治理。但他若是在人类的生活中居住和移动,他就能够直接对众人行动了。一个在我们奋斗中奋斗的上帝,一个把他的火炬点燃到我们的智力中,以他的大能的冲击力使我们决意为公义奋斗不息,以理想和渴望充满我们那下意识的心智,不断促催人类向着那更高的自由和一体性的结合前进的上帝,是一个民主和敬虔的人可以和他交谈,把他当做他们主要的工作伙伴,当做能力的源泉和希望的凭藉的上帝"①。

饶申布什以上帝国为核心的社会福音学说既反映出自由派神学对于人性和人类社会进步的关注,也鲜明体现出人文主义的乐观主义精神态度。上帝国不再是遥远的彼岸天国,而是按照上帝意旨在地上建立起来的爱和公义的社会;上帝也不在天上而就在我们尘世的生活中,激励着世人争取自由、民主、平等、正义和博爱的社会历史实践,这种观点堪称现代世界典型的自由民主的上帝观。对此,美国当代思想家马克·里拉(M. Lilla)评论道,自由主义神学起始于一种"理性的希望",即圣经信仰的道德真理能够在知性上和现代政治生活相一致。它将某种浪漫主义的激情和现代的信念结合起来,以为宗教通过理性和道德的改良可以为社会做出贡献,人类通过自身的自由发展能力可以获得幸福,通过建立一套神圣化的社会秩序就能实现上帝国,但最终导致了"把当下神圣化"的政治神学后果,使得自由主义的神变成了一个"夭折的上帝",无法给寻求终极真理者提供真正的信念。②

(二)巴特的全异论上帝观

20世纪两次世界大战的硝烟及纳粹主义的惨无人道和犹太人的无助,很快吞没了神的昂扬的面容和风姿,自由主义神学关于人性道德、理性力量、文明进步和历史完善的乐观主义信念也遭到了毁灭性打击,自由派神学受到巨大挑战并随之衰落下去。如何理解神和人的关系再一次成为严酷的神学问题和生存课题。巴特神学正是这种背景下产生的思考,有危机神学之称。他和老师哈纳克之间展开了一场神学辩论,批判神人一体化、神圣与世俗一体化的自由神学,重新拉开神人全异的距离,倾听圣言,回归正统,故也有新正统神学或圣言神学之名。

巴特有句名言:"世界就是世界。而上帝就是上帝。"在神和人之间永远有着无限的距离,坚决拒斥将世俗权威和世俗作为神圣化,把人的话当作神的话,把人

---

① [美]饶申布什:《饶申布什社会福音集》,赵真颂译,第442～443页。

② 参见[美]马克·里拉:《夭折的上帝——宗教、政治与现代西方》,萧易译,北京,新星出版社,2010,第222～223页。

造的真理当成上帝的真理。德国纳粹党及其运动正是自命神圣的造神行为,世间
所有自诩神圣的绝对真理的充神渎神运动都是人世灾难的根源。正因如此巴特发
出警言:"上帝在天上,而你——人,始终在地上。""上帝本身是谁和是什么?现在
我们绝不能回到这一问题和给出一个答案,绝不能宣称我们认为上帝的观念应该
是什么,或按照一切在神性概念方面必须的假设和观念,上帝就应该是上帝。"①人
绝不是神,人的意志绝不是神的意志,人言绝不是神言,人的真理绝非上帝的真理,
无论是施莱尔马赫将个人内心体验视为理解神圣真理或上帝启示的基础,还是历
史主义将人类的经验视为理解宗教现象的依据,都遭到巴特的否弃,神圣的基础不
能确立在人和历史之中。上帝国是纯粹的界限,上帝与人及属人的一切有截然异
质的差别。只有上帝自己才能谈论上帝,只有通过上帝才能认识上帝。然而,唯有
基督才是上帝的唯一话语,聆听圣言和领受真理只能从耶稣基督那里来。要谈论
上帝,必须谈论基督。如果不是通过基督在十字架上的受难和复活的自我陈说,人
类根本无法知道上帝。十字架事件乃是上帝对人及其世界的审判,但这一神圣的
审判却是上帝通过牺牲自己的儿子以代人受过的爱的行为来完成的。上帝的审判
和爱的救赎是完全同一的,这是纯粹的神圣行为、上帝行为,人是根本做不到的。
上帝的现实和人的现实是截然对立的。人无法妄言上帝,唯有追随和倾听基督之
言,只有基督之言才传达了上帝之道。由此将神学根基和生存根基重新奠定在基
督福音上,扭转了百年来神学发展的方向,颠覆了现代人生存的经验实证和历史理
性的人本主义基础。

　　基于这种上帝观,巴特彻底批判了现世宗教生存伦理的深度危险性和辩证性。
在他看来,基督是上帝的话语,宗教则是人的产物。基督性与基督教是不同的。基
督性是神性,基督临世是给人带来新的生命,而不是创立宗教。基督教是人性的展
示,人成为宗教徒并不意味着找到了上帝,获得了新生命。相反,宗教作为人的产
物却可能反过来歪曲和颠倒神圣,伪造偶像及真理。在宗教中展现的人性,往往会
成为一种企图越过经验界限寻求生命之谜的终极答案以致将自身提升为圣的僭越
倾向,这是人性中危险的宗教性和宗教姿态。它既包含着人性最高的可能性,也会
成为人性罪性力量的充分体现,深刻表明了人的生命存在处境的悖论性或辩证性。
人的生命存在处境指的是人与上帝的关系处境,所谓辩证性就是说人的生存处在
一种"之间"的状态,处在与神圣真理之间的状态,他要把握真理,但又把握不到真
理,只能处于走向真理的途中。如果自命把握了真理,不过是将人的真理冒充为神
的真理,并由此走向疏离和拒斥真理而已。所以,人的生存处境是一种充满对立和

---

① ［瑞士］卡尔·巴特:《教会教义学》(精选本),戈尔维策精选,何亚将、朱雁冰译,第12页。

悖论的处境,然而上帝则是关于悖论的克服、关于对立的综合。他是此岸和彼岸的"彼岸",是"否定的否定",这一否定意味着为了"此岸的彼岸"和为了"彼岸的此岸",意味着我们的"死亡之死",我们的"非存在不存在"。① 正因如此,人要牢记上帝在天上,人在地上,上帝和上帝国永远是人间无法企及的,此岸的力量不能变成彼岸的力量。彼岸永远是此岸的界限、警示与指引。

巴特关于人和神之间的辩证关系处境的理解,揭示了宗教性的姿态所包含的双重性,即人性最高的可能性和罪性最大的可能性,这一见地是十分深刻的。不过,源自危机时代膨胀的"人义"取代"神义"的处境,使得巴特充分关注了宗教性姿态作为罪性之僭越性的否定之维,而单向强调"上帝寻找人"的一面,却也过分忽视了宗教性姿态作为人性最高的可能性,即超越的精神本性之肯定的意义之维,而否定了"人寻找上帝"的另一面。可是,正如布鲁纳(E. Brunner)在《天性与恩典——与巴特的对话》中指出的那样,人之所以可能聆听上帝的启示和领受神圣的恩典,是因为人有上帝的肖像,在本质上是一个有理性的、有位格的、负责任的和主体性的存在者,这些本质特性是不会被罪性彻底吞没的。但同时,人性又有边界性,使得人不安于此种限度而去追求神圣,产生了关于彼岸的信仰。这正是我们所称的人的精神生存中超越有限性的宗教性取向。也正是在这种宗教性取向里,人才有了遭遇上帝、接纳神圣的可能性,故宗教性绝非只具有否定意义。

对此,我们不妨再参较一下别尔嘉耶夫(Н. А. бердяев)关于神和人的生存辩证法思想,虽然很可能不为巴特所认同。在他看来,上帝是精神,上帝是生命,任何客体化都不能参与"精神的秘密"。所谓启示,并不是从外部掉在人的头上的,它是"我身上的精神事件,是主体里的精神事件,是精神体验,是精神生命"②。作为一种"精神的创造行为",具有"神的起源和人的起源的特征"。在启示里"上帝和人"都是"积极的",因此,"宗教现象是双重性的,它是在人中揭示上帝和在上帝中揭示人,其中所表现出来的是人对上帝的思念和上帝对人的思念"③。无限的启示终究是在有限中显现自己的,基督现象作为历史中的现象、时间中的事实,是神圣的本体事件向现象世界的突破并进入了历史,两者之间并没有绝对断裂,这便是秘密。④ 在我们看来,这意味着历史的意义之维由此打开,人之在和上帝之在获得了生存论上的关联。

---

　　① 参见[瑞士]卡尔·巴特:《罗马书释义》,魏育青译,上海,华东师范大学出版社,2005,第134页。

　　② 参见[俄]别尔嘉耶夫:《论人的使命·神与人的生存辩证法》,张百春译,上海,上海人民出版社,2007,第315页。

　　③ [俄]别尔嘉耶夫:《论人的使命·神与人的生存辩证法》,张百春译,第315页。

　　④ [俄]别尔嘉耶夫:《论人的使命·神与人的生存辩证法》,张百春译,第316~317页。

（三）朋霍费尔的苦弱论上帝观

巴特的上帝观通过强调神人间的绝对差异，来揭示人神距离以避免人僭越为神，反过来证明必须把有限的罪性的生存伦理，牢牢建立在耶稣基督所彰显的上帝之道上，拒绝任何关于胜利的上帝和死亡的上帝的世俗判定，以在危机神学时代纯洁神圣之维，坚定信仰目标的彼岸性。同样是在这个危机时代，朋霍费尔（D. Bonhöffer）则提出了另一种"世俗神学"，强调在与此世、与人的生命和生活之间的紧密联系中理解上帝，形成了与传统的"全知全能论上帝观"完全不同的"苦弱论上帝观"。

像那些挣扎在深渊里的犹太人一样，朋霍费尔也曾被囚禁在纳粹的监狱里期待着自由，期待着上帝的拯救。那是一种令人毁灭和绝望的灾难处境，可是如何在绝望中保持希望，如何在毁灭中挺立自身，如何在上帝的沉默中抱定对上帝的信仰，朋霍费尔的切身性思考打破了传统神学的上帝全能论。基于耶稣的十字架受难，朋霍费尔发出了惊人之见，基督教与一切宗教的决定性的区别在于，"上帝在这个世上是软弱无力的，而且这正是他能够与我们同在并帮助我们的方式，唯一的方式。《马太福音》第8章第17节清楚明白地告诉我们，基督帮助我们，不是靠他的全能，而是靠他的软弱和受难"[①]。按照这一见解，此世是一个苦难的结构，只要此世存在，它的存在性质就是如此。否则，此世便不存在。人在此世中是不可能不受苦的，包括不幸、罪恶、死亡等，何以能承受其苦？答案是：上帝与受苦同在！上帝已令圣子耶稣基督降世为人，并在十字架上受死，这意味着，上帝是以受苦、屈辱甚至罪人的形象出现的，他与人一样是软弱无力的，与人一样在承受和担当着一切的不幸。不同的是，神是"无辜"的，他是"为人"在担当和承受。正是以这种方式，也唯以这种方式，神才和受苦人同在，才把无条件的爱给予世人，并由此救赎世人。[②]对此朋霍费尔这样描述道，神为了在丧失了神的形象的人身上找回自己的形象，只有"全然出于慈悲来披上堕落的人的形象和样式。因为人已不能再像神的形象，神

---

① ［德］朋霍费尔：《狱中书简》，高师宁译，何光沪校，成都，四川人民出版社，1997，第177～178页。

② 这与曾是马克思主义者的法国女神学家薇依（Simone Weil）的观点十分相近。她认为，人的存在的不幸是本体论的，由偶然性导致的不幸与生命共存，试图完全消除生存偶然性的社会形态是不可能出现的。就此而言，承受不幸的处境可谓是人的存在天命。上帝通过十字架受难与受苦人同在，正是要给予受苦人以真正的爱的支持和慰藉。只有耶稣基督才真正了解无产阶级的处境，认同和接纳他们的存在身份，而马克思并不认同"受苦人"的身份，把受苦当作一个"阶级"问题来对待，要他们对之进行革命。可是，革命只是一种"革命的宗教"，同样是一种幻想和鸦片，它不仅不能解决个人受苦的问题，相反则把真实的个人的受苦事实排除在外了。基督教才真正是受苦人的宗教。参阅薇依：《期待上帝》，巴黎，1950；《劳动的条件》，巴黎，1951。另请参阅刘小枫：《走向十字架上的真——20世纪基督教神学引论》，上海，上海三联书店，1995，第164～209页。

就必须成为像人的形象。但是这恢复神形象的事不只是关涉一部分，却是关涉整个人性"①。堕落的人失去了神的形象而又无能自我恢复，神便成为堕落之人的形象走进人间，以十字架上的受难方式替人担苦受罪，这关系到整个人性的改造和救赎，表明了神爱的无条件性。从这样的上帝观出发，朋霍费尔强调基督徒的生存是"此世"的生存，要在此世与受难的上帝同在，通过"和上帝一同受苦"或"上帝和我一同受苦"来实现自我承担重负，在生存的苦难中屹立，以见证或参与上帝之道和基督信仰，这才是基督徒的使命。"如果我们通过此世生活而参与了上帝的受难，成功怎么能使我们狂妄自大，失败又怎么能使我们迷失道路呢？"②

朋霍费尔认为，与基督一同被钉十字架，也一同复活，这复活的希望和上帝的拯救不能被理解为"摆脱此世意义"，把希望的"重点"落在"遥远的"以死亡为边界的"那一边"。相反，"基督教的希望要让人返回他在尘世的生命，以一种全新的方式生活"③。所以"这个世界不能被过早地一笔勾销。……种种拯救神话是从人对边缘情境的体验中产生的，而基督却是在人生活的中心把握住人的"④。这就是说，此世或尘世乃是生活的中心，基督就是来到此世而成人的。故而，上帝不是在边缘，而是在生活的中心。

既然如此，就上帝和人的关系来说，不是当人在生存边缘的时候，才需要拯救，才找寻上帝，而是在生活的中心需要拯救和找寻上帝。于是，我们看到，从"苦弱的上帝观"恰恰通向了处于"生活中心的上帝观"。朋霍费尔反对把上帝当作一个在边缘地带的"补缺者"，面临失败，便呼喊上帝；遇到未知，就推给上帝。这样，知识的边界越推越远，上帝也就连续后退；我们能够获得问题的解答，我们就用不着上帝。人生在软弱无力的时候，上帝就来充当支柱；当人靠自己的力量向前挺立的时候，上帝就成为多余。这样，上帝就被局限在"最后的问题"上，成了对剩余难题的回答，只为解决生活的烦恼和冲突。上帝是我们智穷力竭时候的补缺者，就像古希腊罗马戏剧中用舞台机关送出来改变剧情发展、扭转局面的神灵，即某种"Deus ex machina"。然而，情况恰恰应该相反，不在未知而在已知的东西中，"不在生活的边缘，而在生活的中心，不在软弱中，而在力量中，因而也就不在人的苦难和死亡里，而在人的生命和成功里来谈论上帝"⑤。这样做的"根基"就在于"基督中的上帝启示"，基督是生活的中心，他的到来绝不是要回答我们没有解决的问题，基督里

---

①　[德]潘霍华：《追随基督》，邓肇明、古乐人译，香港，道声出版社，1965，第298～299页。
②　[德]朋霍费尔：《狱中书简》，高师宁译，何光沪校，第184～185页。
③　参见[德]朋霍费尔：《狱中书简》，高师宁译，何光沪校，第164～165页。
④　[德]朋霍费尔：《狱中书简》，高师宁译，何光沪校，第165页。
⑤　参见[德]朋霍费尔：《狱中书简》，高师宁译，何光沪校，第130、151、167页。

没有任何基督徒的难题。在这里,既让我们联想到尼采那种在苦难中张扬生命意志的强者姿态,却又分明看到,尼采自强自持的是作为真正的人的"超人"及其狂人之姿,而朋霍费尔则是内心深处坚守不移的基督上帝与谦卑虔诚之态。

可是,处身于 20 世纪的时代,一方面是纳粹主义的人造神运动,另一方面是人文理性、经验科学、工业技术的充分扩张,这一切都使得现代世界成为一个世俗的时代。如果说,"苦弱的上帝"当初在十字架上受难,被世人唾弃,那么,如今的上帝依然无力,被世人挤出世界。朋霍费尔称之为"没有上帝的时代""没有宗教的时代""非宗教的世界""世俗的世界"。在他看来,这个世俗的、非宗教的世界也是一个"成年的世界",意思是说,人已成年,世界已成年,就像孩子成年了可以自我站立不需要父母的监护一样,成年的人和世界也不再需要上帝这个监护人了,上帝已经由中心被挤到了边缘甚至挤出了世界,上帝已经不在。这个世界成为一个自我持存的实在,世界上的人们也学会了在对付所有重要问题时,不再求助于一个起作用的前设的上帝。在关于科学、艺术甚至伦理的问题上,在一般人类事务当中,我们称之为上帝的东西越来越被挤出生活,越来越失去地盘。整个世界进入了不要宗教、没有宗教气质的时代。①

对于强调参与上帝受苦和投入此世生活的朋霍费尔来说,他直面和正视现代世界的世俗化状况,再一次发出了严肃而有力的对于传统上帝观极富挑战性的提问:"没有宗教,即没有形而上学和灵性等的在时间中受到影响的前提条件,我们如何谈论上帝呢?我们如何以世俗的方式谈论上帝呢?我们在什么意义上是一种非宗教的和世俗的基督徒呢?如果不认为自己在宗教上特别得宠,而认为自己完全属于这个世界,那么,我们在什么意义上是'蒙召的人'呢?这样一来,基督就不再是一个宗教的对象,而是某种完全不同的东西了,事实上,确实是这个世界的主了。"②这也就是他的"非宗教的基督教"或"没有宗教的基督教"的思想。

朋霍费尔认为,不要试图将成年人拉回到幼年,也不要虚伪地用一种宗教的外表来掩饰世界的"无神性",而是需要一种"终极的真诚",这就是,即使上帝不在,我们也必须生活在这个世界上。而认识到这一点恰恰就是认识到我们"在上帝面前"!朋霍费尔对此做出了极富悖论性意味的解释:"我们的成年,迫使我们真正地认识到了我们与上帝面对面的处境。上帝实际上教导我们说,我们必须作为没有他也能过得很好的人而生活。与我们同在的上帝,就是离弃我们的上帝。让我们在这个世界上不用他作为起作用的假设而生活的那位上帝,就是我们永远站在

---

① 参见[德]朋霍费尔:《狱中书简》,高师宁译,何光沪校,第 128、155 页。

② [德]朋霍费尔:《狱中书简》,高师宁译,何光沪校,第 129 页。

他面前的那位上帝。在上帝面前，与上帝在一起，我们正在不靠上帝而生活。上帝允许他自己被推出这个世界，被推上十字架。"①对于朋霍费尔来说，成年的世界是一个无神的世界，但它正因如此而比未成年的世界更接近上帝。借助于他在《伦理学》中表达的思想，这可以被称作一种"孕育着希望的无神"(verheissungsvolle Gottlosigkeit)，它有别于"绝望的无神"(hoffnungslose Gottlosigkeit)。后者或以人代神，或以其他替代品如意识形态的和宗教的人造物来弥补无神的空虚；前者则是要在自立中对世界负责，对生活负责。在一个没有上帝的世界中，全身心地投入此世的生活，负起生命的重任和艰难、成功和失败，就是听从了上帝的召唤，就是来到了上帝面前，体认到了上帝在此世的无力，分担了上帝的苦弱，这也就是基督的信仰和做基督徒的意义。因此，当我们不再把上帝视为"拐棍"，不再需要上帝的时候，就是上帝离开世界的时候；然而，这位使我们无需他的作用为假设而生活的上帝，正是我们永远站在他面前的上帝；这位离开的上帝永远与我们同在，我们"没有上帝地"生活在上帝面前(Vor und mit Gott leben Wir ohne Gott)。这也就是以"世俗的方式"谈论和应对上帝。②

　　朋霍费尔的上述思想可被称为一种与此世观相连的上帝观，一种"对世界负责"的世俗神学，它意味着，由于上帝在现世的缺席，人的责任更为重大。然而，只要对生命负责，对世界负责，对上帝的苦弱负责，也就站在了不在场的上帝面前。只要保持终极真诚，就永远和上帝在一起。因而上帝又是内在于此世的。在这里，朋霍费尔一方面赞成巴特将基督上帝和人的宗教区分开来的卓见，称其为"最伟大的贡献"，另一方面，又批评他过度分开了上帝与世界的距离。朋霍费尔的上帝观及其与此世生存的紧密关联，既是现代世界世俗化背景和纳粹主义苦难处境下的一种典型反映形态，又是基于上帝创世、道成肉身、十字架受难和复活的正统信仰基础。所以，他并不赞成自由派神学以人为中心的意义取向。③ 无论如何，朋霍费尔从苦弱的上帝观出发，不仅在此世的生存苦难与上帝之间达成某种和解，而且正是由此走向了要在苦难中自身担当的圣徒精神，这与基督主动走上十字架去担当牺牲的精神是完全一致的。应该说，朋霍费尔的上帝观无论对于挣扎在苦难中的人们，还是生活在现代世俗社会中的人们，重新反思真正而真诚的信仰生活究为何物，都具有深刻的启迪性。

---

① ［德］朋霍费尔：《狱中书简》，高师宁译，何光沪校，第 177 页。

② 参见［德］朋霍费尔：《狱中书简》，高师宁译，何光沪校，第 184 页。

③ 参见［德］朋霍费尔：《狱中书简》，高师宁译，何光沪校，第 133、157～159 页。

（四）莫尔特曼的希望论上帝观

如果说朋霍费尔的上帝观是通过凸显此世论来表达的，那么莫尔特曼（J. Moltmann）则创造性地重提"末世论"（Eschatologie，亦译终末论）的上帝观。在他看来，那宣告末世新天新地的《启示录》虽然在《圣经·新约》的最后，但恰恰应该是理解的起点，那里包含着整个基督信仰的核心即"希望"（Hoffnung），希望的指向便是上帝。上帝是末世的上帝，也就是希望的上帝，因为末世意味着上帝的"应许"。末世不应该被理解为关于个人、历史和宇宙的终结或终局，而应该被理解为"来临"（Kommen），也就是"新的""将来的""迎面而来的"（zukommen）。上帝向我们迎面而来，这就是"希望"。在迎面而来的、希望的上帝当中，一切宇宙存在者包括人、历史和自然都获得了崭新的生命意义。在此，莫尔特曼解构了传统的基督教有关"万事万物终结"的"末世论"观念（他称之为"恐怖末日论"），重释了末世即应许即希望的圣经信仰及其神学，故也被称作希望神学的末世论，这一末世论的上帝观就是希望的上帝观。

他说："终末论一向应该和终局、最后一日、最后的话、最后的行动有关：上帝保留最后的话。如果终末论是这样，而且只是这样，那么与终末论告别似乎更好，因为'末事'破坏了'终末之前的事物'的滋味，而且梦想的和渴望的'历史终局'剥夺了个人在历史众多可能性中的自由，并且也掠夺了个人对历史未完结和暂时性的宽容。那么人们再也无法忍受尘世中受限的、受伤的生命，并且因着终末的定局而毁坏了生命脆弱的美丽。凡是挤向终局的，便错失生命。如果终末论就等于一切问题的宗教性'最终解答'，为要保留最后的话，那么它实际上便是神学正确性令人特别不舒服的一种形式。"[①]基督教的末世论与"最终解答"无关，"它的主题根本不是'终局'，而是万有的崭新创造"，一如朋霍费尔临刑前所说："这是结束——对我却是生命的开始。"[②]

按照莫尔特曼，末世不是在过去、现在、未来的直线关联中的定位，而是反过来，要以"将来"为起点，以"将来"为时间的源头。那么"将来"的内蕴有何独特性？那就是崭新的和希望的"来临"（zukommen）或"来到"（ankommen）。这一来临或来到作为终末之意，既非时间上的未来，也非与时间无关的永恒，而是上帝的"将来"（Zukunft）与"到来"（Ankunft）。换句话说，这意味着一位"来临的上帝"（Gott im Kommen）。上帝以"来临者"（der Kommende）的身份借着他的应许及圣灵，已

---

① ［德］莫尔特曼：《来临中的上帝——基督教的终末论》，曾念粤译，香港，道风书社，2002，第1～2页。
② ［德］莫尔特曼：《来临中的上帝——基督教的终末论》，曾念粤译，第2页。

将"现在"和"过去"放在他终末"到临"（Kommen）的光中。将来或到临正是"上帝的存在方式"。上帝的"存有"（Sein）就在"来临"（Kommen），不在"变成"（Werden），因为那也会过去；上帝的来临也不是将来是，一如他以前是、现在是。上帝永远在"进行"之中，永远在来临之中，永远是一位"来临中的上帝"（Der kommmende Gott）。伴随着"来临中的上帝"，永恒的生命和永恒的时间得以到来。[①]

这样一位来临的上帝，在莫尔特曼那里首先是一位临在十字架上受难的上帝，因之才是一位希望的上帝、一位创造的上帝。与朋霍费尔一样，莫尔特曼同样是在德国极权主义的残酷环境中经过了灾难洗礼的一代人，在神学思考方面带有鲜明的时代烙印，特别关注上帝的受难及其意义，专门著述《被钉十字架的上帝》。奥斯维辛之后，"何以还能谈论上帝"这一提问对于基督教神学来说是一个极具挑战性的问题，巴特、朋霍费尔、布尔特曼、云格尔、默茨以及莫尔特曼等一大批神学家都在面对这一严肃的问题。莫尔特曼认为，人类在经过了奥斯维辛之后能够并且应该谈论上帝，因为上帝没有无视人间的悲苦和罪恶，相反，上帝是受苦的上帝，十字架上的惨死正是参与了人类对种种苦难和不义的抗议，并给予人类战胜苦难和不义的希望。《圣经》是给贫困者、被欺压者、绝望者以至罪人的书，是带来希望、许诺和福音的书，要以绝望者、无神者、受苦者的眼睛读《圣经》，要以解神话、解历史化、解神权化的视野看到上帝以自己的受难分担人类的受苦，参与把人类从强暴和不义中解救出来的事业。[②]

因此，透过"十字架上的惨情"与人类的苦痛相依、与人类一同抗议不义的受难上帝，我们看到了希望的上帝、拯救的上帝。希望神学植根于十字架神学。正是在上帝与人类一同受难的启示信仰中，人类才切实感受到同伴与分担，感受到上帝带来的爱和希望。永恒的至爱、正义与和平的新天地便是上帝的应许，怀着对这一神圣应许的希望参与反抗现世的罪恶、死亡、不义和纷争的斗争，而不是与现存状况妥协，听任一切。于是，受难的上帝、希望的上帝、拯救的上帝便是将神圣的爱给予所有那些被否定者，诸如未存在者、不可比较者、没有价值者、微不足道者、迷失路途者、死者和一切暂时性的存在者的上帝，使所有遭受苦难的人能够承受痛苦与背弃的毁灭性后果。于是，基于十字架神学（亦即受难神学）的希望神学也是解救神学、实践神学、政治神学；受难的上帝也是希望的上帝，也是来临大地、救护大地的

---

　①　参见[德]莫尔特曼：《来临中的上帝——基督教的终末论》，曾念粤译，第35～36页。

　②　[德]莫尔特曼：《三一性与上帝之国》，慕尼黑，1980；《希望的尝试》，慕尼黑，1974。参阅刘小枫：《走向十字架上的真——20世纪基督教神学引论》，上海，上海三联书店，1995，第442页。

上帝,而非遗弃大地、处在彼岸遥遥无期的上帝。

这样,末世论的上帝作为"来临的上帝",不是要最终的结束,而是要发端和开启,因而也就是"创造的上帝"(Gott im Schöpfung)。由之莫尔特曼将基督教圣经创造论的传统主题推进到现代的生态神学,即"生态的创造论"(die ökologische Schöpfungslehre)。依照上述末世论的上帝观,来临的上帝通过十字架上的受难和复活,已然临在于人类、历史和自然万物之中,把将来或希望,亦即复活与重生由彼世带进了此世。上帝是使个人获救得以永生的上帝,是使人类历史和大地获救得以重生的上帝,是使整个宇宙万物获救得以崭新创造的上帝,也是自身永新永享荣耀的上帝。换句话说,上帝的创造和上帝的荣耀永远内住于万物之中,也内在于自身之中。① 正因如此,上帝不仅在个人性的生命中,尊重人性和个性生命就是尊重上帝;上帝也在历史性的进程中,关护历史性的脆弱、暂时和偶然,也就是对上帝的虔诚;上帝还在自然万物的生命中,爱惜和保护大自然,就是尊重和敬畏上帝;最后,尊奉创造者上帝,就要关爱他的一切受造物。他说:"把对任何生物的生命的尊重添加到对上帝的尊崇中,并且,反过来,尊崇上帝在万物中的临在。……我们应当在全世界的范围内确立地球的节日……续订上帝同挪亚和地球的立约:像《圣经》告诉我们的,'与你及你的后裔和所有生物立约。'"② 在这里,末世论的上帝作为创造的开端和未来,不仅把复活和希望,把永恒的生命带给了人,也带给了自然,由之,现代生态伦理、环境伦理便获得了终极支持和神学依据。

于是,莫尔特曼主张,必须把神学的视野延伸到宇宙的广度,使之包容上帝的全部创造。通过对创造中的上帝的认识可以使人们同自然达到和解与和平共处。上帝创造万物,也寄居在万物。他解读了"生态"一词的希腊文词源是关于"房屋"的学说,将之与圣经创造论联系起来,指出:"创造者通过他的灵便寄居在整个创造物中,并借助于把万物集合在一起,使万物保持生命的灵而寄居在每一个单个的被造物中。创造的内在秘密就是上帝的这种寄居性,正如创造的安息日的内在秘密就是上帝的休息一样。如果我们要问创造的目标与未来,那我们最终会达到三位一体的上帝以化身寄居在他的创造物之中,被造物通过上帝的寄居变成新天新地,我们也能达到上帝永恒的安息日,其中,全部的创造物都会得到至上幸福。创造的神圣秘密是舍金纳(Schechina)即上帝的寄居性;舍金纳的目的是使全部创造物成为上帝的家舍。"③这就是神学的"生态创造论"。进一步,当自然与人类的关

---

① 参见[德]莫尔特曼:《来临中的上帝——基督教的终末论》,曾念粤译,第6~7页。

② 参见[德]莫尔特曼:《创造中的上帝——生态的创造论》,隗仁莲等译,香港,汉语基督教文化研究所,1999,第 xviii~xix 页。

③ [德]莫尔特曼:《创造中的上帝——生态的创造论》,隗仁莲等译,第2~3页。

系不再紧张,达成和解、和平与有活力的共生时,生存才能成为家园。当人类寄居在大地的自然体系中一如上帝寄居在人类的灵肉中,人与自身的异化就也结束了。

　　回顾朋霍费尔,如果说他面对现代世界的世俗化处境,做出了如何以世俗的方式谈论上帝,以致在无神的世界里如何持守上帝信仰的新的神学思考,以期重建现代人对自己负责、对上帝负责的生存伦理,那么,莫尔特曼则是在同样的背景下将传统的上帝观引出新解,重释末世论的意义,将未来、应许、希望集一身于上帝,作为创造的起点和崭新的开端,借着基督十字架的事件将新生带给了人类、历史和自然。从而,以上帝的未来为“判准”的希望神学便秉承了对现实的批判和解放的使命,构成为一种实践性的政治神学,为现代人的世俗生活织进了神性的生存伦理,构筑了经验之上的超验维度。

　　这里,我们在另一位可以和莫尔特曼相呼应的神学家默茨(J. Metz)的实践—政治神学理论中稍作停留。默茨一方面坚持,奥斯维辛之后的基督教神学应该是面向现实世界的实践神学,是一种具有社会批判力和宗教批判力的政治神学;另一方面坚持,以耶稣的十字架为标志,关于“苦难”的记忆与叙述乃是实践—政治神学的基本范畴和主题。“苦难”在根本上与“解救”是统一进程的两面,在回忆和叙述苦难时,也在回忆和叙述对于苦难的解救,对于自由和解放的希望,因而同时也就在传递和实现着对现存状况的社会批判和宗教批判。[①]　在此,实现神学重构的基石依然是上帝观的重构。经过了奥斯维辛的苦难以及祈求的无效性之后,上帝的临在或解救在什么意义上还可以成立? 如果上帝在苦难面前沉默,受苦的人又如何建立起上帝信仰和生存信念? 在《走向一种后唯心论的神学》中默茨指出,在面对当代历史中的无辜受难者、牺牲者的获救时,必须质疑古老的上帝观。它是一种呼之即来的全能上帝观,并不那么符合《新约》里受难上帝的形象。就像保罗所说,上帝的“大能”是他的十字架,他愿意并能够承负人类不堪承负的苦楚。就像女神学家苏勒(D. Sölle)所说,对全能上帝的信赖不过是一种“童稚的上帝信赖”,一种“不成熟的宗教性”,企图将上帝与魔力相连,指望一个超世存在者的神奇干预,让人的困境无需人的举手之劳突然了结。[②]　相反,要追随“受难的上帝”,在受难的反面就是许诺和解救的上帝,正是在上帝的受难、许诺和解救里才有“希望”。这一希望从根本上也是源于启示论视域下的末世信念,它具有积极乌托邦的实践意义,对现实的生活和世界充满了批判和更新的活力。在《世界神学》中默茨指出,在实

---

　　①　参见[德]默茨:《历史与社会中的信仰》,朱燕冰译,北京,生活・读书・新知三联书店,1996,第58～64页。

　　②　关于苏勒神学思想的阐释,可参阅刘小枫:《个体信仰与文化理论》,成都,四川人民出版社,1997,第420～421页。

现救赎启示的使命中,基督教公开富有批评社会与解放人类的责任。在由苦难记忆而来的末世许诺之拯救信念里,催生出我们在历史的当下去从事一种不断更新世界的工作,更新我们和这个世界的关系。① 由此可见,上帝如何被理解,人的生存也就如何被重建。上帝的身姿怎么样,人和世界的生态也就怎么样。人和上帝如何关联,也就从根本上规定了宗教性生存伦理的基本面貌。

综上所述,现代基督教的上帝观是一种多元化的面向,它既预示着人和上帝关系的多向度,也与整个多元化的现代世界是完全一致的。关于上帝的观念从传统到现代的演变从深层反映着人类生存处境的变化,也在根本上昭示着人和自身存在的本源之间以何种方式建立的生存论联系。但无论上帝有多少种面向,上帝作为至上者的存在却是唯一的;无论上帝与人之间具有多么深厚的生存论关联,上帝还是上帝,人也还是人。这意味着基督教的精神实质从传统到现代还是一脉相承的。

第二节　儒家的天命观:从以德配天到与命与仁

儒家传统是一种典型的以道德伦理为本位的生存体系,人文理性和实践理性是其突出特征,以致被视为一个世俗人文主义传统。的确,儒家对超自然超人间的神灵存在相对漠然,既没有基督教那种唯一而至上的位格神,也不像佛教那样追求出世,像道教那样追求长生不死,而是具有强烈入世的理智品格,但儒家同样持守具有终极而超越意义的天和天命的观念,并且由天到人、由天命到人性建构了一套天人之际的生存伦理秩序,这也是我们将其与基督教一样视为宗教性生存伦理的根本缘由。

然而,儒家的天和天命并不像传统基督教的上帝和上帝国那样,具有一种此岸和彼岸、世俗与神圣判然有别的二分性质,相反,展开为一种天命和人性、天道和人道、天理和人心之天人相与、天人合一的存在境界,具有人文性和宗教性、世俗性和神圣性杂糅的性质。天不是一个上帝那般的位格神,却以"天命"的方式承担着宗教性功能,发挥着宗教性作用,因而具有某种神圣的意义。贝格尔对这种状况曾描述道,宗教同政治、法律、科学、哲学一样都在构筑人类在宇宙中的生存秩序,不同在于这种秩序对于宗教来说是"神圣"的。它原本可以是"世俗"的,之所以被称为"神圣"的,是因为被赋予了某种超越世俗的意义,因而在功能上发挥了神圣性的作

---

① 参见[德]默茨:《宗教的个人化》,蒋庆译,见《基督教文化评论》第 4 辑,贵阳,贵州人民出版社,1994,第 112～114 页。

用。它"将人的生命安置于一个有终极意义的秩序中",给人的生存伦理提供了抵抗混乱无序的"终极保护物"。①这种解释观念对于我们理解儒家传统的宗教性和神圣性问题具有启发意义。儒家的"天"就相当于这样一种终极保护物,"天命"就相当于这样一种富有终极意义的秩序,为人的生活世界提供着合理性根基与正当性根据。因此,天或天命可以不像造物主上帝那样因具有一种全然的外在超越性而是神圣的,但因其具有至上的地位并承担着最高的功能而可以是神圣的。

下面我们进入儒家天命观的具体思想内容。鉴于中国传统的天命观并不像基督教的上帝观那样拥有一套系统的"神学"理论构架,而只是在具体的历史话语及其思想的传承演变中发散式地呈现出来,因此,我们的讨论将首先借助一种观念史解读的方法,使天或天命问题的发生展现在一个思想史的语境和背景中,然后再借助一些文本对儒家的天命观在义理上进行探讨。

一、天命观的确立：天命靡常与以德配天

（一）天和天命的概念

在儒家传统中,"天"或"天命"何解？这里我们会面对一组含义相近相通的词语：天、天命、天意、天道、天理等。假如我们将其作为一系列概念的话,我们是不易在经典里找到关于这些概念的一般理论阐明的。事实上,众所周知,中国的先贤们一向不惯用"是什么"的思维方式和预先定义式的阐明,而是善用某种在先的直觉把握住它们的含义,以此领会为前提而径直运用之,在运用的过程中通过其功能作用而得到某种自然的解释和意思的显明。但如果我们想预先有个解释的话,那么,一般地说来,首先是"天",然后是天之命、天之道等。关于"天",实际上在儒家那里拥有非常丰富而灵动的含义。天有自然性的含义,抬头是天,眼之所见即是日月星辰、风雨雷电的浩瀚天空,此天变幻莫测,化育万物。天也有实际性或境遇性的含义,指涉人类实践活动的社会历史际遇,所谓"天时到,人事起",此天充满玄妙时机,造化神奇。天还有道德性的含义,有德者配天,福善祸淫。天更有宗教性的含义,最高者、至上者为天,天有灵验,有信有真,似远还近。天是儒家和中国古人力求理解的终极视域,是使这个世界和人生秩序拥有意义的本源。进而,一言概之,"天命"和"天意"意味着由天而来的大命(使命、命运、命令)和意志,"天道"和"天理"意味着天之运作的根本大道和必然也应然的普遍法则(或道义法则)。它们都体现为一种客观的力量,具有至上而神圣的意义,既是宇宙万物运行的大法或玄

---

① 参见［美］贝格尔：《神圣的帷幕》,高师宁译,何光沪校,上海,上海人民出版社,1991,第33～34页。

机,也是人间伦理道德秩序的源泉或基础,还是社会历史命运的根据或奥秘。既具有某种"意志"的特征,否则无法和人类沟通,却也不具备严格的人格性和实体性,而是突显其神妙莫测、生机造化之功能。这里我们选取"天"和"天命"为代表性观念以总括之,延及或涵容天意、天道、天理之义。

上述只是意义的一面,其全部意义还不止于此。另一面是,天人之间的关系并不像基督教的神人之间那样具有创造和被造之全然异质、截然二分的关系,而是同时也有天地并称、天人并举,或者天地人的统称;"天命"和"天意"也同时有天命之谓性和天意在民意的说法;"天道"和"天理"则同时也有诚者天道和性即理也的解释。这一切都表明天、天命、天意、天道、天理这些观念兼具天上人间、天人合一、神圣亦世俗、超越亦内在的一体化意义,此可谓儒家天命观的基本特征。这种特征从根本上标志着儒家作为一种宗教性生存伦理的形态,乃是一种天地人整体浑成的基本模式。从广义的思维方式和存在方式来讲,也就是经验与超验、理论和实践、感性与理性、形上与形下、外在与内在、灵魂与肉体、此岸与彼岸、天上与人间等这一系列相对的概念之间都没有严格划界,这种模式与基督教的神人划界模式形成鲜明对照,由此也构成了儒家特有的不同于基督教的生存伦理。

接下来我们从思想史的角度对天或天命做一些更为具体深入的发掘,以便更为充分地理解和开显儒家天命观的出现及其特质,以避免仅仅是抽象概括可能带来的失于真切和空泛的流弊。

(二) 天命观的思想渊源及演变

从历史的角度来看,西周时代是儒家思想的发源期,周人思想的最大代表人物周公极大地影响了孔子,故思想史上有周孔并称。西周时代也是"天命观"确立和凸显的时代,由殷人的至上神"帝"或"上帝"逐渐演变为周人的"天"或"天命"。这是与殷周之际发生的重大历史事件周武革命分不开的。小邦周克大邦殷在当时是一场触及神意秩序的历史大变动,如何使这场革命具有合理性和正当性依据便成为一个紧迫而核心的问题。在此,历史变革与观念变革是一致的,前者需要后者提供解释和支持,后者便通过前者得以实现。"天命"的观念便是在这种背景下确立和突显起来的,它意味着周克殷乃是天命在身。为什么?其理由便在宗教伦理思想的变化当中,即"新"的天命观的出现。

按照学界的一般看法,在周之前,夏文化属于一种巫觋文化即巫术文化,商文化是一种祭祀文化即宗教文化。依人类学家弗雷泽(J. G. Frazer)看来,巫术和宗教的区别"取决于它们对这样一个关键性问题的回答:统治世界的力量,究竟是有意识的和具有人格的,还是无意识的、不具有人格的?"①"宗教作为一种超人力量的邀宠所认定的是两个答案的前者(统治世界的力量是有意识有人格的),因为所有的邀宠做法都暗示着那位被讨好者是一个具有意识或人格的行为者。……尽管巫术也确实经常和神灵打交道,……它对待神灵的方式实际是和对待无生物完全一样,也就是说,是强迫或压制这些神灵,而不是像宗教那样去取悦或讨好它们。"②从巫术到宗教是一个发展过程,也是一个确认人格神的过程,祭祀便是一种邀宠、讨好人格化神灵的宗教方式。

　　这种宗教观点对于殷商文化有一定的解释力。从夏的巫觋文化发展来的殷商的祭祀文化便是一种典型的宗教文化,殷人的生存模式也是一种典型的宗教伦理模式,它崇奉的至上神是一个人格神,称"帝"或"上帝"。根据学者们对古代典籍的研究概括,殷人的神灵观念有三类:一是天神,如上帝、日、风、云等,构成天神崇拜;二是地祇,如社、四方、山、川等,构成地神崇拜;三是人鬼,如先王、先公、先妣、旧臣等,构成祖先崇拜。其中"帝"或"上帝"是殷人信仰的最高神,它是一个自然神,具有最高的权威,掌管着天时,影响着收成,不仅像人间帝王一样发号施令,而且还有帝廷,有工臣为之施行号令,有先公先王宾于帝,转达人间对上帝的请求。③如根据殷墟卜辞,里边记叙着殷人关于帝的信仰:"帝令雨足年——帝弗令雨足年。前 1.50.1";"羽癸卯帝其令风——羽癸卯帝不令风。乙 2452. 3094";"帝其乍王祸——帝弗乍王祸。乙 1707.4861";"秋于帝五工臣,才且乙宗卜。粹 12";"下乙宾于帝。乙 7194";"旨千若于帝左——旨千若于帝右。乙 3085"。④ 这里可以看到一位活生生的、直接在发号施令、决定祸福的人格神。

　　源自殷商祭祀文化的周文化是一种将祭祀文化包容在自身的礼仪文化,其宗教观念便是将"帝"或"帝令"明确发展为"天"或"天命"。二者的差异不仅是语词的,殷人也有"天"或"天帝"或"帝命"的说法,而且更重要的是周人的天和天命渗入了明确的道德因素,"敬德"和"保民"是其主要特征,超越了商人缺乏伦理内容的帝神,使得天或天命具有了更高级意义的宗教性。⑤ 这一信仰观念的变化正是和周

----

　　① [英]弗雷泽:《金枝》,徐育新等译,北京,中国民间文艺出版社,1987,第 75 页。

　　② [英]弗雷泽:《金枝》,徐育新等译,第 79 页。

　　③ 参见陈来:《古代宗教与伦理——儒家思想的根源》,北京,生活·读书·新知三联书店,2009,第 111 页。

　　④ 参见陈梦家:《殷墟卜辞综述》,北京,中华书局,1988,第 572~573 页。

　　⑤ 按照卡西尔的看法,伦理宗教是更高级的、成熟的宗教,它一方面解除了各种禁忌的重负,另一方面又赋予宗教义务以更深刻的含义,那就是"积极的自由理想"的追求。在此,周人的天或天命观念的提出意味着对于人间德政的理想关怀,故而我们视之为更高的宗教性。参见[德]卡西尔:《人论:人类文化哲学导引》,甘阳译,上海,上海译文出版社,1985,第 139 页。

武革命寻求正当性辩护联系在一起的。周乃殷之旧邦,殷人一直自认和被认受命于上帝,并得到帝神的佑护而掌管天下,小周克伐大殷岂非悖神而行大逆不道?对此,周人发展了天命观,以对"天命"的新解释进行自我辩护,这就是周公"惟命不于常"(《尚书·康诰》)和周书"皇天无亲,惟德是辅"(《尚书·蔡仲之命》)的核心观念。

对于周人来讲,"天命靡常"是会改变的,命落谁身,唯其有德方能承受,于是提出"以德配天"的思想。据此新解,殷商无德,"昏弃肆祀""昏弃遗王父母帝""暴虐百姓"(《尚书·牧誓》),上天将命收回,授命予周,使其克之。因而,武王伐纣乃是上承天命,所谓"今予发惟恭行天之罚"(《尚书·牧誓》)。不仅如此,"惟天惠民""天视自我民视,天听自我民听""民之所欲,天必从之"(《尚书·泰誓》)。天之所以授命武王,乃是因为天从民欲、天佑下民,因此周武革命不仅上承天命,而且下应民意,正如《易传·象传》所解"汤武革命,顺乎天而应乎人"。在此天命和民意合一不二,"敬德保民"也就成为周人天命观的鲜明特色,其最重视的就是要在政治上施行"敬德保民",这与周克商之后面对混乱和危机所生发的政治忧患意识密切相关。故而周公谆谆告诫,之所以夏命移商、商命移周,"惟不敬厥德,乃早坠命"。而今周人受天大命,"惟王其疾敬德,王其德之用,祈天永命"(《尚书·召诰》)。警告姬周统治者只有敬德保民,方能保持上天授予的权命及其国运长久。天命与保民、服命与敬德紧密联系起来。

可见,在西周时代确立的天命观在上述敬德和保民的功能意义上获得了自身的特定内涵,天命与民意统一为天民合一,使得天命观从一开始就具有政治—伦理色彩,这也孕育了以儒家为代表的中国文化的精神气质和生存伦理的结构性特征。从帝到天、从帝令到天命的演变可以发现,殷人的帝神是"在场"的,它在"帝廷"直接发布命令,降下人间祸福,具有鲜明的人格色彩。而周人的"天"似乎隐在高处,它授命于人,却不见"出场"直接裁决人间事务,而是由一定的人来行使决定即"恭行天罚",主体性的人格特征不特明显;"天命"也不是任意授命,而是包含了某种"秩序"的观念,即"天意—民情—政德"之结构联系。这意味着,一方面人的行为和作用开始明显介入历史过程,孕育着后来"天假人行其道"(替天行道)的观念和人的主体性意识的成长,另一方面也在为包含普遍性法则之义的"天道"思想的出现做着准备。

(三)天命观与人文观、鬼神观

从西周到春秋,道德人文因素日益彰显,鬼神观念日渐淡化。有学者指出,神灵信仰的没落和实践理性的成长是整个春秋时代的发展线索。这种思想变化与春秋时期政治混乱和文化失序密切相关,智者们将思考的重心放在了如何协调社会秩序,如何累积个人德性上。这一努力强化了西周以来人文思想成长的趋向,以人的方式而非神的方式来看待人类社会的秩序,促进了政治理性、道德思考和实践智慧的生成和发展,逐渐排斥神秘因素对于政治和社会的影响。春秋后期,对神灵及其祭祀的信仰已经衰落,知识人不再从宗教信仰方面来肯定祭祀的必要性,而是从社会功能方面予以肯定,对社会现实及其政治的关注远远压过对神界的关注。以政治理性和道德理性为主导的世俗意识即"地官意识",抗衡以神灵祭祀为核心的神话思维即"天官思维",并逐渐压倒之,成为这个时代的突出现象和历史行程。[①]

上述表明,春秋时代是一个人事日重日升、神事日轻日降的过程,对人类自身的政治、道德的理性考量,以及对上述两者的实践谋划日益挑战对神灵祭祀的依赖,而仍在施行的祭祀活动的意义和目的在于它有助于社会的教化和维护,正所谓"神道设教"之说。这深深地影响和型塑着诸子时代的精神文化和宗教伦理取向。对此,陈来教授评价道:"春秋时代神—人关系的发展,决定了孔子及诸子时代不是以'超越的突破'为趋向,而是以人文的转向为依归,批判和反思的思想不是到孔子以后才出现,而是在这一过程当中不断发展着对神性的怀疑和对现实的批判反思。"[②]他的意思显然是说,从西周—春秋的前儒思想到儒家的发展是一脉相承的,正是前儒由神到人的理性而现实的思想趋向,直接决定了孔子及诸子的旨趣不在于宗教的超越的神性之维,而在于人文的世俗的人性之维。我们在认同这一思想史共识的前提下,还想辨识的一点是,虽然对神话思维的批判意识和反思精神在成长着,人本思潮和实践理性也获得了长足的进展,神鬼祭拜的信仰也在衰落,但是天或天命的观念是一个深度而根本的信念,也是一个具有一定超越性和神圣性的信念。作为至上者,天命观与一般的鬼神观或者多神观在性质上并不完全相同而是有区别的。

首先,各种各样的神灵和鬼魂都是具体的、个别的,它们有着各自特殊的功能,带有很浓的神话和神秘色彩,缺乏的倒是超越性。而"天"虽然处在多神论的系统里,但从根本上来讲,带有形而上学宗教性的观念特征,具有至上性、普遍性,对当时以及由此形成的经典儒家的意义定位远远超出了那些神鬼的限度,处在一种根本和终极的信念层次,反倒具有相应的超越性。我们坚持谈论儒家的宗教性就是在这个层次上谈论的,而非指向关于各种各样的神灵鬼魂的崇拜的层次,事实上在

[①] 参见陈来:《古代思想文化的世界——春秋时代的宗教、伦理与社会思想》,北京,生活·读书·新知三联书店,2002,第11~14页。

[②] 陈来:《古代思想文化的世界——春秋时代的宗教、伦理与社会思想》,第16页。

这个层次上儒家确实是相对淡漠并持有某种理智和批判的态度。

其次,正是由于多样性的鬼神祭拜和至上性的天命信念分属不同的层次,前者属于相对浅而外的层次,后者属于相对深而内的层次,因而对鬼神的疏离和深度的天命信念之间并不存在冲突。从逻辑上来讲,天和天命的观念与人文理性的成长是具有统一性的,因为它既可以是人对自身有限性意识的自觉产物,也可以是对某种越出人的限度的命运或必然的客观意识。因此,天或天命作为一种拥有普遍意义和超越意义的亦象亦非象的生动存在,恰恰可以内化为人们心中的一种根本信念,并通过人的自觉的生存实践和道德活动发挥作用。而各类鬼神基本上是由先王先祖先师离世后转化而成,其作用需要经过具体而感性的宗教祭祀途径来实现,既无法达到天或天命那样的普遍高度,也难以转化为普遍实践的内在信念,更多地带有宗教祭拜的外在性、仪式性和神秘性,其面对人文理性的彰显而衰退是自然的。但这并不意味着宗教超越性衰退,只意味着宗教神秘性衰退。[1]

因此,春秋时代一方面是人文思想和实践理性在前台的长足进展和鬼神祭拜行为的弱化,另一方面并不妨碍在底处,或者说是在内心深处保守天和天命的信念。就在这样一个全景的精神文化场域中,进一步出现了"天道"的观念。

(四)天命观与天道观:人文价值性和自然客观性的统一

如果说人文性和价值性的"天"在西周形成,以"敬德保民"的"天命观"在政治文化中展开,那么,春秋时代在继承西周思想的基础上,又浮出了自然性和客观性的"天",它与人文性和价值性的"天"结合在一起,由"天命"延伸出"天道",展示了某种新意即普遍性法则的观念。这样,天既有道德的意味也有自然的意味,天道既有道德秩序的意义,也有自然法则的意义,同时还保有着天命或者命运安排的意义。于是天道和天命使得天的内涵更为丰富。我们援引典籍稍加证之。

据《国语》记叙,以前晋惠公依靠秦国力量而成为晋侯,即位后却背弃对秦的允诺。结果,晋遭遇大饥荒,又回来向秦求助粮食。对此,公孙枝说:"今旱而听于君,其天道也。"[2]这里的"天道"可与"天命"做通释,意味着上天安排的命运,可理解为隐含了某种必然的意思。《国语》中还有:"先王之令有之曰:'天道赏善罚

---

① 宗教超越性也可以说是超越的宗教性,宗教神秘性也可以说是神秘的宗教性,二者有联系也有区别。联系在于二者都具有某种超出理性限度的意义,区别在于超越性和理性具有内在关系,神秘性不具有这种性质。当精神的理性意识到自身限度并欲求突破之,便进入了精神的超越性范畴,但却不必然进入神秘性范畴。就此而言,可以说儒家崇尚超越性因之而具宗教性,但并不崇尚神秘性而因之获得宗教性。

② 《国语》,卷九,晋语三。

淫。'"①"天道无亲,唯德是授。"②《左传》有云:"君人执信,臣人执共。忠信笃敬,上下同之,天之道也。"③这里的"天道"意味着道德的秩序或法则,天上人间以德贯通。《左传》还有:"王禄尽矣。盈而荡,天之道也。"④"盈必毁,天之道也。"⑤《国语》还记叙范蠡的话:"天道盈而不溢,盛而不骄,劳而不矜其功。夫圣人随时以行,是谓守时。天时不作,弗为人客;人事不起,弗为之始。今君王未盈而溢,未盛而骄,不劳而矜其功,天时不作而先为人客,人事不起而创为之始,此逆于天而不和于人。"⑥"天道皇皇,日月以为常。"⑦这里的"天道"意味着普遍的自然的法则,盈而荡,盈必毁,物极必反,此乃天之常道,宇宙的常道,也是社会、历史和人事变化的法则,天上、地上和人间都不能逃离它的支配。在此,"'道'成了表征中国古人了解的宇宙秩序、伦理秩序、精神秩序及其统一性的概念。……'道'和'天道'具有了法则、秩序、规律的自然哲学意义,又具有了规范、原则、道义的社会思想的意义"⑧。

综上可见,天和天命、天道在整个西周并至春秋时代获得了基础性意义。如果说西周时期的天命观念在于天命无常、天命惟德、天意在民,因而天命神意的主宰性作用在于根据事物的发展和人类的状况随时予以调整、控制和干预,突显了天的"意志"色彩,那么春秋时期伴随着人文思潮的兴起,由天命义进一步扩展出新的涵义,一是在天命里生发出某种天人交织而势成的"命运"之义,二是由天命之义延伸出天道之义,彰显出一定的秩序和法则的意思,使得天具有某种"客观性"特征。鉴于命运或秩序均可以源出上天或发自天命,故而我们用"天命"一词总括之和代表之。

不难看出,整个前儒家时代的天命观的基本特征在于既具有某种超越人的普适意义和至上意义,又离不开历史和人事,天和天命、天道完全是在自然、历史和人事活动中存在并发挥作用的。离开后者,根本就谈不上前者。离开前者,后者也就失去了合理性根据。故而天命在人意,人意禀天意;天道也人道,人道法天道,二者是完全统一在一起的。这是其一。其二,从殷人之帝廷的"帝"到周人之天命的"天"再到春秋之天道的"天",可以发现"至上者"的"人格神"特征在渐趋弱化,某种客观性、普遍性的命运或法则或力量的意义在增长。这都意味着天和天命的价值

① 《国语》,卷二,周语中。
② 《国语》,卷十二,晋语六。
③ 《左传》,襄公二十二年。
④ 《左传》,庄公四年。
⑤ 《左传》,哀公十一年。
⑥ 《国语》,卷二十一,越语下。
⑦ 《国语》,卷二十一,越语下。
⑧ 陈来:《古代思想文化的世界——春秋时代的宗教、伦理与社会思想》,第 70 页。

理性和可知性意味在逐渐提升,因而在实现天人之间的关系上面,也从以宗教祭拜方式为主,朝着以人的道德活动和政治实践的方式为主的方向转化。换句话说,人最需要做的事情,不是向上天顶礼膜拜和祭祀献媚以求好运,而是将注意力集中在自己的道德行为上,人,尤其是统治者必须明白要自己为自己负责,自己承担自己行为的后果。因此,天命的作用也就越来越通过内化为里面的根本信念来影响人自身的生存实践这种途径来落实。

上述一切都奠定了由孔子开始的儒家天命观的直接基础。之所以在上面花不少篇幅来讨论前儒家的天命观,就是因为天命作为儒家思想的至上观念并非从孔子始,而是在西周时代就已经确立,以孔子为首的儒家天命观完全是在继承前儒天命观的基础上展开的。孔子自称“信而好古”“述而不作”“吾从周”,向以追慕三代、祖述尧舜、宪章文武而著称,儒家也是以传承“六经”为业,因而此前的思想直接构成了孔儒思想的根源和内容,预设了儒家思想的基本取向和特质。只有在这样深厚的根基和背景下讨论儒家的天命观,才能对儒家思想获得纵深而完整的理解。

“西周思想已经为儒家思想提供了若干重要母题,造就了若干基础,提供了若干有规范力的导向。《尚书》被儒家删修而奉为经典,绝不是偶然的,二者之间有着内在的承继关联。……如果说西周的政治文化可以概括为‘崇德贵民’,西周的宗教文化可以在类型上归结为天民合一的天命观,那么,后来在中国文化历程中体现出来的道德人文主义的精神气质可以说在此基础上正在逐步形成。”[①]如果说这是在强调儒家的道德人文主义的成长有之前“崇德贵民”的思想渊源,这是一条线索,那么,笔者想在另一条线索上强调的是,儒家的道德人文主义的确立并没有和之前“天命至上”的宗教性思想取向断裂。相反,天和天命的存在依然是道德人文主义背后隐含的深度的思想背景和根本的生存信念,德与天都在儒家思想中得到了创新性的继承和发挥,这也在实际上反映出中国思想的传承模式基本上是连续性的而非断裂式的。

二、与命与仁和立命存性:天人之际的存在境界

在中国,儒家是一个源远流长的占主导地位的大传统,从孔子创始,子思、孟子、荀子等先秦诸子继承发扬,到宋明理学又一次达到高峰,儒家道统学统蔚为大观。我们在这里主要选取先秦儒家,围绕《论语》《大学》《中庸》《孟子》之“四书”,从孔子的“与命与仁”之仁学,到子思和孟子的“立命存性”之性命之学,对儒家天命观的义理进行讨论,从中彰显出儒家于天人之际的宗教性生存伦理。

---

① 陈来:《古代宗教与伦理:儒家思想的根源》,第 215 页。

(一)《论语》：孔子的与命与仁

作为儒家的创始人，孔子的思想以"仁"为核心，这是不争的共识，也意味着儒学具有的重伦理尚德性的特质。仁德之思是对前人思想的继承也是创新，牟宗三对此评价道："孔子虽承三代而与三代有别"，其"创辟突进"的思想价值在于"立仁教以辟精神领域，将'疾敬德'以'祈天永命'之王者受命之政规转而为'践仁以知天'之个人进德之道范"，"故道之本统只能断自孔子，前乎孔子是其预备，后乎孔子是其阐发与其曲折之实现"。① 这是说，孔子的仁教真正开辟了一个精神的世界，将周人的天命观与敬德的关联落实为王者的政治实践，进一步转向到将天命观和仁德践履的关联着落在个人的成德成人上面。如果说前者的目标重在通过"敬德"求得上天将统治天下的大命永久授予周人身上并佑护之，突出了政道之维，则后者的旨归在于通过开启个人内在世界之仁而上达天命的领悟，以实现我之所在和天之所命之间的贯通和契合。这一转向意义重大，它既开辟了仁之为人的人性和人格思路，确立了儒家"操持在我"的道德人文主义精神，也开辟了由仁知天、因天守仁的生存伦理，确立了积极人为又恭天顺命，二者相偕相契、相辅相成的人生实践模式，更加彰显普遍的哲学之维。鉴于这一节讨论的是天命观的问题，因此，我们将重点放在孔子关于天和天命的看法上，关于仁这一核心思想，则侧重于解读其与天和天命之间的联系，而对于仁本身的内容以及以仁为核心的关于人的学说，以后逐次讨论。

关于天和天命，从《论语》来看，孔子没有直接谈论天为何物、天命何是，而是以天说人，或以人说天；从命或天命看人事看为人，或从人事和为人喻解天之何为、命之何在。在这样的说演中显现出天和天命之义，而这个"义"(意)同样是需要揣摩意会的。

我们先来看《论语》里关于"天"的看法：

"巍巍乎！唯天为大。"②

"获罪于天，无所祷也。"③

"吾谁欺？欺天乎？"④

"子见南子，子路不说。夫子矢之曰：'予所否者，天厌之！天厌之！'"⑤

---

① 牟宗三：《心体与性体》，上海，上海古籍出版社，1999，第189～190页。

② 《论语·泰伯第八》。

③ 《论语·八佾第三》。

④ 《论语·子罕第九》。

⑤ 《论语·雍也第六》。

"颜渊死。子曰：'噫！天丧予！天丧予！'"①

"子曰：'不怨天，不尤人，下学而上达。知我者其天乎！'"②

"子畏于匡，曰：'文王既没，文不在兹乎？天之将丧斯文也，后死者不得与于斯文也；天之未丧斯文也，匡人其如予何？'"③

"天将以夫子为木铎。"④

"天生德于予。桓魋其如予何？"⑤

可以看出，这里的"天"带有意志的特征，类似于一个有位格的"神"，既至高至大，巍巍气象，又发挥着某种主宰性的作用。这样的天及其意志是在和人的关联中呈现的，无论是罪的获与释，道的存与毁，世间的生与死，还是为学为人的品行度量，其至高核准在天不在人。无论是人的使命的禀受，还是道德的造就和成全，也都因为源自上天所授赐而拥有了终极根据和支持，立身危地而能够泰然自若，无忧无惧。正所谓倚天而有仁，仁而有勇也，仁者无敌也。对此，孔子拥有深切的天命在身的体悟，透露出自任之重、自信之笃。有意思的是，被称为台湾新士林哲学（经院哲学）的代表人物之一的吴经熊先生在解读《论语》上述话语时说："每当孔子忧烦或苦恼时，都会呼唤天，在天之怀抱中，他找到了所需的安全感以便祛除那种摇撼无助的恐惧。"⑥这种从心理体验入手的分析，也提供了一种路径去发掘和解读孔子持有的深刻的天命情怀。

我们再来看《论语》中的另一些语录，孔子关于"命"和"天命"的理解：

"死生有命，富贵在天。"⑦

"伯牛有疾，子问之，自牖执其手，曰：'亡之，命矣夫！斯人也而有斯疾也！斯人也而有斯疾也！'"⑧

"道之将行也与？命也。道之将废也与？命也。公伯寮其如命何？"⑨

"五十而知天命。"⑩

---

① 《论语·先进第十一》。

② 《论语·宪问第十四》。

③ 《论语·子罕第九》。

④ 《论语·八佾第三》。

⑤ 《论语·述而第七》。

⑥ 吴经熊：《内心悦乐的源泉》，台北，东大图书公司，1989，第75～80页。转引自耿开君：《中国文化的外在超越之路——论台湾新士林哲学》，北京，当代中国出版社，1999，第79～80页。

⑦ 《论语·颜渊第十二》。

⑧ 《论语·雍也第六》。

⑨ 《论语·宪问第十四》。

⑩ 《论语·为政第二》。

"不知命,无以为君子也。"①

"君子有三畏:畏天命,畏大人,畏圣人之言。小人不知天命而不畏也,狎大人,侮圣人之言。"②

可以看出,这里的"命"含有自身之外不由己的意思,像生老病死、富贵荣华之类的祸福之事并非完全由人的意志和努力来掌控,其升降消长由命不由己;也含有天之行事的时间性历程及趋势的意思,道之将行将废乃是天时起作、机缘和合造成的某种"势"或"命",非某个人所能改变的。那么,面对天命应该抱持什么态度呢?就此孔子将天命与理想人格联系起来,这就是"君子"的人格。君子之为君子,一方面是要敬畏天命,恭天顺命;另一方面是要知晓天命,契合天命。只有对天抱怀敬畏之心,体察领会天之所命,才能具备自持、自守、自尊、自强、自谦、自诚的君子品格。而畏天命和知天命两者实际是相辅相成统一在一起的。只有敬天畏天,才能努力洞察天意几微,深谙天时天机,从而做到知晓天命、契合天命;反过来,只有知晓天命,察乎天机,体乎天意,才能真正实现应天顺时、恭天顺命、与天与命。这里我们可以捕捉领会"天命"所隐含和关涉的那种天时、地利、人和之种种机缘,以及个人、社会、历史之种种因素交合而成的境遇,使人透过和天命的相与去体察其中蕴含的时机(天时到场)和际遇(机缘到时),从而突显出儒家思想关于天人交往的时间化和历史化特征,其中也包含了《易经》和老子自然天道的思想影响。正是由于天命所昭然的天人之际处可能呈现的最高的生存之境,因此如何与天命相与便成为一个真正理想的人格存在的内在尺度,而畏天知命就是君子必备的品格。

上述是一方面,另一方面更进一步的思想也是独到的思想,孔子认为,知天命、畏天命是通过"仁"而体现出来的。何谓仁?《论语》中涉及"仁"的不少,摘取一些代表性语录,按其意思可分为四类:

(1)"樊迟问仁。子曰:'爱人。'"③

"仲弓问仁。子曰:'……己所不欲,勿施于人。'"④

"子张问仁于孔子。孔子曰:'能行五者于天下,为仁矣。'请问之。曰:'恭、宽、信、敏、惠。恭则不侮,宽则得众,信则人任焉,敏则有功,惠则足以使人。'"⑤

(2)"有子曰:……孝悌也者,其为仁之本与!"⑥

---

① 《论语·尧曰第二十》。
② 《论语·季氏第十六》。
③ 《论语·颜渊第十二》。
④ 《论语·颜渊第十二》。
⑤ 《论语·阳货第十七》。
⑥ 《论语·学而第一》。

（3）"颜渊问仁。子曰：'克己复礼为仁'。一日克己复礼，天下归仁焉。为仁由己，而由人乎哉？颜渊曰：'请问其目？'子曰：'非礼勿视，非礼勿听，非礼勿言，非礼勿动。'"①

"人而不仁，如礼何？"②

（4）"子罕言利，与命与仁。"③④

前三种意思立足于为人德行、人伦孝悌和礼义节文来释仁，后文再论，这里只着眼于跟命相关的意思，那就是第四种"与命与仁"。对孔子而言，"与命"和"与仁"是统一不二的，是一回事。从本质上说，"仁"就是对待终极实在的根本态度，就是相与天命、赞许天命、尊奉天命，而抱仁守仁、与仁施仁就是和天命之间的"相与之道"。这"道"既是人和天相与的路径和方式，也是天和人相与而展开在人身上的天之所命所在；既是人在回应天命而进行的一种道德实践，也是恭天顺命、应天知命之人的本真所是。所以，仁是体用内外不二分、天人合其德而共其在。人（仁）性与天命、仁道与天道相互贯通，得仁就是知天，行仁就是顺命。

不过，孔门弟子注意到一个事实，孔子实际上很少"谈论"性与天道这类问题。"子贡曰：'夫子之文章，可得而闻也；夫子之言性与天道，不可得而闻也。'"⑤对于孔子来说，笃信性、天道、天命的存在是没有问题的，但并不注重对它们是什么的追问，类似于"敬鬼神而远之"⑥的态度，不像基督教孜孜求索关于"上帝是"的真理，以致有庞大的神学理论系统，充分表现出在信仰的前提下采取的知识论态度。相反，对于孔子来讲，对性与天道、天命及至鬼神之类最重要的是取一种"认肯"或者"敬虔"的态度，不必将之作为专门探究的认识对象，甚至以"君子于其所不知，盖阙如也"的悬置态度为圣人之智，与庄子"六合之外，圣人存而不论"很是相合，而荀子则更为明确地提出"学止之"⑦和"唯圣人为不求知天"⑧的观点。这也是古代先贤

① 《论语·颜渊第十二》。

② 《论语·八佾第三》。

③ 《论语·子罕第九》。

④ 关于"子罕言利与命与仁"一句的断句，以前一直存在争议。杨希枚专门就此做过考察探究，可参阅杨希枚：《先秦文化史论集》，北京，中国社会科学出版社，1995，第433～468页。杜道生在注译该句时，将之断为"子罕言利，与命与仁"，并译为"孔子很少谈到利益，却赞成天命和仁德"。见杜道生：《论语新注新译》，北京，中华书局，2011，第73页。本书赞同和采用"子罕言利，与命与仁"的断句，由是，"与"字在此不是作连词用，而是做动词用，有"相与""赞许""守持"的意思。于是，与命与仁联袂出现预示着二者之间有着隐秘的内在联系。对此的讨论，也可参阅唐文明：《与命与仁：原始儒家伦理精神与现代性问题》，保定，河北大学出版社，2002，第44～58页。

⑤ 《论语·公冶长第五》。

⑥ 《论语·雍也第六》。

⑦ 《荀子·解蔽》。

⑧ 《荀子·天论》。

通常赞许的智慧明哲的态度。

可是,孔子的确讲"五十而知天命"和"不知命,无以为君子"。关键是如何理解"知天命"的意思。依孔子的思路来看,"知"天命就是要在人生实践中去"体会"天命、"回应"天命,也就是施行"仁之道"。知命的真义在于守仁为仁,守仁为仁便是知命应天,便是恭天顺命。"子曰:'知及之,仁不能守之,虽得之,必失之。'"①足见守仁抱仁是何等至关重要。在此,仁即是天命在身,承担起天命便是承担起仁道,这反过来也印证和说明了知天命和畏天命,因为若不知天命,不畏天命,便不可能去应天承命、抱仁守仁。可见,知天命重要的是践行天命,践行天命的真义是践行仁道,而恭顺天命、践行仁道也就是对天命的敬畏和回应。所以才有弟子的记载:"子罕言利,与命与仁。""罕言利"和"与命与仁"恰好说明孔子所述"君子喻于义,小人喻于利"②和自述"五十而知天命,六十而耳顺,七十而从心所欲不逾矩"③,只有在"与命与仁"的高超的人生姿态里,才可能"从心所欲"地游走于应天知命与中庸守仁、不思而得与不勉而中的即天即人、即宗教即艺术的天人之境。

需要强调的是,孔子的"仁"在践行天命过程中具有突出地位和意义。从周人"以德配天"的"德"到孔子"与命与仁"的"仁",表明了人对自身力量的充分觉醒。天命靡常,因时应人而出,所以"天"主要不是作为人的保护神的形象而存在,而是作为立身处世和人生实践的精神依据和信念支持。若想契合天命而成人成事,就要依靠自身的道德努力。只有依靠自身的道德力量,才能在天命莫测的笼罩下站稳脚跟,获得一个立身的"安宅"。这意味着,对人来说,既不是要把天当作保护神,也不是要任凭天命的无情摆布,而是要通过自身的积极主动的努力去回应天命、承担天命,从而达到生命的佳境,故曰:"仁者不忧"④,"仁者必有勇"⑤。孔子正是通过运用自身道德能力的勇气从周人浓郁的天命意识中挺立起"仁"的观念,依仁而行,操持在我,充分弘扬和彰显了人的主体意识。这正是儒家在宗教性的天命背景下所呈现的卓越的道德人文精神。"仁"既是操持在我,又是源于天命所赋;"依于仁"既是人自身道德能力的发用,也是主动顺从天命的表现。这与《周易》"天行健,君子以自强不息""地势坤,君子以厚德载物"的思想互为呼应,也是《中庸》"立人极以参赞化育"所表达的精神方向。

---

① 《论语·卫灵公第十五》。
② 《论语·里仁第四》。
③ 《论语·为政第二》。
④ 《论语·宪问第十四》。
⑤ 《论语·宪问第十四》。

（二）《中庸》和《孟子》：思孟的立命存性

透过孔子的"仁而勇"，可以发现孔子的天命观具有鲜明的忧患意识。面对天命靡常，儒家深度怀有的是"畏天命"，"战战兢兢，如临深渊，如履薄冰"，因而在立身为人上恰恰需要的是"依于仁"而勇敢地自我担当起来。在此，于敬畏天命的前提下强调的是人自身力量的挺立和发挥。因此，如果说孔子在继承周人天命观的基础上，对"以德配天"中的"德"创造性地发展为"仁"，确立了以仁为核心的思想世界，彰显了人的道德主体性地位和意义，从而开创了儒家之统，所抱守的信念姿态是恭谨的"畏天"，那么，孔学的继承者子思和孟子之主流的思孟一派（相对于荀子）则是着力阐发了"仁"与"天命"之间的积极肯定的内在联系，提出了"天命之谓性"和"立命存性"的观念，"仁"所绽开的人之自身的道德能力秉之于天、受之于命，因而展现出的信念姿态是豪洒的"乐天"。由此彻底打通了天与人、天道与人道、天命和人性、天命和德性之间的联系，牢固地确立起"仁"的终极基础和终极支持。可以说，畏天敬天和乐天知天构成了儒家生存伦理的基本特质。下面我们再做一些具体的阐发。

被朱熹列入"四书"的《大学》和《中庸》是《礼记》中的两篇。传统上认为，《大学》是曾子所作，而《中庸》为孔子嫡孙子思所作。朱熹在注释《大学》首句"大学之道，在明明德，在亲民，在止于至善"时写道："明，明之也。明德者，人之所得乎天，而虚灵不昧，以具众理而应万事者也。"①此"明德"源自天成，涵容内外，仁用四方，可谓"大德"或"至德"。而"明明德"的要旨和路径就在于："物格而后知至，知至而后意诚，意诚而后心正，心正而后身修，身修而后家齐，家齐而后国治，国治而后天下平。"②正所谓格物、致知、诚意、正心、修身、齐家、治国、平天下，而明此"明德"也正是"天之明命"。商书《大甲》曰："顾諟天之明命。"朱熹注释道："天之明命，即天之所以与我，而我之所以为德者也。常目在之，则无时不明矣。"③可见，人之明德与天之明命在《大学》得到了明确的贯通，并将之看作"大学之道"。

子思作《中庸》则着力发挥性命之学，在更深的层次上将天命与人性、天道与人道贯通为一。从人之性上达天之命，从天之命下贯人之性，并以"至诚"打通天人之际，涵融天人之道，敞开天人相通的生存之境。《中庸》有云："天命之谓性，率性之谓道，修道之谓教。"④天之所命即为性，顺性而发即为道，修道养道即为教。命、

---

① ［宋］朱熹：《四书章句集注》，"大学章句"，北京，中华书局，2011，第4页。
② ［宋］朱熹：《四书章句集注》，"大学章句"，第5页。
③ ［宋］朱熹：《四书章句集注》，"大学章句"，第5页。
④ ［宋］朱熹：《四书章句集注》，"中庸章句"，第19页。

性、道，三者同源同本，实为一体；而圣人之教则是对于发自天命人性之道的涵养教化。郭店竹简中有"性自命出，命自天降"，同样是将性或人性上溯于天命。所以，"思知人，不可以不知天"①。人性、人伦、人道，皆由天出。依天命固有自性，顺天理而守人伦，因天道而行人道。性命一贯不二分，天人之道不两立。

"诚者，天之道也，诚之者，人之道也。诚者，不勉而中，不思而得，从容中道，圣人也。诚之者，择善而固执之者也。"②就是说，天道即诚，就其所是而言，真实纯正，本然一也；就其所动而言，无间无妄，无为而至。人道即致其诚，选择善而持守之。一旦致诚，则能入天行之境，从容中道，此也正是圣人之至也。所以，"诚"既是天道境界的开敞，也是人道境界的绽放。它根本是游于天人之境的存在之道。以诚为本，本着诚道，天人相与，天人合一。故而"诚"与"仁"一样是一个抵达天人之际、即人文即宗教的观念，体现着"与天地参"的三才之道。故曰："唯天下至诚，为能尽其性；能尽其性，则能尽人之性；能尽人之性，则能尽物之性；能尽物之性，则可以赞天地之化育；可以赞天地之化育，则可以与天地参矣。"③天人至诚，均为大仁，既是天命所在，天道所行，终极而至上，原初而入微，"故至诚如神"④；也是人性之至，人道所由，存仁用知，成己成物，故至诚者必怀笃信敬虔之心。在此，由"诚"开展的天人之境，既有人法天、天法自然的人文精神，也有与命参天、恭之赞之的宗教情怀，生动体现了儒家的生存伦理、人生态度和存在境界。

从《中庸》到《孟子》，子思的性命之学得到了进一步推进，并由此开显了性善说和良知说。这里我们且放下性善说和良知说不论而留待下章，主要读解孟子天命观的新意，这就是"立命存性"的思想。就其内在思路来看，由"天命"延伸到何以"应天命"，由"天命之谓性"进到"立命存性"，深化了儒家的天命观。《中庸》讲"天命之谓性"，这就是说天命在身，人人有在身的天命。这是一个方面的问题，还有另一方面，那就是如何回应天命？这意味着由天命到人性包含着一个如何接纳天命为自身所性的问题。在天命和人性之间显然存在着一个主体自我意识觉醒的环节，包含着价值选择的取向，而这也正是孟子提出要"立命存性"隐含的思想逻辑。

为此，孟子首先区分了"正命"和"非正命"。他说："莫非命也，顺受其正。是故知命者不立乎岩墙之下。尽其道而死者，正命也。桎梏死者，非正命也。"⑤一切

---

　①　［宋］朱熹：《四书章句集注》，"中庸章句"，第30页。
　②　［宋］朱熹：《四书章句集注》，"中庸章句"，第32页。
　③　［宋］朱熹：《四书章句集注》，"中庸章句"，第34页。
　④　［宋］朱熹：《四书章句集注》，"中庸章句"，第34页。
　⑤　《孟子·尽心上》。

皆天所命。知命之人不立于危墙之下免得遇难而逢非正命,犯罪陷囹圄而死也是非正命。那么何以才能禀受正命呢?从孟子的思想来看,有两个关键因素,一是"顺受",二是"尽道",二者实际上是统一的。所谓"顺受"之顺,一个意思是说,顺当合理地由因到果,受此命便是受正命。焦循在《孟子正义》中解说:"命有三名。行善得善曰受命。行善得恶曰遭命。行恶得恶曰随命。惟顺受命,为受其正也。"①另一个意思是说,知天顺命,平心静气,以待天命临至,便为受其正命。实际上这也就是仁,就是涵养德性的修身之道。庄子有言可与之相参:"知不可奈何而安之若命,唯有德者能之。"②便也说明对于天命的态度应是泰然顺从,而且唯有德之人才能做到。故而,所谓"尽道"就是守道、顺道,而"以道受命",则受其"正命"。

其次,面对正命和非正命之分,应该努力顺受正命,存正命以为性,即立命存性。孟子曰:"夭寿不贰,修身以俟之,所以立命也……存其心,养其性,所以事天也。"③知天之至,则守道之心不二,无论长寿还是短寿,心里安宁,泰然处之,只管顺时以待,修身以成全天之所付,此之谓"立命"。立命也是事天,事天立命之实则在乎存其心养其性;故而存心养性即奉天承命,事天在立命,立命在存性,正所谓天命之谓性。只是这性之存养,命之承受,均是以道贯之。如此,便是修正其身,受命其正。一言概之,顺受天之赋予人的正命存之以为人之性。这也说明,孟子关于"性"的观念并不指涉某种先天固定的实体一类的东西,而是某种不离时间性之域的天人之际的生成或交合之意。

最后,立正命存为性,所以人性是善的。在此,性善既是由天之正命而来,拥有至上的根据和高贵的来源,又是人主动认同天所赋予的正命为人之性的过程,因此与主体自我意识的觉醒和澄明,也就是人自身的道德觉悟是分不开的。道德觉悟亦即朗现先天"良知"在"心",认同和承纳天之正命在"性",故而,"尽其心者,知其性也。知其性则知天矣"④。可见,无论是对天命的理解,还是对人性的理解,都不是两相划界二分,而是即天命即人性,即存在即生成,充分体现了儒家思想天人相与、天人相通、天人合一的基本特征。

综上所述,从周人"以德配天"的天命观,到孔子在强烈的天命意识观照下"仁"的创立,再到思孟的"立命"与"存性",一方面是天人之际的终极生存伦理的领悟和确认,一方面是人自身道德力量的挺立和发扬。天、天命、天道是就人之上的存在

---

① [清]焦循:《孟子正义》,见《诸子集成》,上海,上海书店,影印版,1991,第518页。
② 《庄子·德充符》。
③ 《孟子·尽心上》。
④ 《孟子·尽心上》。

而言的终极维度和终极观念,仁、性、诚是就人自身而言的应天之在;但它们不是各自分立的两端,而是统一于天人相与之际。于是,顺天、休命、存性、弘道、崇德、思诚,都构成了儒家生存伦理的终极关怀和终极姿态。[①] 这些既体现了儒家思想的宗教性,也体现了它的人文性,而宗教性和人文性是紧密交织在一起的。

(三) 检审:关于儒家伦理的宗教性

从整个儒家思想来看,无疑地,在天命观的终极视域下最为关注和用力的是在人这一方面。就是说,在终极信念和终极关切的层次上,儒家注重的不是对象之维"天之所是",而是主体之维"仁之所行"。对象之维既可以说遥不可及,难于径直究其所以,又可以说近在身边,因为天命在身,立命为性,天道在人,人道法天。因而,在敬天畏天的基础上,最重要的就是努力投注人间成仁成德之事。既表明对近者上心、对远者不究的现实而明智的态度,也表明由人性知会天命、从人道体悟天道的天人相通的思想,故有"樊迟问知,子曰:'务民之义,敬鬼神而远之,可谓知矣'"[②]的教诲,充分表现出儒家"允执厥中"和"实用理性"的精神特征。对此,唐君毅说:"儒家之教中并非不包含信仰,而是其言信仰,乃重在能信者之主体之自觉一方面,而不只重在所信之客体之被自觉的一方面。儒家由重此中之能信之主体自觉,而重此主体之实践其所信,由行道而成德,以建立其为贤为圣之人格于天地之间。此即儒家之特性。"[③]此说可谓关于儒家的准确把握。

然而,不可否认的是,儒家在注重人事何以应天而行的另一面,恰恰表明是以对天命的终极关切之宗教性精神为前提的。关于儒家的宗教性问题,连同儒家是否儒教、儒教是否宗教之类的问题,一直是多年来学界关注的问题。可是,正像有的学者已经指出的那样,通常人们关于儒家学说的把握,往往更多地注重了道德修养和人事伦理,却忽略了作为本源和前提的天或天命、天道,使得儒家伦理的人文性入世向度削弱和遮盖了宗教性超越向度。实际上,儒家所重的伦理,所谈的心性,其源头一直在天,是天所化之的产物。天道化而为人道伦理,天命化而为人之心性。[④] 在这方面,现代新儒家在回应西方挑战而重释儒家传统的过程中,也是更多注重了道德理想主义的建构,而对天或天命之维的阐扬有所忽视,其因由这里无

---

① 唐文明以"无所不用其极"为题对此做过专门探究。参见唐文明:《与命与仁:原始儒家的伦理精神及其现代诠释》,第 59~70 页。

② 《论语·雍也第六》。

③ 唐君毅:《中华人文与当今世界》,见《唐君毅全集》,卷八,台北,台湾学生书局,1988,第 67 页。

④ 参见赖永海:《佛学与儒学》,杭州,浙江人民出版社,1992,第 19~22 页。

意再深究下去。不过,唐君毅是其中富有宗教情怀并着眼于宗教精神阐发儒家思想特质的一位,他的见解和本书坚持的"宗教性"立场和观念之间颇有契合之处。因此,下面愿意再征引并借助他的看法继续做些讨论。

"儒教之是否为宗教,则看如何说。但至少在其可安身立命之一义上看,应说与其他宗教,属同一性质。"①

"在儒为教处,确有宗教之性质与功能,故曾安顿华族之生命。"②

"儒家精神,亦有与一切人类高级宗教共同之点,此共同点即其宗教性。故过去曾有儒释道三教之称,而今后之儒家思想,亦将不只以哲学理论姿态出现,而仍可成为儒者之教。此儒者之教与一切宗教之共同点,即他是重视人生存在自己之求得一确定的安身立命之地的。"③

"吾于中国文化之精神,不取时贤之无宗教之说,而主中国之哲学、道德与政治之精神,皆直接自原始敬天之精神而开出之说。故中国文化非无宗教,而是宗教之融摄于人文。"④

"由此融摄之功,而宗教信仰中之天神即渐同一于直呈于自然之天道;宗教信仰中之天命即内在于吾人,而为吾人之性,吾内心之仁。"⑤

唐君毅在"安身立命"处定位宗教性或宗教精神正在于这个"根本处"带有终极性和超越性特质。天、天命、天道,无论是从和人、人性、人道之间的相与而言,还是作为后者的来源和根据而言,应该说都具有某种终极性和超越性、本根性和至上性的意义,尽管不像上帝那样具有绝对外在于人的超越性,但它内化成为人之性和心之仁而构成安身立命的家园,具有通常所谓的内在超越性。事实上,儒家天命观的特色正在于,天之维不是完全外在于人之维的,而是内在于心性之中的,所谓立命存性、畏天守道、与命与仁。在这即超越即内在的天人之际,儒家提供了安身立命之本,既表现出终极关切的宗教精神,又凸显了注重现世的人文道德精神,实际上正是亦宗教亦人文的精神。至于"宗教融摄于人文"一说,可谓典型反映了现代新儒家的观点。笔者愿意再补充强调一句,孔孟代表的儒家人文思想是在"恭天顺命"的宗教性精神背景下展开的,因此,无论"宗教涵融于人文"的说法是否精准,宗教性和人文性互融一体均可谓儒家亦人文亦宗教的基本特征。

---

① 唐君毅:《中华人文与当今世界》,见《唐君毅全集》,卷八,第 99 页。
② 唐君毅:《书简·致牟宗三》,见《唐君毅全集》,卷二十六,第 158 页。
③ 唐君毅:《中国人文精神之发展》,见《唐君毅全集》,卷六,第 365 页。
④ 唐君毅:《中国文化之精神价值》,台北,正中书局,1981,《自序》第 7 页。
⑤ 唐君毅:《人文精神之重建》,见《唐君毅全集》,卷五,第 99~100 页。

　　由于亦宗教亦人文的运思模式，儒家宗教精神的表达便具有了自身的独特性。唐君毅将中国宗教精神的特质进一步概括为八项：不含超绝意义的天的观念，不相信神有绝对的权力，神与人最相像，重人伦关系，祖先崇拜与圣贤崇拜的宗教，以人与人之间交往的态度对神，现世主义的宗教观，宗教上的宽容精神；而其根本观念就是"天人不二分"。我们在《中国宗教之特质》一文中读道："中国宗教思想之特质，表面看来是八项；但是这八项都是从'天人不二分全合一'的根本观念引来的。因为中国人相信天人不二分全合一，所以没有超越的天的观念。因为没有超越的天的观念，所以也没有与人隔绝高高在上有绝对权力的神的观念。于是，把神视作人一般，逐渐成重人伦关系过于神人关系，因而产生祖先崇拜圣贤崇拜之宗教；因而以人与人间交往之态度对神，而产生现世主义的宗教观。现世主义的宗教观注重宗教的实际性，遂使人不再偏狭的迷信独断的教义 Dogma，因而产生宗教上的宽容精神。"①的确，儒家亦宗教亦人文的精神取向不仅消减了天的绝对彼岸的意义，而且在天人合一之下彰显了人本情怀和入世情怀，表现出鲜明的理智和现实的态度；不仅有上天崇拜，还有祖先崇拜、圣贤崇拜，也就是天地君亲师一套崇拜秩序，表现出在天人秩序的确认之下更加关怀人伦秩序的确立。

　　但是，天不具有绝对彼岸性并不等于说天不具有超越性，不能完全以基督教的上帝标准来裁判儒家。从哲学言之，超越性意味着对于有限性的突破而具有某种无限性，对于暂时性的突破而具有某种永恒性，对于条件性的突破而具有某种终极性。而这种无限性、永恒性和终极性又不意味着能够完全脱离开有限性、暂时性和条件性的境遇而独立自存，犹如基督教里作为创造一切的上帝一般。所以，天在天人之间并没有被彻底解构掉它所具有的终极性和超越性的意义，天命就是作为最高根据而被设立和尊奉的。也正因如此，在儒家的崇拜秩序中，敬天畏天是其最高形式的宗教崇拜，而圣贤崇拜是道德人格追求的宗教性表达，祖先崇拜则是最普遍、最基本、最核心的宗教崇拜。于是，儒家的整个生存伦理体系既有天命的神圣性支撑，又有祖宗圣贤之命的神圣性佑护，成为一套奉天承运、由天到人、天人合一的宗教性伦理秩序。

　　综上所述，基督教的上帝观和儒家的天命观都标志着宗教性生存伦理的至上观念或绝对信念，指示着终极性的根据和超越性的方向，代表着人类伦理生存的神圣性之维。这一维在基督教里是一个绝对神圣的位格，一切都来自这一神圣位格的创造；在儒家则是一种具有某种客观性和神圣性、充满玄机和造化神奇的力量。

---

① 唐君毅：《中国宗教之特质》，见《唐君毅全集》，卷十一，第 254 页。

无论是哪一种,最后都要落实在神人之间、天人之间的宗教性生存伦理当中,构成其根本所在和本质所在。如果说基督教的生存伦理模式是因着上帝的"创造—受造"而呈现出"恩典—承纳"的信仰追随之姿,那么儒家生存伦理的模式则是因着"天命—人性"而呈现出"与命与仁"的道德建构之姿。就此而言也可以说,儒家的宗教性体现为在天命预设的前提下,最终完成自我的终极成全而成为一个承天启命的圣人即完人。[①] 这一点将在渐次的阐述中得以充分彰显。

---

① 杜维明将儒家的宗教性问题看作是一个人的"终极的自我转化"问题,即成为一个"充分的人"也就是"宗教的人"的过程,这一过程是与内在的"真我"打交道以达成自我和解,是人道与天道、入世和出世、内在和超越、主体性和社会性相统一的过程。参阅杜维明:《中庸:论儒家的宗教性》,段德智译,林同奇校,北京,生活·读书·新知三联书店,2013,第 1~9 页、112~148 页。

第二章

基督教的罪性论与儒家的性善论

在宗教性生存伦理视域中审视人，人是什么，人性如何，关于人的基本观念都与终极而超越的至上者预设相关，并在与之特定的关联中获得规定性。在"神造人—人堕落—神救赎"的神人关联中，基督教坚持人的罪性观念；在"人由天生—禀天命以为性"的天人框架中，儒家坚持人的先天性善论。

第一节　基督教的罪性论——人神疏离和人的自由

按照基督教的信仰，上帝是创世主，人是上帝的创造物，这既确立了人和上帝的基本关系——上帝是主宰者，人是依存者，也确立了人格存在的双重性——肉身性和灵魂性、自然性和精神性。这构成了作为受造者——人的基本形象：一方面人的灵魂有神的形象，具有精神的超越性；另一方面人的肉身由泥土而成，具有自然的有限性。人就在这双重性的统一中得以定位，一如尼布尔所描述的那样："最纯粹的基督教人性观，以人为'神的形象'与'被造之物'的合一体，当他处在最高的精神地位时,他仍然是一个被造者;而在他的自然生活的最鄙陋的行为中,他仍显示出若干神的形象。"①这里所谓最高的精神地位指的是作为受造者被赋予了唯人独有的意志自由。于是,在人的自我的宗教情感体验中骄傲与谦卑共存,就像帕斯卡尔所形容的那样:"当他颂扬他自己时,我羞辱他;当他自卑时,我颂扬他。"②

然而,正是在神的形象和自然的形象、精神的超越性和肉身的有限性之内在张力和双重作用的交合下,酿成了人性僭越神性的罪性。究其因,就是在人格性的深处即意志自由里种下了人性之罪的根苗。这使得基督教的人性存在一方面永远抱有一颗不安的良心,由此形成了对罪的忏悔传统,使得基督教的生存伦理状态充满紧张而冲突的精神性格,对西方人的文化心理结构产生了极为深刻的影响。另一方面人的罪责自负而无可推诿,自由行为和自担后果的神学理论为西方近代以来个体自由主义传统奠定了思想基础。对此尼布尔评价道:"人的本根在乎自由,而罪即因自由而生。所以人不能将罪归于他本体上的缺陷。他只能认为罪是他自己的矛盾,罪虽因自由而可能,却不必从自由而来。所以基督教必然产生了一颗不安的良心。只有在基督教信仰的观点上,人不但能了解罪恶的真实性,而且也可避免将罪恶归于别的事物而不归于人本身的错误。"③这种观点无论与神学家奥古斯丁,还是哲学家康德关于罪根源于人的意志自由的思想,都是一脉相承的。

一、人性的两重性与疏离上帝的罪性

(一)《圣经》里关于罪的原型观念

基督教关于人的超越的精神形象和有限的受造者形象的基本理解源于《圣经》。经上记述:"神说:'我们要照着我们的形象,按着我们的样式造人;使他们管理海里的鱼、空中的鸟、地上的牲畜,以及全地,和地上所有爬行的生物!'"(《创世记》1:26)"耶和华神用地上的尘土造成人形,把生气吹进他的鼻孔里,那人就成了有生命的活人,名叫亚当。"(《创世记》2:7)上帝把亚当放在了东方伊甸园里,吩咐他说:"园中各样树上的果子,你都可以吃;只是那知善恶树的果子,你不可吃;因为你吃的时候,你必要死。"(《创世记》2:16~17)

可以看到,《圣经》里提供了基督教关于人的观念的最初依据。正是由于人是上帝按着自己的样式造的,所以人有神的形象;正是由于上帝给人吹进了一股生

---

① [美]尼布尔:《人的本性与命运》,谢秉德译,香港,基督教文艺出版社,1998,第149页。引用时对译文稍有变动,后面的引用亦然。

② 转引自[德]M.兰德曼:《哲学人类学》,张乐天译,上海,上海译文出版社,1988,第69页。

③ [美]尼布尔:《人的本性与命运》,谢秉德译,第15~16页。

气,所以人有灵魂;而上帝赋予人的使命便是管理其他一切造物。所有这些使得
人具有了超出其他生物的精神特性,与神有共同之处,在一切受造物的世界上具有
了最高的存在地位和价值。如果说这是关于人的积极的开敞性的定位的话,那么,
关于人的消极的限制性的定位则是,人的身体来自尘土,是上帝用自然材料做成,
所以人有自然的感性形象。更重要的是,上帝对人颁布了唯一禁令,不许吃那知识
树上的果子。所有这些意味着人的存在是有限的,无论是感性自然生存,还是对善
恶的真理判断,都不是无限的,始终处在有限性的束缚之中。就自然生存而言,人
与动物无别,只有精神才使二者区分开来;但是跟创造者相比,人永远是受造的,
无法和上帝比肩。于是,人处在神和动物之间,人性具有神性和动物性、精神性和
自然性之两重性。

　　人虽然具有自然有限性的一面,虽然并不真正拥有判别善恶的真理知识,但是
作为上帝的造物,人性及其有限性本身并不因此而是恶的,也不是导致恶的原因。
人之所以是这个样子,是一个有限的精神生命个体,是因为上帝的本意就是要把人
造成这个样子。所以,在完成创造世界的工作以后,"神看着一切所造的都甚好"
(《创世记》1:31)。他爱他造的这个世界,爱他所造的这样的人,这意味着人之为
人原本是善的、好的。尼布尔称其为"原义",我们也可称之为"原善"。然而,人自
己并不满足于自己这种有限性的存在境遇,想要和创造者比肩,变得像上帝一样有
智慧。这种企图恰恰又是由于人被赋予了其他动物都不具备的突破自身有限性存
在的精神超越性,而这正是人的高贵和卓越的品质所在,也就是他如神的那个形
象。然而,人毕竟只是"如神"。当人无法恰当地理解和把持超越的限度,竟把自己
"当神"的时候,便会走向反面陷入对自身的否定,由善坠恶、由义落罪。令人值得
玩味的是,崇尚优秀而卓越的存在之维的汉娜·阿伦特(Hannah Arendt)在深刻
批判那种完全放弃思想和独立人格、被意识形态灌输、随波逐流、同流合污之"平庸
的恶"的时候,犀利地评论道:即使是撒旦之恶,也是在挑战上帝的最高智慧,表现
的是一种卓越的存在性。① 然也正因如此,由卓越带来的自身否定就更加具有了悲
剧性特质。不能不说,基督教的罪性观隐含着某种自我造就与自我毁灭的悲剧味道。

　　《圣经》提供了这一最初的思想原型。为上帝所造的人类始祖在撒旦的诱惑下
的确犯下了因要卓越而堕落的、自我摧毁的悲剧性之罪,使人性从此染上了自我无
法彻底去除的恶性因子,承受了自身无以完全愈合的裂伤,也使人的世界从此展开

---

　　① 关于"平庸的恶"或"恶的平庸",阿伦特在《极权主义的起源》和《艾希曼在耶路撒冷》中都有深刻的
思想批判,也可参阅法国女学者朱莉亚·克里斯蒂娃著,刘成富等译的《汉娜·阿伦特》第二章第五节"恶的
平庸",南京,江苏教育出版社,2006。

了一个充满善与恶、正与邪、罪与罚的冲突较量的历史进程。经上记载,在被造的活物里最狡猾最聪明的蛇听到夏娃说神不许吃知识树的果子,否则会死的时候,回应道:"你们决不会死;因为神知道你们吃那果子的时候,你们的眼睛就开了;你们会像神一样,能知道善恶。"(《创世记》3:4～5)既然没有死亡的危险,又能像上帝一样智慧,亚当和夏娃明知上帝的禁令却不顾禁令,让意志顺着欲望去吃了那知识树上的果子。眼睛开了,罪罚也到了。由于忤逆上帝之罪而受到上帝惩罚:女人要受生育的痛苦和丈夫的管辖;男人要辛苦耕作汗流满面,才有饭吃;最终他们都要回归尘土,不得永生。始祖被赶出伊甸园,为了防止他们去"摘取生命树上的果子吃,就永远活着",神还派人持剑"把守到生命树去的路"(《创世记》3:16～19;23～24),而这长生的果子原本是他们可以吃的。从此,人类开始了面对死亡和艰险、领受惩罚和痛苦的沉重的历史脚步。智慧与恶、罪罚的获得和历史的开启是同时并行、一体两面的事情。

关于罪,从《旧约》到《新约》,整本《圣经》都提供了鲜活的外部的罪的现象和内部的罪的体验,或是通过神的眼,无论是耶和华还是耶稣;或是通过人的心,无论是先知还是圣徒,都触目惊心地描画出人的罪的行为和罪的心性。《创世记》里记述道:"耶和华看见人在地上的罪恶很大,终日心里思念的,尽都是邪恶的。于是,耶和华后悔造人在地上,心中忧伤。耶和华说:'我要把我创造的人,从地上消灭……'只有挪亚在耶和华面前蒙恩。"(6:5～8)而先知以赛亚对以色列人发出的谴责是:"你们的罪孽使你们与神隔绝,你们的罪恶使他掩面不听你们。"(《以赛亚书》59:2)到了《约翰福音》,耶稣基督说:"你们是从地上来的,我是从天上来的;你们属这世界,我却不属这世界,所以我对你们说,你们要在自己的罪中死亡;你们若不信我就是'那一位',就要在自己的罪中死亡。"(8:23～24)"凡犯罪的都是罪的奴隶。奴隶不能永远住在家里,唯有儿子才可以永远住在家里。所以,神的儿子若使你们自由,你们就真的得自由了。"(8:34～36)"天国近了,你们应当悔改。"(《马太福音》4:17)

圣徒保罗更是极力强调了人的罪性,将亚当的罪首先在"原罪"的意义上做了解释,并将"死"解释为原罪的恶果。"正好像罪借着一个人入了世界,死又是从罪来的,所以死就临到全人类,因为人人都犯了罪。"(《罗马书》5:12)从此,"死就掌权了,甚至那些不像亚当那样犯罪的人,也在死的权下"(《罗马书》5:14)。对于人在罪性中受缚的体验,保罗做过非常生动切身的描述:"我知道在我里面,就是在我肉体之中,没有良善,因为立志行善由得我,行出来却由不得我。所以我愿意行的善,我没有去行;我不愿作的恶,我倒去作了。我若作自己不愿作的事,那就不是我作的,而是住在我里面的罪作的。因此,我发现了一个律,就是我想向善的时候,恶就在我里面出现。按着我里面的人来说,我是喜欢神的律,但我发觉肢体中另有一个律,和我心中的律争战,把我掳去附从肢体中的罪律。我这个人真是苦啊! 谁能救我脱离这使我死亡的身体呢? 感谢神,借着我们的主耶稣基督就能脱离了。可见,一方面我自己心里服事神的律,另一方面我的肉体却服事罪的律。"(《罗马书》7:18~25)

透过保罗经验里身心交战、灵肉冲突的内在挣扎,我们看到,"罪性"作为人性里根深蒂固的一种根性构成了人性的根本桎梏,把人性抛进了自我奴役的不自由状态。《圣经》提供的意义原型由此也奠定了基督教原罪论的基础,而关于罪性的强调也构成为基督教人性论的突出特色。虽然人是上帝所造,但其包含的原善或原义的思想远不如罪性的思想凸显,在传统神学里基本上是隐而不彰的。直到18世纪启蒙主义运动以后,通过高扬人的理性而得以开显人的善性才有了可能,比如在康德自由即自律、自由意志即善良意志那里。

(二) 罪的生存论释义: 宗教之罪和道德之罪

按照基督教的理解,自从始祖背叛上帝,人类就开始进入了堕落的生存状态,美善圣洁的人性发生裂变,沦丧在罪性的束缚之下,这就注定了人和世界的欠缺和苦难,异化为一个罪恶的生存结构。"罪"是基督教关于人性的一个基本预设,"恶"是关于人的现世处境的一个基本判断。由是,罪性成了人性中难以剥离的根性,恶成为此世存在的一个本质性要素。关于罪和恶的理论观念构成基督教人性论的核心思想,它关联着拯救论、神正论这些根本问题,既是基督教神学的理论要义,也是基督教伦理的中心关注。

根据《圣经》里始祖犯罪所提供的原型观念,首先,"罪"(sin)意味着人与上帝的一种疏离状态。希伯来语的罪 chata 和希腊语的罪 Hamartia 包含着偏离正路或者偏离靶心的意思,这里的罪意味着人偏离了上帝,迷失了自己的崇拜目标,导致人与自身的存在本源和价值本源的断裂。所以这种罪是一种在人神关系中构成的根本性的生存论之罪,此乃一种宗教性的罪。在这种宗教性的生存之罪中,人以自身为中心取代上帝中心,以自己的意志为意志取代上帝意志,企图僭越神的地位,使自己成为神。可是,使自己成为神,不仅没有真正确立和维护人之为人的存在尊严和正当位置,反倒失去了人的如神的形象。

其次,罪还意味着人与人的一种疏离状态,意味着人和人的关系发生了偏离、扭曲和异化,导致人们之间的互相关联的断裂,这就是恶;恶带来了人世间的种种苦难。所以,罪也是在人人关系中构成的一种基本的生存论之罪,它是一种"不义",一种道德性的罪。在这种生存的道德性之罪中,人以自我存在为中心,将别人置于自己的意志之下，表面上肯定和抬高了自己的地位和价值，实际却在本质上无视和践踏人格的尊严，最终导致对人的正当的关系性存在的否定。如果说宗教之罪是在扭曲人的本源性生存，那么，道德之罪就是在扭曲人的现实性生存。事实上，正是由于人跟上帝关系的偏离，才导致人跟人的关系的偏离；正是由于人疏离了生存的本源和依据，人才在现实生存中发生人人关系的失序。所以，宗教之罪是道德之罪的根源，道德之罪不过是宗教之罪的延伸。

在《圣经》特别是保罗思想的基础上，奥古斯丁明确提出了"原罪"的概念，将罪性理解为完全渗透在人性之中的不可自我剥离的根性，使得罪性成为人性的基本规定性，从而奠定了基督教人性论的正统观念，并为16世纪宗教改革神学家路德和加尔文大加发扬。所谓"原罪"（original sin），从观念的原型来说自然是指始祖——人类的第一人犯下的罪，可谓人类的"第一罪"。从其实质来说，这第一罪是指无视或离弃永恒者而看重或屈从可变者。用奥古斯丁的话来说就是："所有罪都是因人远离真正永存的神圣之物而朝向可变的不定的事物。"①这意味着"原罪"是一种宗教性的罪，与自己存在的终极本源和神圣根据发生了疏离，坠入了一种暂时的、不定的、欠缺的、脆弱的、苦恶的无根生存状态。这是第一。第二，"原罪"还指人类共同承负的罪。由于始祖犯罪被赶出伊甸园，才有了人类尘世的生活和历史。这也就是说，人类的生活和历史是从罪开始的，罪是人类这个历史性族类形成的一个原初起点，一个根本标志；因而此后所有的人类都承负着这"第一罪"，始祖的罪构成了人类共同的"原罪"。

可是，何以始祖犯的第一罪成为人类共同承负的原罪？奥古斯丁解释为经过"遗传"的方式使后代人都有了罪。这种解释显然难以为现代观念所接受，其实无论是亚当犯了原罪，还是人类共担原罪，都只宜于理解为一个神话，而神话的根本意义是生存论的，因而我们对此只能从生存论的意义上来解读。也就是说，亚当的悖逆之罪实际昭示着基督教关于人的基本生存处境及其可能命运的理解，其实质在于人性存在的两重性结构及其内在张力。作为精神和自然的双重性的存在个体，既面临着外部诱惑的挑战，也面临着内部欲望的挑战，这都使人的生存充满危险，使他不是置身在一个纯粹善的神性的生存结构里，而是处在一个随时陷入善恶交锋的生存结构里。这样的生存处境植根于人性的两重性张力：作为人，他是灵魂和肉体的双向度存在者，兼有自由精神的无限超越性和自然肉体的有限依赖性，生活在无限与有限、自由与自然、超越与限制的交汇处。如果是永恒无限的神性，就不会面临自然有限的生存挑战；如果是纯粹的动物性生存，只管顺其自然本能

---

① ［古罗马］奥古斯丁：《论自由意志》，成官泯译，上海，上海人民出版社，2010，第97页。

的生活,也不构成对精神是否超越的挑战。只有精神性和自然性的双重人性的存在结构,才会处在神性与兽性、善与恶的冲突与挑战里,才会深深遭遇人性自身的超越性和有限性之间的内在张力及其后果,而罪(性)恰恰就是在这种人性两重性的张力中造就而成的。

因而,亚当的堕落不过是我们每个人的生存处境及其可能性命运的一种象征,从始祖成人开始,人类就从神那里禀赋了人性的两重性,因此也就蕴含着罪性的可能性。换句话说,这也意味着,亚当虽是第一人,却并非仅仅是某个与第二人、第三人相对的另一个人,而是同时也代表着人这个族类即"人类"自身。作为人类的第一罪、原初的罪,它既是亚当这个人所犯的罪,但又不止于他这个人。亚当是一个人,同时也是人类这个族类的预表;于是亚当的罪既是个人的罪,同时也指示着人类性的罪,人类无一例外地都背负着这一族类性的罪,所以才称之为"原罪"。这也是我们从亚当神话解读出来的关于人类存在的原罪所具有的生存论意义。

所以,亚当的罪性便也是人类的罪性。康德则将这种罪性做了宗教哲学层面上的理论转化,而称之为人类的"根本恶"或者"人的本性中趋恶的倾向"。①

二、罪与人的自由：精神超越的悖论

人有神的形象,是如神的存在者,即便是有限的存在者,有限性也不构成他的罪与恶,相反,他的人之性原初本来是善的好的。可是,何以善与好的人性转变为罪与恶的人性? 为什么始祖能够不听禁令接受蛇的诱惑而犯罪? 如果不是上帝的原因,那么原因何在? 如果说亚当因逆神的堕落而禀有的罪性并没有通过遗传的方式递给后人,可是人性却依然共同承负着罪性,那么,何以解释这种普遍人性之罪性的持有? 如果说就在人性的双重性的张力中存在着罪性的可能性,但可能性不是必然性,那么,罪性从可能变成现实的决定性的原因何在呢? 这一系列的提问引出了一个深刻的问题：罪和自由的问题。

正是在对罪和自由的关系的理解中,基督教开辟了关于罪的可能存在的深度追问,使得自由意志和自由生存成为一个中心问题,既为人格性存在奠定了基础,也为自我责任提供了理由,使得基督教的生存伦理通过罪性的否定性之维而彰显出人的肯定性的自由之维,并由此提出,要在本源的上帝之维下安排人之维,以确立起人的自由生活的正当性及其限度。

下面,我们通过进一步讨论古代奥古斯丁和现代尼布尔的相关理论来展开基

---

① 参见[德]康德：《纯然理性界限内的宗教》,见《康德著作全集》第 6 卷,李秋零主编,北京,中国人民大学出版社,2007,第 29 页。

督教在这个问题上的基本观点。

（一）罪与意志自由的僭越：以奥古斯丁为例

在思想史上，奥古斯丁是第一个将罪的根源归因于自由意志的人，因而也是第一个把自由意志作为神学和哲学问题来探讨的基督教思想家。他是在当时与摩尼教进行论战的特殊语境下提出罪和意志自由问题的。他反对摩尼教的善恶二元论，因为其不仅构成对上帝一元论的威胁，而且由于恶本源的存在，将使人间一切恶现象都成为必然的，导致人不必为自己的恶行负责任。这样，也对上帝赏善罚恶的正义论构成挑战。如果恶不是出自于恶本源的必然存在，当然也不可能出自上帝的创造①，因为上帝的造物在本性上都是完美整全的，是善的好的，那么，恶来源于哪里？为了回答恶的来源问题，奥古斯丁提出了意志自由，恶来自人的意志自由的作为。他说："我们作恶靠的是意志的自由选择。"②因而，人应该为自己的恶行承担罪责。这样看来，恶是罪的原因。不过，这是在现实的伦理与法的层面而言的，也就是说，在实际生活中人做了恶，于是有罪，于是罪有应得而自担责任和自受惩罚。

但是，从更深的存在论—生存论的层面上来讲，正是由于先有人的罪性的存在，人才会作恶，然后才会有道德的或者法的定罪问题。也就是说，人性的罪性相对于人的恶行是先在的。对于奥古斯丁来讲，恶之所以出自人的意志自由，是因为先有人的意志自由"对神"犯了罪，然后，才导致了人"对人"犯罪。宗教之罪在本体论上先于道德之罪和法律之罪。对神犯罪的原型便是亚当的宗教性"原罪"。亚当不愿遵从上帝的禁令，而愿听凭自己的意志，于是摘取了知善恶的果子而被上帝定罪。这意味着人的意志是自由的，他能够愿意或者不愿意遵从上帝的旨意。不过，亚当犯罪是在诱惑下发生的，如果说被造的人没有获得足以抵抗诱惑的能力，那么，悖逆上帝之罪就是无法避免的或必然发生的，人不用自我承担责任，应该由上帝承担责任。可是，如果始祖没有抵抗住诱惑而违背了上帝的旨意，上帝给他定罪和惩罚是公正的，那么这就意味着原罪说隐含着某种"认定"意识，即人在被造的时候禀获了一种能力足以抵抗他者的诱惑而不犯罪。《新约》里也有言："你们受的引诱，无非是人普遍受的。上帝是信实的，必不让你们受的引诱超过你们能忍受

---

① 当时异教对基督教也提出了挑战，既然上帝是全善全能的创造者，那么，恶是否也是上帝创造的？上帝是否应该对此负责？如果不是，为什么允许恶的发生，上帝的公义又在哪里？此所谓"神正论"的问题。这些同样也构成了奥古斯丁论辩的思想背景，以至提出，至善的上帝创造的一切在本性上都是善的好的，而恶在善的秩序里没有位置，仅仅是出自人的自由意志的结果。

② ［古罗马］奥古斯丁：《论自由意志》，成官泯译，第97页。

的。"(《哥林多前书》10：13)可见，无论是愿意或者不愿意遵从上帝意志，还是有能力抵抗诱惑却不愿意或者愿意去抵抗，都说明人的意志是自由的。罪就是人的意志自由的作为及结果。所以，奥古斯丁说："是自由选择给了我们犯罪的能力。"①因此，结果也就必然是罪责自负了。

可是，自由意志是上帝赋予的。人拥有神的形象，这个形象也在于人有意志的自由，人可以按照自己的意愿自由地作为。但既然有了自由意志，人就可能犯罪，那么，上帝为什么还要赋予人意志自由呢？这是否意味着上帝让人犯罪作恶，终究上帝是罪恶的原因，那么上帝因此而惩罚人的罪就是不正义的呢？奥古斯丁借埃伏第乌斯之口问道："既然如我们所发现的，是自由选择给了我们犯罪的能力，那它本身是我们唯一的创造者给我们的吗？看来似乎是，如果我们缺少自由选择，我们本不会犯罪，所以仍然存在着这一危险，即是说，上帝是我们行恶事的原因。"②假如不是，"为什么上帝将意志的自由选择赐予人，既然若没有得到它，我们本不能犯罪"③？而且，既然赋予意志自由，为什么不赋予一种不犯罪的自由意志呢？这一系列的疑问将我们引到了又一个重要的问题：人的自由生活的正当性问题。这既关涉人性和人格的尊严，也关涉人的权力和责任。

奥古斯丁认为，上帝之所以赋予人自由意志，是为了让人过一种正当和正义的生活，如果没有自由意志，人就不能过正义和正当的生活。他这样说道："他应当有一自由意志，否则他不能行正当。当然，他也能利用自由意志犯罪，但我们不应该因此相信上帝给人自由意志是为了让人能犯罪。人不可能无自由意志而正当地生活，这是上帝之所以赐予它的充分理由。任何人若藉自由意志犯罪便遭神圣惩罚，这一事实表明自由意志之赐予人，是为了让人能正当地生活，因为若它之赐予既是为了叫人正当生活，又是叫人犯罪，这惩罚就是不公义的了。"④这就是说，只有赋予人自由意志，人才能够过一种正当的生活。假如没有自由意志，人的生存将和动物生存一样，一切都出于自然的本能天性，不越位，不中断上帝意旨，那就无所谓正当不正当、犯罪不犯罪的问题。如果有了自由意志，就会出现两种可能，是追慕永恒之善还是追慕可变之善，而这将取决于意志的自由决断，是我的自由意志的权能。正因如此，自由意志如何决断，便有了正当与否的问题。只有有了自由意志，并正当地运用自由意志，才能正确地决断正当的意愿和行动，从而过一种正当的生活。由此可以推知，人格的独立和尊严只有在意志自由的前提下才可能确立。

---

① ［古罗马］奥古斯丁：《论自由意志》，成官泯译，第 97 页。
② ［古罗马］奥古斯丁：《论自由意志》，成官泯译，第 97～98 页。
③ ［古罗马］奥古斯丁：《论自由意志》，成官泯译，第 99 页。
④ ［古罗马］奥古斯丁：《论自由意志》，成官泯译，第 100 页。

因为只有这样,他才可能完全按照自己的意志决断而对外部诱惑说"不",从而像康德主张的那样,服从应该的原则过一种正当而有德性的生活。

既然上帝赋予人自由意志是为了让人善用自由意志去过一种正当的生活,那如果滥用自由意志去犯罪,就要受到上帝的惩罚。这首先意味着人要为自己的行为负责任。如果没有自由意志,或者完全由上帝预定好了必然行善的意志,都谈不上对自己的行为负责任。其次意味着上帝的公义得以实现。因为只有自由意志的存在,人才可能有正当和不正当的意愿和行为,上帝才能赏善罚恶。如果一切都是安排好的、必然的、善的,上帝的正义就无从彰显。同时,上帝的全能也没有在此被否定,如果人滥用自由意志,他必须为此付出代价,接受上帝的审判和惩罚,上帝的权能依然会因此而得到追补,上帝的意志依然会因此而得到贯彻。所以奥古斯丁说,不是有意做的事既不是恶,也不是善,因此,如果人没有自由意志,则将不会有公正的惩罚和奖赏。虽然犯罪的可能完全在上帝的预知之内,但"上帝预知并不排除人有犯罪的自由",上帝造他是"为善"的,"他的罪于上帝无损"。① 由此可见,如果说人的自由意志可能择恶因而是有缺陷的,那么,它也是上帝所创造的这个世界秩序中的一环,是必要的,也是一种善,奥古斯丁称之为"中等之善"。中善可能被错用,"大善"不可能被错用。大善就是"只有藉着它才能正当生活的德行",德行的"功能就是正当地运用那可能被错用之事"。如果能够正当地运用自由意志,那便是美德,是伟大之善了。②

总之,意志自由是罪和恶的原因,是上帝实现公正的先决条件,也是人自我承担责任的根本依据。可以说,奥古斯丁通过神学方式关于原罪根源的自由意志之追问深刻折射出人类对于自身自由存在的觉悟,奠定或塑造了基督教生存伦理的双重品格。一方面,上帝通过赋予人自由意志而确立了独立的人格尊严,每个生命个体都是站在上帝面前的一个自我决断、自我选择的自由个体,因而对自己的行为拥有着合法的权力和责任。这正是西方近世以来占主导地位的个体自由主义传统深刻的基督教思想渊源。然而,另一方面,基督教生存伦理的品格又有与近世自由主义生存伦理的不同之处:上帝始终是人的绝对至上者,人永远不是无限的自我主宰者。在本体论的层面上,他始终处在与上帝的关联之中,不是一个绝对自足的、像原子一样的存在者。人的定性和定位永远都是从人和神、人意和神意的关联中获得的,因而自由的人不是无根无本之人,而是有家可归、有源可寻之人。这个本源对人而言有着终极而超越的意义,指示着神圣而至上的绝对之维、永恒之维。

---

① 参见[古罗马]奥古斯丁:《论自由意志》,成官泯译,第 142~143 页。
② 参见[古罗马]奥古斯丁:《论自由意志》,成官泯译,第 135、193 页。

这意味着,人的自由存在不是纯粹唯我之在,人是自由的又不完全止于自由的人自身,而是自由地朝向那超越在自我之上的终极实在,终归在上帝面前自由的人也是有限的人。

概而言之,自由而有罪的人是在人神关系的框架内得以确认的,神圣之维构成理解人的存在及其行为的最高价值依据,它使得关于人的性命的规定超出了自然性也超出了社会性,却与超越性的神性永远也脱离不开关系。在神性的观照下理解人性,蕴含着自由意志的罪性意识凸显出来。以神性之尺度量人,自由的人永远是有限的、欠缺的、罪的。可以说,基督教对于自由人性的幽暗处境有着深刻的体认和洞察。

(二)罪与精神超越的悖论:以尼布尔为例

近代以来的启蒙主义否弃人的原罪性,无视人的有限性,张扬人的如神性,夸大人的工具理性,高举科学主义和人本主义的大旗向着世界昂首挺进,致使上帝退隐而人据神位,打破了基督教伦理的传统秩序,招致现代世界的种种困境。在这种背景下,尼布尔重新启用基督教的思想资源以救治现代自由主义的生存伦理。

在尼布尔看来,现代人的一大损失就是失去了由信仰而来的人性洞见,要么过度依赖自然科学,从生物学自然主义的必然观点解释人,无视人的精神灵性的特殊性,因而消解了人的“个性”本质;要么沉浸于历史进步的梦想,盲目地相信人的道德完善化能力,对人性的危险性毫无所察,因而走向“自我的迷失”。① 它无法领会在人的实际生存中精神与自然、自由与必然之间的“统一”,无法为个性存在提供一种支撑的“基础”,无法为能够超越自然和社会限制的自由人提供一个更高的超越性“原则”。它不能充分客观地估计到人性的罪性,因为它不能充分深刻地认识人的“自我超越性”。既认识不到超越的精神自由可以冲开“自然的必然”,也认识不到超越的精神自由可以突破“逻辑的理性”,仅仅把自由放在“安全”的限度内。这种盲点中的自由存在引诱人们狂妄自大,自以为神。② 相比之下,基督教对于人性看得更高些,也更深些,因而更为全面和切中。看得更高些是因为基督教相信人不仅是人还有神的形象;看得更深些是因为基督教洞察到人性深处的罪性力量并视之为人生常态。于是,尼布尔重返保罗—奥古斯丁—路德所代表的基督教以罪性论为轴心的人性论传统,坚持人既具有精神超越性,又具有自然有限性,而这种人性双重性之间的张力冲突造成的后果就是人的罪性。

---

① 参见[美]尼布尔:《人的本性与命运》,谢秉德译,香港,基督教文艺出版社,1998,第65～87页。
② 参见[美]尼布尔:《人的本性与命运》,谢秉德译,第123～125页。

如果说奥古斯丁是在追问罪—恶究竟起源何处的思想背景下着重阐发了罪—恶来自人的意志自由,那么,尼布尔则置身于现代人狂妄自大的生存场景中,着重强调罪从根本上在于自由之人秉持精神超越性的同时,却不愿意正视而是掩盖和欺瞒人的自然有限性,并最终将有限当无限来崇拜。他关于罪的产生的分析完全摈弃了奥古斯丁的遗传论,采用了从帕斯卡尔—克尔凯郭尔—海德格尔以来的现代生存论的分析方法。他认为,人性的双重性使他与众不同地"立身于精神和自然的交汇处","周旋于自由与限制的处境"中,这使得"忧虑"成为他的精神状态和生存状态。一方面,人是一个有限性的存在者,也是一个对有限性拥有自我意识的存在者。另一方面,他又不知道自己可能性的限度,他的每一个成就都预示着更高的可能,似乎人的一切行为都在预示着无限的可能,然而尽管如此,却又不能从自身的有限性见解去窥视它们。于是,人的伟大与软弱同在,知识的有限性和生存的无量度并存,自由和捆绑、远见和盲目纠缠在一起,"处身于自然之中又超越于自然之上"。这种与人性两重性相连的生存处境叫人产生"忧虑",忧虑使人充满了"不安全感"。为了战胜这种忧虑和不安,人原本应该到超越在自身之上的永恒之神的爱里去寻求依靠,可是,如果人不选择这条路,而选择把永恒的价值赋予自己或者有限物,以克服或者逃离生存的忧虑和不安,便陷入了"罪"。换句话说,如果人将眼前的有限价值作为永恒价值来追逐以求安全,那么就产生了罪。[①]

在尼布尔看来,罪的出现有两种情况:一是他为了克服忧虑和不安故意无视自身存在的有限性,通过精神自由将自己无限放大以掩饰和胜过有限性,这其实是一种"自我欺骗",是人性的一种"骄傲"。它意味着把"无限的价值"赋予有限和偶然的人生,企图超越有限性的生存条件去达到那"绝对无限之境",通过把自己变成神而"僭越神的地位",这就是"宗教的罪",而由此必然带来的"道德的罪"就是"牺牲别人以求自己安全"的不义之罪,并由此带来"历史中更可悲的危险"。二是为了寻求安全就逃避"精神的自由和无限"以及"自我抉择中的责任和危险",在"情欲"的驱使下追逐和沉湎在各种琐碎的生存活动里,声色犬马、随波逐流,甚至自轻自贱、自暴自弃,这就是"放纵"或者"沦陷"。它同样意味着将"有限价值作无限崇拜",根本上是无视上帝和永恒,可以说是骄傲的另一种变相方式,也导致了罪的产生。[②]

尼布尔认为,按照《圣经》和基督教的信仰,"骄傲"一向被看作是最为"基本的罪"。正如保罗所说,他们将那不能朽坏的神的荣耀,变为那能朽坏的人的样式。

---

① 参见〔美〕尼布尔:《人的本性与命运》,谢秉德译,第178~181页。

② 参见〔美〕尼布尔:《人的本性与命运》,谢秉德译,第181~183页。

这确实是对《圣经》中所说的罪作了一个极可称赞的总结。^① 尼布尔不赞成将罪归为情欲，仅仅解释为肉体冲动的罪果，在根本上罪是源自精神自由的失序和错乱行为，"精神性的骄傲"才是罪的基本特质。他对骄傲进行了非常具有穿透力的剖析，既吸收了保罗—奥古斯丁—路德将骄傲定为罪性的思想，又矫正了他们在解释中过分强调肉体是罪因的观念，跳出传统历史文化语境的特殊局限，将问题延伸到整个现代人类的生存处境之下，对人性的骄傲之罪做出了详致的论述，包含了深刻的见地，使基督教关于原罪论的传统教义依然深具现代意义。为此，他分析归纳了四种形式的骄傲。

第一种是"权力的骄傲"(pride of power)，将权力视为获得"安全"的保障。已经拥有权力的人无视人的有限性，自以为是，自满自足，以为全凭自己就能应对一切变迁，不知道人生的无常和依赖性，相信自己为"生存的主宰、命运的支配者、价值的评判者"，权势成为这类人的生命意义和人生目的。可是，害怕丧失权力的担忧和不安，又促使他们攫取更大的权力，不断地侵犯别人扩张自己。暴君式人格就是这种罪性的典型体现。而尚未拥有权力的那类人，在社会地位、经济能力等方面同样感到缺乏安全，为了克服这种不安全，也将权力作为追求对象，试图提高自己的社会地位，为此一有机会就野蛮地牺牲别人以成全自己。这是在社会底层人身上可能表现出来的罪性。不仅如此，权力的骄傲和获取安全的保障还表现在征服自然的傲慢上。人既要做人和社会的主宰，也要做自然的主宰，将自己当作世界的中心。尼布尔认为，这种"求权"的贪欲和骄傲是现代文明中特别显著的罪恶，在技术手段的诱惑下，人过度抬高自己的地位，过分估价自身的力量，将自然变成无休止地掠夺和榨取的对象，致使"人对于自然的奥秘及其无尽宝藏所应有的依赖与感激之心，却因他的骄纵与贪婪而丧失了"^②。也使得人类对于自然资源的攫取远远超出了他的自然的生存需要，无限膨胀的欲望大大突破了生存满足的限度，这使得生存意志转化成为权力意志，既表明了自由的精神越出自然限度的超越性，也表明这种超越性的扭曲导向了无节制的自私。

第二种是"知识的骄傲"(pride of knowledge)，它是权力骄傲的一种更高的精神升华形式。尼布尔尖锐地指出，知识的骄傲之所以是一种罪性的表现，就在于妄图以有限的知识充作终极的知识，所以一切知识都自以为是地染上了一种"主义的恶"。事实上，任何知识都是某一方面、某一层次、某一视角、某一观念前设下的知识，往往还夹带着意识形态的沾染，不可能是纯粹客观的知识，即便它富于远见，也

---

① ［美］尼布尔:《人的本性与命运》，谢秉德译，第 184 页。
② ［美］尼布尔:《人的本性与命运》，谢秉德译，第 186 页。

无法成为最后的知识和完全的真理。即使智慧如哲人，如果他妄以为自己能够提供一个最后的真理，因为他发现了以往哲学的错误，那么，他很快就会发现自己将成为自己妄见的牺牲品。因为他虽然身临历史的高峰，却忘记了他所站立之处恰恰是一个特定的限域；在这个限域中他的远见可能是持中的，但在以后的人看来却恰如看他以前的哲人一样是非常偏狭的。一切自以为是终极真理的傲慢，一半是源于自知自己的学说不是终极真理的不安或忧虑，一半是源于自知个人的利益已经和学说混杂在一起的不安的良心。所以，和权力的骄傲一样，知识的骄傲也带有自我欺瞒性。从根本上来讲，知识的骄傲深刻表明了精神的超越性自由与限度以及由此所导致的罪性。如果人不是一个能够超越其有限性处境的自由精神存在者，他就不会去关心无限性的真理，进而也就不至于被诱惑着将一己之见当作终极真理。相反，如果人完全沉落在自然必然性或者偶然性里，他就只拥有自己个人的现实，不会被诱惑着将个人的现实和绝对真理相混淆。当然，这样也就无所谓真理了，因为他无法使个别的事件和价值具有绝对性的意义。可倘若人是完全超越的，他就断不会被诱惑着将暂时的和有限的当作真理而败坏了真理，也不至于被诱惑着否认自己知识的有限性，以逃避因承认无知而带来的怀疑和失望。[①] 如果说权力的骄傲将人推向了操控外部世界的狂妄暴虐之罪，那么知识的骄傲则意味着宰制思想世界的虚伪邪恶之罪。

第三种是"德性的骄傲"（pride of virtue），它表现在一切自以为义的判断中。道德自义的人往往隐含着真理在手的前提和立场，以自己的道德标准为标准。这样一来，用自己的标准评判自己，自己当然是善的；当别人的标准与自己不同的时候，用自己的标准评判别人，别人自然是恶的。这种德性的骄傲常与知识的骄傲联系在一起，以为自己在知识上优越，在道德上也优越。但也可以和无知联系在一起，虽然缺乏知识，却相信自己富有美德。道德骄傲的实质如尼布尔所言："有限的人妄以他的有限德性为终极的义，以他的有限的道德标准为绝对的标准。所以，道德骄傲使德性成为罪的器皿，因此《新约》中每将义人与'税吏和罪人'比较时，总是严格地批评义人。这种倾向是《圣经》中的道德主张的特征，与一切其他的道德理论（包括基督教的道德理论在内）有别。这正是耶稣与法利赛人之争执所在，也是保罗所以坚持人得救'不是出于行为，免得有人自夸'的理由。事实上这是保罗反对一切'善工'之答案；也是改教运动的主要课题。"[②]有德性的人原本是高尚的，可是，一旦自命为义，自居德性，以自己的准则为不可冒犯的天条，要求他人评判他

---

① 参见［美］尼布尔：《人的本性与命运》，谢秉德译，第189～192页。

② ［美］尼布尔：《人的本性与命运》，谢秉德译，第193页。

人,傲视他人蔑视他人,则势必会丧失爱心和诚挚,陷于冷酷和虚妄,最后远离的恰恰是上帝那永恒而绝对的义。所以在《圣经》里耶稣总是对自义的法利赛人提出严厉的批评,而把爱给予卑微者和罪人。这就是说,义人不是通过自命的德性而自以为义的,而是在对上帝的内心敬拜中被上帝视为义的。所以从保罗到路德都反对道德的自傲自救自义,强调追随耶稣,悔罪救赎,因信称义。尼布尔说:"路德所坚持的是对的,一个罪人之不愿意承认自己为罪人,即是他的最后罪案。人不再认识上帝的最后证据,是他不认识自己的罪。凡自以为义的罪人,必不知道上帝就是审判主,也不需要上帝作为他的救主。我们也可以补充说,自义的罪不只在主观上,在客观的意义上也是最后的罪。自义使我们有了最大的罪咎。我们极端的刻薄、不义和对人的诋毁,都由自义而来。种族、国家、宗教和社会的整个斗争历史,都是说明那由自义而生的客观恶行和社会惨象。"①翻开历史,诸种宗教间的裁判,种族间的争端,国家间的战争,无不以为自己具有道义上的理由。在现代战争史上,即使是侵略和掠夺的罪恶行径,也要打着"共荣"的旗号,欺骗自己也相信其在道德上是正确的。

　　第四种是"灵性的骄傲"(pride of spirit),从道德骄傲里产生出来,这是一种人性最深处的骄傲,最隐秘的罪,借信仰自高自大,以致自比神明、自认神的代言人,是一种典型的宗教性骄傲,也是最大的罪。它突出地表现在宗教信仰的世界里,是人的精神骄傲和人性罪性的最高和最后表达。尼布尔通过对基督教的敏锐洞察和剖析,揭开了各种因着灵性的骄傲而犯的宗教之罪。他指出,基督教本不是一种追求神并在追求中使人变成神的宗教,而是一种向人开启人生目的和渊源的启示宗教,使人在上帝面前粉碎自我意志的骄傲。但如果基督徒以获得启示自居自傲,自以为比别人更悔罪,更能称义,那就更增加了他的罪。事实上,这正是在个体人身上常常表现出来的骄傲和罪性。不仅如此,在各种教派身上也有体现。天主教的教会论以教会为上帝的国,以教皇为神的代言人,永无谬误,在地上执掌着基督的牧权。其实,天主教不过是一套历史性的宗教制度,可它却以为它的一切教义具有无上真理,它的一切行为标准具有无上的道德权威,以致它的各种宗教仪式都成了骄傲的工具。这种自比神明的骄傲之罪遭到了路德激烈而正确的批判。不过,路德开始的基督新教在破除了教皇教会的权威后,又称平信徒都是祭司,这种教义同样也是使每个人都自比神明的一种表现,又何尝不是一种罪呢?更有甚者,在宗教改革运动中,即便是主张人人有罪的大师们如路德、加尔文,有时候也利用这种教义作为打击神学敌人的工具;即便是在上帝面前承认自己有罪,都可能被用作证

---

　　①　[美]尼布尔:《人的本性与命运》,谢秉德译,第193~194页。

明自己比别人更虔诚更圣洁的手段。一如尼布尔注引帕斯卡尔的话："谦卑之论，对于虚浮的人反而成为骄傲之源；只有对谦逊的人，才是谦德之源。"① 凡此种种，灵性骄傲之罪实可谓"人类罪性的最后奥秘"。所以尼布尔辛辣且一针见血地批评道："与其说宗教是人的内在德性对上帝的追求，毋宁说它是上帝与人自抬身价之间的最后冲突场所。在这个争端中，甚至那最虔敬的宗教设施也成为人表现骄傲的工具。同一个人，在此时视基督为他的裁判者，在彼时却要证明基督的形象、标准和正义，都与自己的道义标准比与敌人的标准更接近些。最凶恶的阶级统治就是宗教的统治，例如在印度的阶级制度中……最恶劣的不宽容就是宗教上的不宽容，在这种态度上人将本身的各种私利掩藏于宗教的绝对肯定背后。最丑恶的自我标榜就是宗教上的自我标榜，借着在上帝面前悔罪为名，以上帝作为自己的盟友。"②

在这里我们发现了深刻的宗教悖论：首先，基督教原本警戒的是人以有限的自己为中心的罪性之顽固和德性之无能，希图通过神圣的信仰来救助。可是，回过头来，信徒们却以得着救主的恩典、进入了神圣的真理自居，反而产生了更大的自我骄傲、自以为义、自贵于人之罪，这种罪因打着神圣的名义更加具有危险性、欺骗性和隐蔽性。这又反过来进一步印证了罪性无孔不入的顽固性，以救治罪性为目的的宗教之路也可能转化为助长罪性的手段。其次，从更深的层次上来讲，宗教是人类精神的必然产物，宗教性的生存包含着人性最高的可能性。人虽然是有限的存在者，可是他的精神却具有自由的超越性，人之为人在于有如神的一面，不会像动物那样受缚于自然的限制，而是试图突破自然的有限追求神性的无限。可是，恰恰在这超越性的追求中，又可能隐藏着人性最大的罪性。人忘记了自身终究还有自然之子的一面，以致虚妄地将自身提升到神的位置。于是我们看到，从克服罪性到走向更大更隐晦的罪性，从超越自我仰望神圣到最后把神圣变成自我，这就是在宗教里发生的最深刻的悖论。就此而言，宗教可谓是人性之罪性的最高和最后的避难所。由此可以理解为什么尼布尔说："与其说宗教是人的内在德性对上帝的追求，毋宁说它是上帝与人自抬身价之间的最后冲突场所。"③ 其实，基督教思想史上不独尼布尔，巴特同样也有宗教是不信神、亵渎神之罪的批判性说法。这一点我们在上一章讨论巴特时已经触及，这里再稍加引证。按照巴特的观点，宗教是人的产物，展现的是人性，有可能歪曲真理、伪造偶像、颠倒神圣；成为宗教徒并不意味

---

① ［美］尼布尔：《人的本性与命运》，谢秉德译，第 204 页，注二十八。
② ［美］尼布尔：《人的本性与命运》，谢秉德译，第 194 页。
③ ［美］尼布尔：《人的本性与命运》，谢秉德译，第 194 页。

着找到了上帝,获得了新生命。在宗教中展现的人性,蕴含着某种试图越过经验界限而寻求生命之谜的终极答案,并将自身提升为圣的僭越性危险。所以,宗教的世界既是人性最高的可能性,也是人性罪性力量的充分体现。这一切都表明了宗教性生存伦理的深度辩证性。

上面的讨论提醒我们两点,一是宗教并非一种彻底安全的道德资源。毫无疑问,任何宗教都有促进道德意识的功能,可是,它也隐含着道德上的危险。宗教容易带给人们精神灵性上的骄傲,而精神灵性上的骄傲既可能导向排斥和贬低世人之知,或者自夸和抬高自己的信仰之知,又可能助长道德偏见和人格歧视,视与己不同者为魔鬼辖制,视自己为神光沐浴清白圣洁,从而带来行为上的偏执、虚妄和不宽容。二是与精神的骄傲联系在一起的任何一种主义的信仰当被信仰者视为绝对真理的时候,都具有宗教性的意义和功能,同样包含着排斥他者、唯我独尊的专断和狂妄的可能危险。凡此种种,不仅在基督教关于人性罪性的理论视镜里可以得到呈现和反观,而且在历史事实中也一再得到印证。

对于尼布尔来说,还有一点不容忽视的,就是关于罪的讨论由个体延伸到了团体或国家,使得基督教的传统教义面对现代世界的政治实践重新焕发出犀利的政治神学批判力。在他看来,不仅在个人身上表现出骄傲之罪,在团体身上表现得更为严重。虽然说团体骄傲是由个人骄傲所生,但是,"它却达到了一种凌驾于个人之上的权威,以致团体对个人能有无上的要求。一旦团体发展到有组织的意志时,如国家的政治,它就对个人似乎成为道德生活的独立中心。个人就倾向于对国家的种种妄见与妄求低头,并且承认它的各种权威要求,即使那种种要求与他个人的道德趋向和主张不相符合。……集体的或社团的各种妄见与要求,往往比个人的妄见与要求还大,团体在追求它本身的目的时,较个人更为专横、虚伪、自私与残酷。因之在个人和团体的道德中,不免造成一种道德紧张"①。个人的道德取向必须受到团体道德标准的裁决,国家意志成为强势意志。国家对个人之所以能够表现出这种专横的威慑和统治,其原因就在于国家凭借着威严堂皇的"权力工具",最有能力提出种种"绝对的要求",并以权力贯彻它的主张,让众人信服和赞许之。对此,尼布尔一针见血地指出:"凡是以政治机构规定自己的权限的,无论是民族国家还是帝国,都是一方面用权力的威胁来迫人服从,另一方面以国家的尊严来叫人崇敬。在国家的尊严中实有着一种对国家作偶像崇拜的诱惑。一般理性主义者在他们的单纯的政治思想中,以为政治的设施是根据被统治者的同意的,却从未理会在这种同意中,国家的尊严包含着何种程度的宗教性。人类的政治史导源于部落

---

① [美]尼布尔:《人的本性与命运》,谢秉德译,第 206 页。

时代的多神崇拜,这可从历代各帝国的宗教性僭妄,以及与帝国野心相同的各种帝国性的宗教、祭司君王和神权君王等迹象中找出踪迹,这种史实一直发展到近代法西斯主义对国家的偶像式崇拜和它的无限要求。"①

　　在现代史上,诸如纳粹法西斯国家凌驾于个人之上,宣称自身是最后的价值,是使人的生存更有意义的原因,以绝对的国家尊严和国家利益为由,要求个人无条件地服从和牺牲,其专横和暴虐为人所熟知。它使人的骄傲自恋之罪发挥到极端,企图冲破一切有限性的限制,取上帝地位而代之。所以,《旧约》中的先知们从阿摩司开始就一再警告世人,不要把上帝和国家视为一物,不要以为他们的国家对上帝拥有任何专利。由此,尼布尔评价道:"《圣经》中的这种远见,与柏拉图和亚里士多德把道德与政治混为一谈,与他们不能从永恒的方面判断希腊城邦国家的暂时性成就,是一种尖锐的对照。在这一方面,希腊哲学尚不脱原始部落宗教的形态,只是加以理性化罢了。对那种极其僭妄却又极受赞许的骄傲,当时的希腊哲学尚未能有一个可以用来批判的立场。这也是很自然的,因为这不是人生来所有的立场。认识人类的集体骄傲是一种最基本的罪,只有在启示的宗教中才有可能。在这种信仰中,人才能听到一种超越一切人的尊严的上帝声音,看到一种神所启示的权能;神的权能是如此之大,若拿人的尊荣与之比较,'万民都像水桶中的一滴水'(《以赛亚书》40:15)而已。"②正是出于对上帝之城的信仰,才使得奥古斯丁并不把罗马帝国的崩溃看作灭顶之灾,对于那些指责基督教要为帝国崩溃负责任的罗马人,他说,灭亡乃是世上之城的必然定律,而妄自尊大的骄傲之罪正是罗马帝国灭亡的原因。在此,我们不能不承认,只有站在一种超越世间的立场上,才可能对于具有隐秘性和欺骗性的国家至上的骄横之罪,保持一种冷峻而犀利的穿透目光和批判能力。

　　举凡上述种种罪性如此严重,必须牢记,一切世人和国家在上帝眼中都是有罪的。但是,罪既不是人的本性的必然产物,也不是人的生存处境的必然结果,罪因存在于人的意志自由的选择中,人总是更容易倾向于选择犯罪,罪是人的自由意志的产物,因而人要为自己的行为承担罪责。对于意志自由这一罪因,尼布尔较奥古斯丁做出了更为细致的学理分析。他区分了两种意志状态:一种是以"行动的自我"表达的,一种是以"思想的自我"表达的。当自我行动时,他埋头于当下的过程,将有限的价值绝对化,实际上处在一种自我中心的受缚的意志状态。当自我从眼前行动中抽离出来保持为一个反思者,将自己的所作所为还原为整个历史过程中

---

　　① 〔美〕尼布尔:《人的本性与命运》,谢秉德译,第 207 页。
　　② 〔美〕尼布尔:《人的本性与命运》,谢秉德译,第 211~212 页。

的一个环节时,思想自我就处在一种自由的意志状态。罪在行动自我的意志里,在行动时往往犯罪;自由在思想自我的意志里,在反思时超越了了自我;人终究是自由的,应该自我承担道德责任。鉴于行动的自我落入罪性的捆绑,使犯罪几乎成为不可避免的,因而,罪责的承担就被尼布尔判给了自由的思想自我。这很像保罗关于罪的描述:"立志行善由得我,行出来由不得我。"可以说,将对象划界的分析法是西方人一贯采取的思想方式,罪、自由和责任经过分析被综合在一起。

　　综上所述,基督教的罪性观从人与神的关系框架出发,一方面肯定人是从神而来的,有着神圣而高尚的存在之源,有着自由意志的神性形象,有着超越动物生存的精神本质;然而饶有意味的是,另一方面恰恰由此又指出人性的罪性取向,因为从"神—人"的创造框架中间打进了"忤逆"的楔子。从始祖犯罪的象征开始,人类总是喜欢滥用意志自由,以自我为中心取代以神为中心,以有限为目标取代以永恒为目标,疏离和背弃他的创造者。因此,虽然有着神性的起源,可人性的实质与其说是善性,倒不如说是罪性;人的生存状态与其说是道德的,不如说是堕落的,可谓从负面的、否定的维度上突显了基督教的人性观。这就决定了基督教生存伦理的基本性格和取向是"救恩"之下的"信仰",这个问题将成为下章讨论的主题。

第二节　儒家的性善论——由天命而人性

　　基督教的人性观在神人关系中定位,儒家的人性观则在天人关系中展开。如何理解天,如何理解天和人的关系,直接规定着关于人和人性的理解。如果说基督教的人性论在"创造—堕落"的叙事框架中既肯定人有神的形象,又强调人有悖神的自由意志,特别彰显的是人性的罪性这一基本特质,那么,儒家的人性论则在"天人合一"的框架里,既肯定人源出于天地之间,又强调人超越于万物之上,在以仁为天人之本、诚为天人之道、存天命以为性的思路中呈现为性善论的基本取向。在宗教性生存伦理的视域中,儒家和基督教之间异中有同,同中有异。罪性以悖神逆命为前提,善性以顺天立命为前提,无论是肯定的还是否定的,都有其至上性的观照和设准,此为同者。然而,形式上的同者一旦展开为思想的内容及其行程,其异者更为显著,以至于呈现出非常不同的面貌。

　　下面我们主要引据先秦儒家经典"四书"和《易传》的相关思想来予以讨论,不依据文本的时间顺序,而是沿着从宏观到微观的思想进路,先将人放在儒家天地人的大框架中以显现何为人的宏观形象,然后再进入微观人性,讨论儒家关于性善还是性恶的思想观念。

一、天地境界中的人：自然化生的道德人格形象

上章已论，儒家的"天"拥有十分丰富而灵动的含义，既是变幻莫测、造化神奇、化育万物的自然之天，又是天时到人事起、充满玄妙时机的社会历史活动的实际境遇之天，也是有生生之仁、本然之诚、福善祸淫的道德之天，还是赋予社会人伦、历史人生以至上根据的终极之天。综合来看，关于天的观念是以宗教性的终极意义为根底，以自然性和道德性为特征，因之天命、天意、天道、天理也都无不具有这一基本的性质和功能。人本天而来，乃天地造化之精，天人相通，天之所具的特性人也具之。人既有恭天顺命的至上而超越的精神取向，也有自然运作生机造化的一面生物属性，更有区别于禽兽万物的道德本质。人之所禀乃天之所命，人之所是乃天之所赐。在与天的关联中，人呈现出一个自然化生又超拔在万物之上的道德形象。荀子有段话非常恰切地描述了人在万物当中所具有的特殊地位和特殊形象："水火有气而无生，草木有生而无知，禽兽有知而无义；人有气、有生、有知，亦且有义，故最为天下贵也。"[①]这种来自天地之间，禀有自然之性，又凭德性而卓立于万物之上以抵天的思路，表达了儒家传统关于人的基本观念。

（一）人性禀天地之性与仁德禀天地至德

作为先秦儒家重要经典的《易传》[②]在继承发展孔孟一脉的思想时，从宇宙论出发进一步阐释和拓展了儒家人论的形而上学基础。就是说，《易传》对于人的把握是从天地的高度进行的，对于人道的解释是从天地之道的理解中获得的。在《易传》里我们看到一幅宇宙万物的生成图式："易有太极，是生两仪。两仪生四象，四象生八卦。八卦定吉凶，吉凶生大业。是故法象莫大乎天地；变通莫大乎四时；县象著明莫大乎日月；崇高莫大乎富贵。备物致用，立成器以为天下利，莫大乎圣人。"[③]从原初浑然未分之太极，到造化生成天地之象、日月之明、四时之变、富贵之高，直至圣人根据变易之则审视料理人间事务，备物致用以利天下，表明生生化成的宇宙图式是从天到人、从天地到人间的顺序："有天地然后有万物，有万物然后

① 《荀子·王制》。

② 《易传》是《周易》"经"和"传"两部分里"传"的部分，杂有儒、道、墨、法各家之见，其作者在思想史上向有争议。《史记·孔子世家》记曰："孔子晚而喜易，序《彖》《系》《象》《说卦》《文言》。"汉唐学者多从其说。近代学者多从欧阳修的说法，认为孔子仅作《彖》《象》两传。现代学者据1973年长沙马王堆三号墓出土的帛书《易传》考定，该书大体上是春秋战国时期的作品，《彖》《象》《说卦》较早，其他各篇产生于战国时期，断定孔子的弟子和再传弟子在《易传》的作者中应占有重要地位。参见李中华主编：《中国人学思想史》，北京，北京大学出版社，2005，第63页。

③ 《周易·系辞上》。

有男女。有男女然后有夫妇,有夫妇然后有父子。有父子然后有君臣,有君臣然后有上下,有上下然后礼义有所错。"①在天地—万物—人的整体关联中形成了从自然到社会、从亲情到政治、从次第到礼仪的井然有序又浑然而成的天地人一体的结构。正是基于天地人一体化的观念,《易传》提出了天地人"三才之道"的论说:"《易》与天地准,故能弥纶天地之道。"②"《易》之为书也,广大悉备。有天道焉,有地道焉,有人道焉。兼三才而两之,故六。六者非它也,三才之道也。"③"易"之上下究问天地人三道,力图阐发弥纶宇宙世界的经纬之理,通过探究天地之道以为人之道提供形而上学宇宙论的根基,从而使人和人道不孤,在茫茫天地之间有了依持和标准。

更为重要的是,天地不仅是人的自然之基,也是人的道德之源,因为天地的生机运作充满了大自然的灵性,具有广大无边的滋养好生之"至德"。在这方面,《易传》和《中庸》一样都将德性赋之予天,将天地高远博厚、包容四方、化生万物、悠久无疆看作是一种"大德"。《中庸》形容"圣人之道"犹如天德那样"发育万物,峻极于天",并将"诚"之"不二"理解为"天之道也",说"天地之道:博也,厚也,高也,明也,悠也,久也",若人之道也能效天之道而"诚之",则可以"博厚配地,高明配天,悠久无疆。如此者,不见而章,不动而变,无为而成"。④《易传》以乾坤对天地,说:"夫'乾',天下之至健也";"夫'坤',天下之至顺也"。⑤ 刚健与柔顺也被理解为两种极致的德性,天德刚健之极,地德柔顺之极。"大哉乾元! 万物自始,乃统天。云行雨施,品物流形。"⑥"至哉坤元! 万物资生,乃顺承天。坤厚载物,德合无疆。"⑦巍巍昊天以元始至健之德,使万物化生,品类成形,各得亨通。广袤大地以至柔之德配合上天,涵容生命,施养无边。故而,"夫乾,其静也专,其动也直,是以大生焉。夫坤,其静也翕,其动也辟,是以广生焉。广大配天地,变通配四时,阴阳配日月,易简之善配至德"⑧。这就是说,天地乾坤内蕴好生之德,天之"大生"和地之"广生"就是天地的崇高德性;而人正是这天地生生不息、造化不已的好生之德的产物,既秉受了阴阳之气、四时之化,也秉受了生生之德。因此《易传》又言:"天行健,君子以

---

① 《周易·序卦》。

② 《周易·系辞上》。

③ 见张善文译注:《周易·系辞下传》,2006,第206页。

④ 参见[宋]朱熹:《四书章句集注》,"中庸章句",第32、35、36页。

⑤ 《周易·系辞下》。

⑥ 《周易·彖上》。

⑦ 《周易·彖上》。

⑧ 《周易·系辞上》。

自强不息"①；"地势坤，君子以厚德载物"②。人之品行与天地之德相匹配，人之道与天地之道相谐和。天之道合德，地之道合德，人之道也要合其德。穷天地之义理，尽人之所性，达天之是命。故而"昔者圣人之作《易》也，幽赞于神明而生著。参天两地而倚数；观变于阴阳而立卦；发挥于刚柔而生爻。和顺于道德而理于义；穷理尽性以至于命。昔者圣人之作《易》也，将以顺性命之理。是以立天之道曰阴与阳，立地之道曰柔与刚，立人之道曰仁与义。兼三才而两之，故《易》六画而成卦。分阴分阳，迭用柔刚，故《易》六位而成章"③。"易"之上下求索于阴阳、刚柔、道德之间，就是为了立天地人三才之道。天道在阴阳，地道在刚柔，人道在仁义。一阴一阳交感化生就是善，刚柔并济涵养万方便是德。既然如此，效天法地，人之道自然是阳刚自强厚德载物的仁义之道，人之性自然是秉承天地而来的仁慈好生之善性。

（二）君子：道德人格形象

对于儒家来讲，仁义的人道和人性集中体现为一种理想人格的形象，那就是"君子"的人格形象。君子人格就其核心而言，乃是一种道德人格。上面《易传》所谓"自强不息"和"厚德载物"讲的都是"君子"的道德品格。关于"君子"，孔孟等诸子有着许多精彩的论述，从为人的方方面面揭示了一个君子所具备的完善的道德人格。下面我们主要围绕着孔子所论，撮其要者述之。

其一，在持道的精神追求和物质的谋生之间，"君子上达，小人下达"④。"君子谋道不谋食……君子忧道不忧贫"⑤，以至于"朝闻道，夕死可矣"⑥。因为对于君子而言，道为本，物为末，君子守本以道，所以能安然于命。或如《大学》所言："德者本也，财者末也……是故君子先慎乎德。"⑦正因如此，"君子固穷，小人穷斯滥矣"⑧。虽然处在穷困之中，守之以道仍能坚持，小人一穷便无所不为了。由之，能在义利之间总是取义为先，尚仁德，轻私利，所谓"君子喻于义，小人喻于利"⑨。

---

① 《周易·乾·象上》。
② 《周易·坤·象上》。
③ 《周易·说卦》，见胡道静等：《周易十讲》，上海，上海人民出版社，2003，第 387 页。
④ 《论语·宪问第十四》。
⑤ 《论语·卫灵公第十五》。
⑥ 《论语·里仁第四》。
⑦ ［宋］朱熹：《四书章句集注》，"大学章句"，第 12 页。
⑧ 《论语·卫灵公第十五》。
⑨ 《论语·里仁第四》。

其二，在品质气节和胸怀风范上，"君子坦荡荡，小人长戚戚"①。君子胸怀无私，光明磊落，立身为人从容自若，中正大度，这是因为君子守仁，仁者天下无敌，故而"君子不忧不惧"②。曾子又将孔子的"仁人"与"弘毅"结合起来，认为实践"仁"的任务重大而艰巨，必须具备刚毅坚强的意志。"士不可以不弘毅，任重而道远。仁以为己任，不亦重乎？死而后已，不亦远乎？"③孟子进一步提出了直养"浩然之气"的"大丈夫"理想，强调人格的独立和尊严及其凛然正义的英雄气概。"居天下之广居，立天下之正位，行天下之大道；得志与民由之；不得志独行其道。富贵不能淫，贫贱不能移，威武不能屈。此之谓大丈夫。"④据朱熹释之，居于天下广大的安身之所即"仁"，确立天下中正的举止身位即"礼"，施行天下根本的大道即"义"。志向得展便推己及人，不得展便独善自身。无论是富贵、贫贱和威武，都不能改变人格气节和道德操守。这就是大丈夫的精神人格。⑤

其三，在和人相与、行为处事上，君子不与人争比，也不与之随波逐流；不与人私偏而与人中和厚道，又保持自己的本色，具备独立己见。孔子下面三句话可谓对君子品格风范的完美表达："君子矜而不争，群而不党"⑥；"君子周而不比，小人比而不周"⑦；"君子和而不同，小人同而不和"⑧。而《中庸》则表述为"君子和而不流"⑨。就是说，君子庄重而不争执，合群而不闹宗派；君子依道而团结，非如小人据利而勾结；君子尚义无乖戾之心而与人和，又保持自己的独立见解而不同于众俗。⑩ 所以，"君子中庸，小人反中庸"⑪。有别于短浅偏激的小人品行，君子心怀高远，又处世平易，不偏不倚，有礼有节。故而"君子敬而无失，与人恭而有礼。四海之内，皆兄弟也"⑫。

其四，在心性修养和道德操持上，君子具备"反省内求"和"慎独自持"的精神境界。孔子说："君子求诸己，小人求诸人。"⑬君子要求自己，小人要求别人，君子总

---

① 《论语·述而第七》。
② 《论语·颜渊第十二》。
③ 《论语·泰伯第八》。
④ 《孟子·滕文公下》。
⑤ 参见[宋]朱熹：《四书章句集注》，"孟子集注"，第248页。
⑥ 《论语·卫灵公第十五》。
⑦ 《论语·为政第二》。
⑧ 《论语·子路第十三》。
⑨ [宋]朱熹：《四书章句集注》，"中庸章句"，第23页。
⑩ 参见[宋]朱熹：《四书章句集注》，"论语集注"，第139页。
⑪ [宋]朱熹：《四书章句集注》，"中庸章句"，第21页。
⑫ 《论语·颜渊第十二》。
⑬ 《论语·卫灵公第十五》。

是恭谨自律,严己宽人。"见贤思齐焉,见不贤而内自省也。"①见贤则自己向之看齐,见不贤则自己内省警惕。所以《中庸》才言:"君子内省不疚,无恶于志。"②因为须臾不离道而行,才能无愧于心,"是故君子戒慎乎其所不睹,恐惧乎其所不知。莫见乎隐,莫显乎微,故君子慎其独也。"③在人之不见不知之处,君子依然谨慎其行,以免使隐微的私念显露为不当的行为。"慎独"和"内省"向来被儒者视为君子之为君子的人格品质和道德操守。

其五,君子质形完美,内外备至。既真诚质朴,又温文尔雅;既重义守礼,又博学谦虚。正如孔子所说:"君子义以为质,礼以行之,孙以出之,信以成之。君子哉!"④以义为内在的本质,以礼为行为的规范,以谦虚的态度说话,以诚信的品德做事,这便是君子。又说:"质胜文则野,文胜质则史。文质彬彬,然后君子。"⑤"君子以文会友,以友辅仁。"⑥"博学于文,约之以礼。"⑦可见,君子品优学渊,德才兼备。从内在品质到外部举止,纯朴又斯文,无一不兼致。

其六,君子之道行诸天人之际,追求成人成德、成圣成贤的人生境界。对此,可以从孔子的多重表达予以体会。比如,仁、知、勇。孔子曰:"君子道者三,吾不能也。仁者不忧,知者不惑,勇者不惧。"⑧君子抱仁安然无忧,所谓仁者无私故能无敌;知命敬天不困于人,所谓"不知命无以为君子也"⑨;勇敢自信不畏艰险,所以君子之品戒乎懦弱和畏缩。《中庸》也称之为"三达德"。孔子"与命与仁"的人生态度也与此有相同之意。又比如,孔子讲究"忠恕之道",为人谋要忠,与人处要恕。换另一个说法就是,"己欲立而立人,己欲达而达人"⑩;"己所不欲,勿施于人"⑪。这就离不开"将心比心"的诚之意或诚之道了。《中庸》有言:"诚者物之终始,不诚无物。故君子诚之为贵。"⑫万事万物得以始终保持自身者即是诚,不诚无物得存;同理,君子只有以诚处之,才能成己成事,尽性参天。故曰:"唯天下至诚,为能尽其性;能尽其性,则能尽人之性;能尽人之性,则能尽物之性;能尽物之性,则可以

① 《论语·里仁第四》。
② [宋]朱熹:《四书章句集注》,"中庸章句",第40页
③ [宋]朱熹:《四书章句集注》,"中庸章句",第20页。
④ 《论语·卫灵公第十五》。
⑤ 《论语·雍也第六》。
⑥ 《论语·颜渊第十二》。
⑦ 《论语·雍也第六》。
⑧ 《论语·宪问第十四》。
⑨ 《论语·尧曰第二十》。
⑩ 《论语·雍也第六》。
⑪ 《论语·卫灵公第十五》。
⑫ [宋]朱熹:《四书章句集注》,"中庸章句",第35页。

赞天地之化育；可以赞天地之化育,则可以与天地参矣。"①

最后,当君子的德行竟至天地境界的时候,便是人格的完备状态即"圣人"了。可以说,圣者的人格境界即是达至道德的极致,可谓之"至德"。这种至德之境既是道德性的,也是宗教性的,因为它参赞天地,出神入化,竟至神明。同时,也是存在性的,完全实现了神人或仁人的生存状态。从根本上说,这种至德参天的境界是一种终极性和超越性的生存境界。孔子讲"仁人",孟子讲"天爵",冯友兰讲"天民",都在表达着这种完备的人格理想和存在境界。一如《中庸》所赞:"大哉圣人之道,洋洋乎! 发育万物,峻极于天。……故曰苟不至德,至道不凝焉。故君子尊德性而道问学,致广大而尽精微,极高明而道中庸。"②"是故君子无所不用其极。"③又说:"唯天下至圣,为能聪明睿知,足以有临也;宽裕温柔,足以有容也;发强刚毅,足以有执也;齐庄中正,足以有敬也;文理密察,足以有别也。溥博渊泉,而时出之。溥博如天,渊泉如渊。见而民莫不敬,言而民莫不信,行而民莫不说。是以声名洋溢乎中国,施及蛮貊;舟车所至,人力所通;天之所覆,地之所载,日月所照,霜露所队;凡有血气者,莫不尊亲,故曰配天。"④

接下来我们要问:效仿天地之道抵至天人之境的君子人格乃至圣人境界,是天成还是修成? 从上面的论述可知,儒家的答案是后者而非前者。无论是君子还是圣人并非天生即就,而是经过不断地反省内求、诚意正心、修身齐家以至治国平天下的力行功夫而养成的。对于这个问题我们还将在下一章深入阐发,这里我们所关注的问题是:如果说完善的人格是后天养成,那么,人性的善恶又如何,是先天还是后天的呢? 换句话说,先天的原初的人性本善还是本恶呢? 对此,儒家的主流答案是前者不是后者。事实上,正是因为"性善",君子人格的成全才有了"内在"的根据。我们下面就来讨论儒家的性善论。

二、天赋善端:人性与兽性之别

关于人性的问题,孔子少于谈论,就像他的弟子子贡所言:"夫子之文章,可得而闻也;夫子之言性与天道,不可得而闻也。"⑤这一方面可能是因为孔子对于性和天道的问题就像对待鬼神一样,采取了一种敬虔体认但存而不论的所谓圣人之智的态度,另一方面也可能是因为这一问题在春秋时期尚未成为时代思想关注的主

---

① ［宋］朱熹:《四书章句集注》,"中庸章句",第 34 页。
② ［宋］朱熹:《四书章句集注》,"中庸章句",第 36 页。
③ ［宋］朱熹:《四书章句集注》,"大学章句",第 6 页。
④ ［宋］朱熹:《四书章句集注》,"中庸章句",第 39 页。
⑤ 《论语·公冶长第五》。

题,而到了战国时期则成为孟子、告子、荀子以及《易传》等讨论的中心话题之一。而孟子阐发确立的"性善论"对于后世影响深远,构成了儒家人性论的主流观念。所以下面我们主要围绕着《孟子》兼及其他来展开儒家人性论的讨论。

(一) 孟子对告子"性无善恶"与"生之谓性"的质疑

孔子曾经说过:"性相近也,习相远也。"①显然,孔子在此肯定了在本性上人是相近的,没有什么根本的差异,这种本性从逻辑上来讲,应该是指人的先天本性;但后天养成的行为习惯上的不同,则使得人和人之间出现了距离和差异,而这种差距可能有天壤之别。但是,孔子并没有进一步论证相近的人性又是怎样的,善还是恶,抑或不善不恶。孟子则接着孔子给予了断定:人性是善的。就具体的语境来看,孟子的"性善论"是在与告子的"中性论"的对话论辩中提出来的。

> 告子曰:"性犹湍水也,决诸东方则东流,决诸西方则西流。人性之无分于善不善也,犹水之无分于东西也。"孟子曰:"水信无分于东西,无分于上下乎?人性之善也,犹水之就下也。人无有不善,水无有不下。今夫水,搏而跃之,可使之过颡;激而行之,可使在山。是岂水之性哉?其势则然也。人之可使为不善,其性亦犹是也。"②

告子认为人性本身无所谓善恶,就好像流水一样,东边决口向东流,西边决口向西流,完全是环境影响的产物。这种观点可以说是根据经验现象的观察而立论。对此孟子的思考更深入了一步,通过追问水何以会有东西流向,提出了关于水之性为何的看法,并以此类比解释人之性。在孟子看来,水之性是向下的,决堤的河水会流出来,正是因为堤外地势更低,而人之性善就犹如水之就下的水性一样。无水不就下,无人性不善。可是,水也搏击跳跃,可以从低到高,从山下到山上,这是为什么?这不是水本身的性质和必然,而是由于外在的力量所造成的"势"改变了水的行为走向,但并没有改变水的本性,一旦没有外在力量的作用,水之性依然就下而流。同理,人之性原本是善的,人也可能会作坏事,但这只说明其行为是恶的,并不能因此否定其性本身依然是善的,此乃两个不同的问题。显然,孟子的性善论不同于告子的经验论,蕴含了一种先验人性论的观念。

告子还从"生"的角度论"性",孟子又给予质疑。我们摘引两人的对话:

---

① 《论语·阳货第十七》。
② 《孟子·告子上》。

　　告子曰："生之谓性。"孟子曰："生之谓性也，犹白之谓白与？"曰："然。"
"白羽之白也，犹白雪之白；白雪之白，犹白玉之白与？"曰："然。""然则犬之
性，犹牛之性；牛之性，犹人之性与？"

　　告子曰："食色，性也。仁，内也，非外也；义，外也，非内也。"孟子曰："何
以谓仁内义外也？"曰："彼长而我长之，非有长于我也；犹彼白而我白之，从其
白于外也，故谓之外也。"曰："异于白马之白也，无以异于白人之白也；不识长
马之长也，无以异于长人之长与？且谓长者义乎？长之者义乎？"曰："吾弟则
爱之，秦人之弟则不爱也，是以我为悦者也，故谓之内。长楚人之长，亦长吾之
长，是以长为悦者也，故谓之外也。"①

　　"生之谓性"是告子关于性的解释。什么是"生"？朱熹注释说："生，指人物之
所以知觉运动者而言。"②用现在的话来解释，"生"意味着人和物作为生命体具有
的生机活力、知觉运动的功能作用。据此解，告子以"生"为"性"，则人物无异，自然
要得出"性"无所谓善与不善。而在朱熹看来，"性"异于"生"，告子将之混同是昧于
二者的区分。焦循在《孟子正义》中注释道："凡物生同类者皆同性。"③就是说，生
而为同类的性相同，那么生而为不同类的性也自然不同了。这意味着，人性不同于
非人类之性。所以，孟子质问告子，若说生即性，犹如说白即白，那么，白羽、白雪、
白玉都是白的，其性也相同了？当告子依然回答是之后，孟子又紧逼着问，那犬性
和牛性也相同？牛性和人性也相同？告子又以生而有之的食色之欲来释性，并将
"仁"归于内，将"义"归于外。当被孟子质问何以"仁内义外"时，告子以例明之，比
如爱自己弟兄不爱他人弟兄，是出于我喜欢，故在内。尊敬楚人的长者，也尊敬我
的长者，不是出于我高兴，而是出于长者高兴，故在外。又比如，不是由于我，而是
由于人长于我，我才长之敬之；故此"长"归于外不归于内，这就犹如看到白，我就
以之为白，白于外，不于我。对此，孟子认为，"长"的意思异于"白"，可以说白马白
人都是白的，白在白者；但说长马长人却是不同的，当其长，而我"以之为长"的时
候，这个"长"则包含着我要"长之""敬之"之"义"的态度。朱熹注说："义不在彼之
长，而在我长之之心，则义之非外明矣。"④焦循也注疏为："长人之长必用我心长
之，分明权在长之者，而不在长者。长之既在我心，则权度悉由中出，安得以义为外

①　《孟子·告子上》。
②　[宋]朱熹：《四书章句集注》，"孟子集注"，第305页。
③　[清]焦循：《孟子正义》，见《诸子集成》，第434页。
④　[宋]朱熹：《四书章句集注》，"孟子集注"，第306页。

乎。"①可见,"义"之行为虽然相关于对象的属性,但之所以取"义"的态度对之,则完全发自内心。

总之,在告子看来,生之谓性,食色性也,既然如此,则"性无善无不善也",或"性可以为善,可以为不善",或"有性善,有性不善",并无十分严格的规定。② 从今天的观点来看,这属于一种自然人性论。而按照孟子的观点看来,不能将生直接等同于性。生者各有其性,人性不同于物性或兽性,不能从饮食男女之自然欲望方面理解人性,那就抹杀了人性与物性或兽性的区别。虽然人和万物一样都是自然化生而成,但是,人之为人,人性之为人性,显然拥有其独特的本质或本性。

(二)先天性善:禀受天之正命以为性

如果说人有不同于禽兽的独特本质或本性,那么这个本质或本性缘何而成?对于孟子来说无疑要上溯于天,因为从天而来的禀赋不同,所以人性与其他物性兽性皆不同。那就是人性源自天命,禀受天之正命存为人之性,故先天性善。

这里首先指出,先验性善论的终极根据在天,人本乎天。在上一章已经论及,孔子与命与仁,对他来说,天命在身可谓一种存在论情怀,而仁在根本上则意味着相与天命之道。这道(亦仁)既是天人相与的路径和方式,实为一种道德实践,也是天人相与展开在人身上的天之所命,还是恭天顺命之人的本真所是,故而天与人、天命天道与人之仁是合其德而共其在的。这也就意味着,虽然孔子少谈人性和天道问题,并且只有"性相近"的说法,而没有直接讲过人性善,但从其思想的旨趣和脉络来分析,既然人之仁与天之命合一,人之是与天之道一体,那么,人性本善应该是合乎逻辑的潜在的结论。从孔子到子思的"天命之谓性",再到孟子"顺受正命以为性",便明确为性乃善提供了终极性的根据。至《易传》的天道观又有这样的说法:"一阴一阳之谓道,继之者善也,成之者性也。"③天道就是阴阳之间相互作用的矛盾变化规律,善就是运行传扬这一天道,性或本性就是实现及成就这一天道,使得万物包括人由此化生。这意味着,人是继承了天道而成"性"的,因而人也自然禀受了天地好生之德。在此,阴阳之化成就了仁义之性,《易传》以天道即人性的方式也为人性善的看法提供了根据和支持。④

而朱熹在解释上面孟子的话时则写道:"性者,人之所得于天之理也;生者,人之所得于天之气也。性,形而上者也;气,形而下者也。人物之生,莫不有是性,亦

---

① [清]焦循:《孟子正义》,见《诸子集成》,第438页。
② 参见《孟子·告子》。
③ 张善文译注:《周易·系辞上传》,第180页。
④ 有关《易传》的人学思想述介,可参阅李中华主编:《中国人学思想史》,第63~72页。

莫不有是气。然以气言之,则知觉运动,人与物若不异也;以理言之,则仁义礼智之禀,岂物之所得而全哉? 此人之性所以无不善,而为万物之灵也。告子不知性之为理,而以所谓气者当之。"①显然,朱熹以终极的"天理"为形而上的人性之本源,由天理而禀得仁义礼智,故人性同而皆善,并由此和物之性相别;以形而下的"气"为"生"(感性的情或欲)之来源,故各人得气之清浊不一而不同,但以此和物则无别。这一理解实际上蕴含了朱熹所谓先天的善的"天命之性"和后天的可变化的"气质之性"的意思。

焦循在征引儒家诸子观点注疏《孟子》时也指出,人之禀赋由天而来,"惟人受天地之中以生",此谓"性"。在"天人赋禀之际,赋乃谓之命,禀乃谓之性"。人性之禀受之于天命所赋,故言"天命之谓性",此也即是"天命之性"。天地之位包容万方,含有"元亨利贞之德,是故天地之性善也"。人受天地之中以生,禀天命之赋为性,所以"有仁义礼智之德,人之性善也"。然而人之"生"由"五官百骸之形""清浊厚薄之气"以成,此谓"气质之性"各不相同。故有智愚之分,可善事可恶事。然圣人与人同类,其天命之性皆善。只不过像孔子所言,性虽近,习却远。习于善可善之事,习于恶则恶之事。②

在确认了人性何以善的终极理由之后,进一步的问题是禀赋天命而来的善之人性区别于物性或兽性的本质何在? 就是说,关于人性善本身的内涵又该如何阐释呢?

(三) 以心释性:恻隐之心人皆有之

对此,孟子采取了以心释性的方式,其名言便是"尽其心者,知其性也。知其性,则知天矣"③。如果说确立人性善的终极理由是在确立存在论的理由,就是说,从存在的顺序上来讲是从天到人,从天性好生之德到人性好仁之善,由天而性而心的话,那么,以心释性的方式可以看作为人性论提供认识论的理由,就是说,从认识的顺序上来讲,如果认识了心,便知道了性,知道了性,便明白了天。如果认识到心之为善,也就可以发现性之为善,进而发现天之为善,天命如斯,所谓"尽心—知性—知天",它与存在论的顺序是颠倒过来的,即由心而性而天。不过,这个认识论的理由也并非像康德式的认识论那般纯粹,实际是与道德直觉论、心理情感论交织在一起无法剥离开来的。我们下面再援引孟子的话来继续讨论他关于性善的理解。

---

① ［宋］朱熹:《四书章句集注》,"孟子集注",第 305 页。
② 参见［清］焦循:《孟子正义》,《诸子集成》,第 435～437 页。
③ 《孟子·尽心上》。

孟子曰："乃若其情，则可以为善矣，乃所谓善也。若夫为不善，非才之罪也。恻隐之心，人皆有之；羞恶之心，人皆有之；恭敬之心，人皆有之；是非之心，人皆有之。恻隐之心，仁也；羞恶之心，义也；恭敬之心，礼也；是非之心，智也。仁义礼智，非由外铄我也，我固有之，弗思耳矣。故曰：'求则得之，舍则失之。'或相倍蓰而无算者，不能尽其才者也。"①

孟子此话是针对告子所谓人性有善有不善，如尧舜和瞽瞍与纣；可善可不善，如文武兴而民好善，幽厉兴而民好暴而言的。孟子认为，人之性发而为情，原本是能够为善的，但若不为善，不应归罪于人性自身，依朱熹的话来说，实在是因为"物欲陷溺而然"②。其实，人之性，善哉。何所善哉？仁义礼智是也。何以见得？可从人的本心来看。每个人都有善心，即人人有同情心，人人有羞耻心，人人有恭敬心，人人有是非心。同情心属于仁，羞耻心属于义，恭敬心属于礼，是非心属于智。仁义礼智心内就有，不是从外而得的，只是人们习常不加思量而已。既然如此，只要返心内求，就可以获得仁义礼智；放弃自我内省，便会遗失仁义礼智。人与人之间差别甚大，就是因为不能充分开发"四心"的作用；"四心"之用开发不同，人性的善恶呈现就不同。

为了阐明仁义之心人皆有之，孟子借助于心灵和感官的类比。他说："口之于味也，有同耆焉；耳之于声也，有同听焉；目之于色也，有同美焉。至于心，独无所同然乎？心之所同然者何也？谓理也，义也。圣人先得我心之所同然耳。故理义之悦我心，犹刍豢之悦我口。"③正如人之感官有食色声之同好，人之心灵也有理义之所同爱。只不过圣人对每个人心中都有的理义能够先知先觉而已。

他还以孺子落井令人不忍为例证之。"人皆有不忍人之心者，今人乍见孺子将入于井，皆有怵惕恻隐之心。非所以内交于孺子之父母也，非所以要誉于乡党朋友也，非恶其声而然也。由是观之，无恻隐之心，非人也；无羞恶之心，非人也；无辞让之心，非人也；无是非之心，非人也。"④这一阐发显然将惊骇、恻隐、同情、不忍理解为一种凡人都会自然萌生的心理情感，这种心理情感不是因为和小孩子的父母有交情，也不是为了在乡人朋友们中间博取名声，而完全是发自内心深处的感受。若无这种同情之心则无以为人，同样，若无羞恶之心、辞让之心和是非之心也无以

---

①　《孟子·告子上》。
②　参见［宋］朱熹：《四书章句集注》，"孟子集注"，第307页。
③　《孟子·告子上》。
④　《孟子·公孙丑上》。

为人。孟子说："人之所以异于禽兽者几希。"①这"几希"便是这仁义礼智之"四心"。

可以说，这种不忍之心使人在面对落井儿童时，"不忍"视而不见、弃之不顾，否则，惶惶会有负疚不安之感，直接蕴含着某种道德情感或道德意识。所以孟子说："恻隐之心，仁之端也；羞恶之心，义之端也；辞让之心，礼之端也；是非之心，智之端也。人之有是四端也，犹其有四体也。有是四端而自谓不能者，自贼者也；谓其君不能者，贼其君者也。凡有四端于我者，知皆扩而充之矣，若火之始燃，泉之始达。苟能充之，足以保四海；苟不能充之，不足以事父母。"②这里我们看到，孟子讲的恻隐、羞恶、辞让、是非之"四心"实际是仁义礼智之道德意识得以开启的"四端"，四个起始之点。人人内里都先天固有这"四端"，说明人性天资纯良，本然为善。但这"四端"只是起始处的"原善"，似泉眼，似火种，需要开启之、引燃之，需要发扬之、扩充之。真要这么做了就能滋养四海，没有这么做连父母都无以侍奉。如果自认不能的话，则无异于自毁自弃。

正是因为人天赋"四端"，其心之仁由内不由外，所以孟子又举例明之：做箭矢之人的心并非不如做铠甲之人的心更仁，虽然箭矢的功能在于射伤对象，铠甲的功能在于以防射伤。同样，巫者为活人祈祷祝福，工匠为死者做棺椁，也不说明后者就比前者的心不仁。就是说，做弓箭做棺椁的人不意味着他们的"心"就比做铠甲做祈祝的人的"心"恶狠。这里只有外在之"术"上的差异，故要"慎重"于"术"；但并没有内在心灵上的差异，"不忍人之心"人皆有之，所以在"性"上人皆同而为善。

在阐发人的整个道德善性的时候，孟子继承发挥了孔子以"仁"为核心的思想。"孔子曰：'里仁为美。择不处仁，焉得智？'夫仁，天之尊爵也，人之安宅也。"③就像孔子认为的，内里有仁则美，以内有仁为美，这是守仁的智者"当然"亦"本然"的，若不以"仁"立身为人的话，就是不智的。所以，"仁"是善之元首，最高的德性。既是天命之德所在，可谓最尊贵之位；也是人禀之德所在，可谓最安然之家。易言之，"仁"即天人之际，既是天所赋的"尊位"，便是人所居的"安宅"；正所谓"宅心仁厚"。故而朱熹注曰："仁、义、礼、智，皆天所与之良贵。而仁者天地生物之心，得之最先，而兼统四者，所谓元者善之长也，故曰尊爵。在人则为本心全体之德，有天理自然之安，无人欲陷溺之危。人当常在其中，而不可须臾离者也，故曰安宅。"④

可见，"仁"之为人心，乃天地之心，天地所与之心；乃天之所命之位，人之安命之宅。正是透过这"仁厚宅心"，可以看到里边包含着人之性善；而由仁心—善性，

---

① 《孟子·离娄下》。

② 《孟子·公孙丑上》。

③ 《孟子·公孙丑上》。

④ ［宋］朱熹：《四书章句集注》，"孟子集注"，第222页。

也就可以知道那由之而来的"天"或"天命"之何所是、何所在、何所为了。这里需要指出的是,孟子通过人之仁心来认识人之性善及至天和天命,并非仅仅是认识论上的旨趣,更重要的目的乃在于知行合一的修养功夫。就是说,"尽心—知性—知天"的取向主要不在于认识论的理论之维,而在于实践论的道德之维。通过道德修养之践履,开发善性,扩充善心,便是走向天人合一的自我超越之途,正所谓"存其心,养其性,所以事天也"①。对这方面的问题,后面将专章论之,这里暂且放下。

(四)检审:关于儒派荀子性恶论问题

现在我们再关注一下儒家重要人物荀子的性恶论。荀子在《荀子·正名篇》中讲:"生之所以然者,谓之性。性之和所生,精合感应,不事而自然,谓之性。"②显然,所谓"性"即指生而具有、不用人为、精合感应、自然而成的天性。荀子认为,人性作为这种生而具有的自然天性是"恶"的,而非善的,以著名的"性恶论"反对孟子的"性善论"。

在《荀子·性恶篇》里开头第一句话就是"人之性恶,其善者伪也"③。人的天性为恶,人的良善则是人为的结果。为什么?荀子论证道:"今人之性,生而有好利焉,顺是,故争夺生而辞让亡焉;生而有疾恶焉,顺是,故残贼生而忠信亡焉;生而有耳目之欲,有好声色焉,顺是,故淫乱生而礼义文理亡焉。然则从人之性,顺人之情,必出于争夺,合于犯分乱理而归于暴。故必将有师法之化,礼仪之道,然后出于辞让,合于文理,而归于治。用此观之,然则人之性恶明矣,其善者伪也。"④可知,荀子的人性指的是源自本能欲望的贪利、厌恶、好色之自然天性,此性恶而非善,顺乎这种性情之恶,必使社会陷于争夺、残贼和淫乱的局面,只有师法之化、礼义之道,才能约束自然恶性,使人讲忠信文理,使社会秩序安定归治。而孟子之所以主张性善论,在荀子看来是因为"不察乎人之性伪之分者也。凡性者,天之就也,不可学,不可事。礼义者,圣人之所生也,人之所学而能,所事而成者也。不可学不可事而在人者,谓之性;可学而能可事而成之在人者,谓之伪。是性伪之分也"⑤。认识不到先天而生的自然本性恶与后天人为化之而善,被荀子批评为对"人之性"的"不知"和"性伪之分"的"不察"。

需要明确指出的一点是,荀子的性恶或性伪之分是以一个更为基本的以"天人

① 《孟子·尽心上》。
② [清]王先谦:《荀子集解》,见《诸子集成》,第 274 页。
③ [清]王先谦:《荀子集解》,见《诸子集成》,第 289 页。
④ [清]王先谦:《荀子集解》,见《诸子集成》,第 289 页。
⑤ [清]王先谦:《荀子集解》,见《诸子集成》,第 290 页。

之分"为特色的天人之论为前提的。一方面,荀子作为一个儒家人物绝非没有天人合一的思想,事实上他继承了《易传》天地人"三才"的观念,提出"三本",并以《中庸》之"诚"为天人之道,以君子参天地的"参"来实现天人合一。比如在《荀子·礼论篇》里说:"礼有三本,天地者,生之本也;先祖者,类之本也;君师者,治之本也。无天地恶生,无先祖恶出,无君师恶治,三者偏亡焉无安人。故礼上事天,下事地,尊先祖而隆君师,是礼之三本也。"①在谈到三年丧礼的制定时也提出:"上取象于天,下取象于地,中取则于人,人所以群居和一之理尽矣。"②在《荀子·不苟篇》里还说:"天地为大矣,不诚则不能化万物;圣人为知矣,不诚则不能化万民;父子为亲矣,不诚则疏矣;君上为尊矣,不诚则卑。"③在《荀子·性恶篇》则认为,只要努力人为,即使是一般人也可以达到像圣人一样参天与地。"今使涂之人伏术为学,专心一志,思索孰察,加日悬久,积善而不息,则通于神明,参于天地矣。"④

但另一方面,荀子别于儒家正统的独特思想却是"明于天人之分"。对荀子来说,天人合一之所以作为君子或圣人追求的至高境界,恰恰是因为天人相分和天人有别。为此,他首先阐发天的自然义,区分天道和人道、天职和人职(天的自然之为和人的目的之为)。在《荀子·天论篇》中说:"列星随旋,日月递炤,四时代御,阴阳大化,风雨博施,万物各得其和以生,各得其养已成,不见其事而见其功,夫是之谓神;皆知其所以成,莫知其无形,夫是之谓天。"⑤"不为而成,不求而得,夫是之谓天职。"⑥而"治乱"之事在人不在天,"日月星辰瑞历,是禹桀之所同也。禹以治,桀以乱,治乱非天也"⑦,此乃"人职"。可见,荀子的"天"类似于庄子的自然天,基本上不具有人格性特征,对于天的意志性、伦理根源性之类的意义存而不论。⑧ 其次,他提出了"制天命而用之"。"大天而思之,孰与物畜而制之;从天而颂之,孰与制天命而用之;望时而待之,孰与应时而使之;因物而多之,孰与骋能而化之;思物而物之,孰与理物而勿失之也;愿于物之所以生,孰与有物之所以成。故错人而思天,则失万物之情。"⑨

显然,荀子谈论天人之别是为了从自然天道达到礼治人道,通过彰显人的主体

①　[清]王先谦:《荀子集解》,见《诸子集成》,第 233 页。
②　[清]王先谦:《荀子集解》,见《诸子集成》,第 248 页。
③　[清]王先谦:《荀子集解》,见《诸子集成》,第 29。
④　[清]王先谦:《荀子集解》,见《诸子集成》,第 296 页。
⑤　[清]王先谦:《荀子集解》,见《诸子集成》,第 206 页。
⑥　[清]王先谦:《荀子集解》,见《诸子集成》,第 205~206 页。
⑦　[清]王先谦:《荀子集解》,见《诸子集成》,第 207 页。
⑧　参见吴龙辉:《原始儒家考述》,北京,中国社会科学出版社,1996,第 167 页。
⑨　[清]王先谦:《荀子集解》,见《诸子集成》,第 211~212 页。

地位和作用以实现人道融摄天道,以致在《荀子·儒效篇》最终使"道"呈现为:"非天之道,非地之道,人之所以道也,君子之所道也。"①君子之所道便是先王的"比中而行之"的"隆仁"之道,也就是"言必当理,事必当务"②的仁义礼治之中道。所以,虽然荀子反对孟子天人相混,像庄子一样主张天道自然,却在价值论上反对庄子将人道消弭于天道,贬低后天人为的做法,在《荀子·解蔽篇》里批评其为"蔽于天而不知人"③。

对比孟荀可以发现,首先,两人是在不同的内涵上谈论人性的,但又都与"人兽之论"即"何为人"的问题联系在一起。孟子讲"性善"是从"人兽有别"的"道德"角度来讲的,对他而言,人天生有道德性,感性欲望不能构成人性的内在规定性,相反是与人性对立的。人之为人异于禽兽者不过"几希",即仁义礼智之"四心"(端)。按朱熹的说法,"虽曰少异,然人物之所以分,实在于此"④。而荀子讲"性恶"恰恰是从"人兽无别"的"自然"角度而言的,对他来说,源自生物存在的本能欲求之性皆然且恶,一方面接受了告子"生之谓性"的观点,另一方面又在价值论上坚持人之为人异于禽兽,所异者则在于人能"化性起伪",将天然的性恶改造迁化,使人的行为符合社会礼仪规范。可见,孟荀关于人性之善恶理解的角度不同,但对于人之为人的本质的看法却都是在"道德"的意义上来定位的。所以,无论人性善恶,儒家之"人"的形象都是一个典型的道德形象。只是荀子偏重于外部社会性的道德礼治作用,即"外王",孟子偏重于个体内在心性的道德自省作用,即"内圣"。

其次,孟荀人性论的基础即天人之论不同,这是更为深层、更为根本的差异。孟子的性善论以天人合一为基石,性善的终极根据在天,天命而人性。在孟子那里不仅天人合其德,而且德之本源在天,人的仁德和诚道均合于天德与天道,故是以人合于天。荀子的性恶论虽然立足于人兽无别的自然角度,但人之为人的本质却在化性起伪的道德之维,在此处突显出来的则是天人相分的前提。一方面关于"天"的解释取向主要不是道德义理之维,而是自然法则之维,故而也就无所谓有什么来自上天的人之善性;于是,不是以天和自然天成,而是以人和人为化成作为道德的依据。另一方面虽然主张天人合一,但突出强调的是在天人相分前提下的"制天命而用之",因此,天人合一的关键点在于通过"参"使天合于人,而非使人合于天。

由此,我们试图得出一个看法:继承发展了孔子的思孟一派之所以在后世孔

---

① [清]王先谦:《荀子集解》,见《诸子集成》,第77页。
② 参见[清]王先谦:《荀子集解》,见《诸子集成》,第77~79页。
③ [清]王先谦:《荀子集解》,见《诸子集成》,第262页。
④ [宋]朱熹:《四书章句集注》,"孟子集注",第274页。

孟并称而成为中国占主导地位的儒家正统,而同样继承发展了孔子的荀子一派则作为"别派",从本书的视角来看,一个可能性的原因在于,前者以天人合一为根基的性善论及其由内圣而外王之学,代表了一种关于人的生存伦理的本源性理解,就是说,提供了一种宗教性的生存伦理模式,因为其天或天命具有某种终极性的存在论意义,赋予人的生活和行为以上天之命的合理根据或价值源泉。这样的生存伦理秩序由于上通天命,下贯人性,有着超越而至上的取向,最能为人的世界提供一种安身立命的支持,因而也成为传统社会最基本、最稳当的生存伦理秩序。由此也可以为学界基本认同的一个看法——无论儒家传统是不是一种宗教,儒家伦理在中国社会都承担了类似宗教的功能,发挥了儒教的作用——提供一个学理上何以可能的说明。

而荀子的性恶论既将先天的人性归于自然人性,使人兽无别,又将天的神圣性一面消解,对天的态度主要不是敬之畏之仰之颂之,而是在天人相分的前提下积极谋求人为,制之使之化之用之,并且最终归于用规则法度来约束人的社会行为的外在礼治之政道建构。虽然从今天看来,这是儒家传统里未能发扬下来的一条重要思想路径,但因其弱化了天人之际与命与仁的超越性和神圣性关联,而不比思孟一系存天命而有善性的人性论更能为人的生存伦理和安身立命提供宗教性的切身支持,或许这是可以从反面说明孔孟一系而非孔荀一系何以成为正统的一个深层理由。

归根结底,宗教性的生存伦理模式最能提供安身立命的意义,孔孟之道较之荀子之道更具有这种品质。显然这种品质的生存取向已经受到现代科技支持的工具理性的巨大挑战,于是,回归古典、回归传统,也就成为现代人关于存在家园的精神呼求。

第三章

基督教的拯救称义论与儒家的修养成圣论

从源始或本根的意义上来讲，无论是儒家还是基督教，在各自坚持上帝造人和天生烝民的信念之下，都包含着对于人的原善和原义的肯定性预设。但是，儒家的人性原善是一种本然也当然的理想境况，在实然层面上则呈现为人性欠缺的常态；基督教的人性原义同样由于人神疏离而遭到了破坏，使罪性成为人性的根性。这一切不仅彰显着人类存在的有限性，而且也造成了现实生存的基本困境，招致海德格尔所谓生存的"沉沦"。于是，如何从沉沦中超拔出来回归原始本然的存在，也就是何以与上帝或者天命之间实现共契同在，便构成基督教和儒家的一个关键问题——"超越性"问题。虽然问题在形式上相同，但在内容和路径上则差异巨大。基督教的超越可称之为依靠他者力量走上一条神圣救赎的称义之路，儒家的超越可称之为依靠自身力量走上一条道德修养的成圣之路。

第一节　基督教的拯救称义之路——他力与信仰

按照基督教的理解，人性在与造物主的源始关联中虽然获得了善好或原义，但是在以始祖犯罪为标志的人神关系断裂之后，人性的原义便遭到了毁坏，陷入了堕落的状态，此之谓罪性的沉沦。因此，超越的问题便是如何从罪性的束缚中解救出来，重新被上帝视为义人，重新回归与上帝本源之间的原初存在论关联。为此，基督教提供的是一条依靠"他者"的神圣力量，在上帝的恩典和启示之下，因信称义，再得新生的拯救之路。

一、拯救的他力性和罪中的无能性

从根本上讲，基督教的"拯救"观念完全是一个关于人神关系的神学观念，表达的是人的超越性存在的向度，属于终极关怀的视域，包含着自上而来的神圣者的恩典和自下而来的人的内在信仰，打通上下的途径则是神圣的启示。在此，虽然基督教内部如新教和天主教之间关于人自身的道德善功对得救称义的作用具有不同的看法和评价，但在根本观点上是一致的，即拯救的源头和决定性因素在神圣者一方，拯救者、拯救力量、拯救行为根本上在神不在人，离开了对神的信靠和追随，人就只能陷溺在罪的沉沦中无法自拔。在犹太教的旧约《圣经》中，上帝就是一位创世主和救世主，在基督教的新约《圣经》中，上帝之道已经"道成肉身"，耶稣基督来到人间，以十字架上的牺牲之爱救赎世人。所以，基督教的拯救观念的核心原型在于耶稣基督十字架上的受难和复活。

（一）他力拯救的神学根据和人性论理由

十字架是罪的符号，是救赎（爱）的象征，也是重生的标志。救赎的前提是罪，因为世人沦陷在罪中，所以才需要神的救赎。基督教的罪性论是其救赎论的人性论前提，罪与救赎构成了基督教的中心思想。在关于人性罪性的预设下，拯救的结论是必然的和必要的。问题是，何以非要神圣的救赎不可？这既关涉到基督教的创世论和基督论的神学大前提，更关涉到罪中人性的意志无能论的看法。

首先，我们来看前者。依据基督教《圣经》的信理，上帝是人的创造者；如果人犯罪沉沦，上帝也是他的拯救者。伊甸园里第一人的第一罪已经先天预设了后世整个人性之罪性的根本处境，保罗说："亚当乃是那以后要来之人的预表"，"因一人的悖逆，众人就成了罪人"（《罗马书》5：14，5：19）。始祖的罪不只是个人的，而是代表了人类共有的特征和生存状况。面对自己创造的却沦陷在罪中的人，上帝爱的恩典降临人世，作为上帝之道成肉身的耶稣基督在十字架上的牺牲便是这一拯救—恩典的最高体现。耶稣基督是神又是人，既有神性又有人性。基督的"神人二性"与上帝的"三位一体"一样是基督教里最深刻难解的"奥秘"，它表现出基督教以神为本的人道主义的基本特征，既肯定神是最高的本源和中心，又表现出神人之间的相遇和依存关系，实即人和神的统一性。耶稣基督作为神和人的统一、神性和人性的统一,在他身上重演着亚当失落前的人的源始经验,体现着天上和地上、造物主和受造物之间的原初和谐。在此,耶稣基督构成了上帝救人、使之回返与创造本源同在的关键。上帝以道创造世人,也以道拯救世人,道成了肉身,上帝在耶稣基督身上得到了完全的揭示。创造论和基督论的统一成为基督教拯救观的神学根据,也是神能救人的源始理由。

其次,我们来讨论基督教关于罪中之人的意志能力的看法。这里所谓的意志能力也可称作"实践意志力"或"行为意志力",就是将意愿付诸实践化作行动的意志力。在这个问题上,基督教强调意志的无能。在保罗书信里,人的意志力的无能得到了淋漓尽致的刻画,因此才需要神圣的救赎。保罗写道:"立志行善由得我,行出来却由不得我。所以,我愿意行的善,我没有去行;我不愿作的恶,我倒去作了。我若作自己不愿作的事,那就不是我作的,而是住在我里面的罪作的。因此,我发现了一个律,就是我想向善的时候,恶就在我里面出现。按着我里面的人来说,我是喜欢神的律,但我发觉肢体中另有一个律,和我心中的律争战,把我掳去附从肢体中的罪律。我这个人真是苦啊!谁能救我脱离这使我死亡的身体呢?感谢神,借着我们的主耶稣基督就能脱离了。"(《罗马书》7:18~25)

在保罗的身心交战中我们看到,想行善却行不出来,不想作恶却去做了的无奈和无能,这种痛苦挣扎的经验应该说在人性中具有某种普遍性的根由,实际上反映的是导向理性行动的意志自控力的脆弱。为什么善行不出来而行出恶来,是因为罪性居于人的身体和感性欲望纠结在一起。在罪的束缚下人最容易顺着肉体的自然欲望而趋向恶的生活。但是,罪人并没有完全毁灭原初的本性而彻底断绝与神的关联,在内心深处还残留着或者说埋藏着神律的声音,故而使人陷入身心交战、人神交战。否则,人就变成了纯粹的野兽,也就不存在拯救的问题了。那么如何挣脱这罪性中的煎熬和挣扎,在保罗看来,靠人自己已经无力解救,只有借着耶稣基督的神圣救赎,才可以摆脱罪性的桎梏和奴役。可见,人之深陷罪性而无力挣脱乃是需要神圣的他力救赎的人性论根据。

(二)罪中自由的限度与本质

保罗的拯救观念构成了整个基督教拯救观的圣经基础。奥古斯丁完全继承发挥了保罗的思想,尤其是通过自由和恩典的讨论给予了更加深入系统的阐发,奠定了后世基督教拯救理论的正统观点,不仅对中世纪神学,而且对近代路德—加尔文的改革神学,以至巴特、尼布尔等人的现代神学都产生了非常深远的影响。在上一章已经谈道,在与摩尼教的论战中奥古斯丁提出了意志自由的理论,将罪归于意志自由的滥用,因此不应该将罪责归于上帝,而应该归于人的自由意志。在后来与佩拉纠主义的争论中,他对之前意志自由的理论进行了"订正",在确认自由意志要承担个人罪责的基础上,进一步阐述了自由意志在个人完善过程中的无能,不仅确立和论证了上帝的恩典对于拯救的决定性作用,而且一切都是上帝的恩典,就连信仰也是恩典的产物,完全是一种他力型的神圣救赎的观念。关于这场论战,布朗(Peter Brown)的经典之作《希波的奥古斯丁》一书视之为基督教与古典文化之间漫长争辩的最后总结,将奥古斯丁的"恩典"对佩拉纠的"自由"的胜利看作是西欧古代世界终结的标志。①

基于原罪说,奥古斯丁区分了两种人性和两种自由:堕落前的人性和自由;堕落后的人性和自由。堕落前的人性是"初次受造时所赋有的无邪的本性",可称第一本性。相应地,堕落前的自由是原初的自由,亚当接受了上帝赋予的"可以不犯罪"的能力,即是说有择善的自由,当然也有择恶的自由。堕落后的人性是"在罪的处罚中出生的人的本性,即必朽、无知以及为肉体所奴役"②,这种有亏损的人性可称为人的第二本性。相应地,堕落后的自由是罪中的自由,受到"无知"和"无能"的束缚,这同样是上帝给亚当的惩罚。有亏损的本性和受无知无能束缚的自由都从亚当遗传给了后代,从此人类丧失了与神的原初关联,造成存在秩序的颠倒。虽然人依然还保留着上帝的形象,还可以进行自由选择,但由于在"原罪"中丧失了"原义",失掉了对上帝对永恒之物的爱,只爱可变的地上事物,结果,意志的自由只能在此恶与彼恶之间选择,丧失了自由决断而行正当的自由,这只是作恶的自由。关于这种自由,奥古斯丁在《忏悔录》里通过剖白自己少年时代在偷梨中的那种冒险刺激和犯罪快感,深刻指出它不过是一种"囚徒们的虚假自由",一种"转瞬即逝的自由",作为一种恶"彻底地说只是虚无"。③

对于奥古斯丁来说,自由即自愿,只要是出于自己的意愿和爱好,一个人干事即使是干坏事也是自由的,只不过是"恶的自由",而非"好的自由",所以他要为自己负责任。但是,由于这种自由只是一种有力择恶而无力择善的自由,因而也并非真正的自由,不过是罪的奴仆的自由,这正是堕落后的自由的本质。奥古斯丁说:"一个人自杀,自然必须是当他活着的时候。到他已经自杀了,他就死了,自然不能自己恢复生命。同样,一个人既已用自由意志犯了罪,为罪所胜,他就丧失了意志的自由。'因为人被谁制服,就是谁的奴隶'(《彼后》2:19)。这是使徒彼得的判断。事实既然如此,试问一个受罪管制的奴隶,除了乐于犯罪之外,还能有什么自

<hr>

① Peter Brown,"New direction", in: Augustine of Hippo ,University of California Press,2000,p.497. 转引自周伟驰:《奥古斯丁的基督教思想》,北京,中国社会科学出版社,2005,第31页。

② 参见[古罗马]奥古斯丁:《论自由意志》,成官泯译,第174页。

③ 参见[古罗马]奥古斯丁:《忏悔录》,周士良译,第33、39、44页。

由呢？凡乐意实行管制者的意旨的，就有一种自由。因此一个作罪的奴隶的人，就自动地去犯罪。但在作善事上，他却没有自动力。要等到他从罪中被释放，成为公义的仆人时，他才能自动地去行善。这就是真的自由，因为他在行善时感觉快乐，同时也是一种管制，因为他顺从上帝的旨意。"①

由于人的意志已经失去了择善的自由能力，因而，罪性中受缚的人再也无力自拔。奥古斯丁像保罗一样对自由意志被困的无能挣扎有着深刻的内心体验，他这样描述自己如此沉陷于肉体的迷恋之中："我冲向爱，甘愿成为爱的俘虏。我的天主、我的慈爱，你的慈祥在我所认为甜蜜的滋味中撒上了多少苦胆。我得到了爱，我神秘地带上了享受的桎梏，高兴地戴上了苦难的枷锁"②；"我为我自己成为一个'饥馑的区域'"③；"这是我的生活。唉，我的天主，这可能称为生活吗？"④面对这种挣扎于罪中受缚的境况，奥古斯丁发问："怎样得救呢？他们能靠自己的善行得救吗？自然不能。人既灭亡了，那么除了从灭亡中被救出来以外，他还能行什么善呢？他能靠意志自决行什么善吗？我再说不能。事实上，正因为人滥用自由意志，才把自己和自由意志一起毁坏了。"⑤对此，路德也援引奥古斯丁的话说："要是没有上帝的恩惠和圣灵，自由意志就只能作恶犯罪。"⑥加尔文说出了同样的且更为严厉的话："除非有恩典的帮助——即那借重生只给予选民的特殊恩典的帮助，人就没有为善的自由意志。"⑦因此，最后的结论是明确的，只有依靠神圣的救赎—恩典，才能摆脱罪的奴役重获真正的自由，奥古斯丁称之为"恩典的自由"。耶稣基督十字架上的牺牲之爱便是上帝救赎世人的最大的恩典，领受了这份恩典，罪人就可以获救。那么，如何才能领受这份恩典呢？这就是：打开信仰之路。

二、在信仰中领受恩典而重生为义

从《圣经》福音书传递的信息来看，拯救是一种来自天国的福音，既意味着基督上帝的最终降临和来世获得永生，也意味着在现世通过信仰耶稣基督十字架上的救赎—恩典而获得灵魂—生命的重生。关于永生的问题留待第五章专论，这里只讨论现世重生的问题。这个问题的实质在于，从疏离存在本源的堕落状态中超拔

---

① ［古罗马］奥古斯丁：《教义手册》，《奥古斯丁选集》，汤清、杨懋春、汤毅仁审译，第 420 页。

② ［古罗马］奥古斯丁：《忏悔录》，周士良译，第 36 页。

③ ［古罗马］奥古斯丁：《忏悔录》，周士良译，第 35 页。

④ ［古罗马］奥古斯丁：《忏悔录》，周士良译，第 38 页。

⑤ ［古罗马］奥古斯丁：《教义手册》，《奥古斯丁选集》，汤清、杨懋春、汤毅仁审译，第 420 页。

⑥ ［德］马丁·路德：《桌边谈话》，见周辅成编：《西方伦理学名著选辑》上卷，北京，商务印书馆，1996，第 483 页。

⑦ ［法］加尔文：《基督教要义》，上册，徐庆誉审译，香港，基督教文艺出版社，2001，第 171 页。

出来，让俗世里自然人性的生命得到神性的更新和改变，重新回归与上帝之间的内在关联，以神的存在为自身存在的基础，以神性的生命为自己生命的来源，通过使此世的生命与彼岸的生命建立联系，通过分享神的生命、进入神的生命，使当下的、暂时的、有限的人生获得永恒的、绝对的、无限的神圣支持，从而确立牢固的生活根基和终极归宿。在这个前提下，才可能摆脱罪性的奴役，克服无知和无能的困境，重新获得真正的自由，见识永恒的真理。

在此，重生即得救，得救即称义。本来在人与神的原初关联中，人被赋予了"原义"，人的本性也可谓"原善"，亚当的犯罪打破了这一圆满的状态，人类从此陷入了罪性和堕落之中。因此需要重生，需要得救，需要再度称义。然而，由于罪性已经成了不可剥离的人性的根性，罪中人的自由意志受到无知和无能的束缚，再也没有能力自己解救自己而走上自我完善之路，只有依靠上帝救赎而开启信仰之途。奥古斯丁说："人得救不是靠善行，也不是靠意志自决，而是因信靠上帝的恩典。"①在另一个地方又说："我们被命令过义的生活，奖赏就放在我们面前，可以令我们过上永远快乐的生活。但一个人若非凭着信仰被称为义，又怎能过上义的生活、行出善事呢？我们得到命令，要相信我们是可以得到圣灵的赐礼，凭着爱能够行出善事。但一个人若非听到某声召唤，听到某个真实的见证，又怎能相信呢？"②从奥古斯丁的论述中我们可以引申出以下的讨论。

（一）由启示而打开的信仰之路

只有上帝能够拯救世人，然而只有信仰上帝的拯救，才能获得这一拯救。依照基督教的理解，上帝的拯救是一种恩典，一种自上而下的恩典。这种恩典并不是因为人做了什么善事而给他的酬报，而只是因为他在罪中疏离、遮蔽或迷失了与神圣本源的联系。于是，上帝自我启示，将自身显现给世人，这就是道成肉身的耶稣基督及其十字架上的救赎，这是一份白白的恩典，目的在于使人回归本源。

站在宗教哲学的立场上解之，这种恩典观实际是一种存在论层面上的救赎观，因为恩典是自身性的，由自身发出、以自身为因而不是以他者为因。对此，人只有借助于信仰的方式，在信仰中领受之、体认之、承纳之。因为既然是存在论意义上的恩典式拯救，那么，能够充当拯救者资格的就只能是存在者的本源，对这一施救的存在本源是无法通过经验感知和逻辑推证的，只能采取信仰的方式，它是非认知

---

① ［古罗马］奥古斯丁：《教义手册》，《奥古斯丁选集》，汤清等审译，第 420 页。

② To Simplician-On Various Questions, in：Augustine：Early Writtings, p. 404-405，转引自周伟驰：《奥古斯丁的基督教思想》，第 234 页。

性的,先于一切理性反思,就像海德格尔所谈的"存在的领会"是无前提的、原初的,二者可以有某种参比性和沟通性。

从基督教信理来讲,拯救就是耶稣基督十字架上的救赎,上帝用圣子的牺牲为世人赎罪,罪人因着信仰耶稣而得救,也只有信仰耶稣才能得救。为什么?因为耶稣基督是上帝之道成肉身,是人和神的中介,是唯一通达上帝之路。我们看经文里耶稣说的话:"父啊,天地的主,我感谢你!因为你将这些事向聪明通达人就藏起来,向婴孩就显出来。父啊,是的,因为你的美意本是如此。一切所有的都是父交付我的。除了父,没有人知道子是谁;除了子和子所愿意指示的,没有人知道父是谁。"(《路加福音》10:21~23)上帝的事皆为奥秘,只有圣子和圣父彼此知晓。越是自认聪明的人,神越向他们掩藏;越是单纯如婴孩的人,神便向他们显现。耶稣还说:"你们是从地上来的,我是从天上来的;你们属这世界,我却不属这世界,所以我对你们说,你们要在自己的罪中死亡,你们若不信我就是'那一位',就要在自己的罪中死亡。"(《约翰福音》8:23~24)"我就是道路、真理、生命,如果不是藉着我,没有人能到父那里去。如果你们认识我,就必认识我的父。"(《约翰福音》14:6~7)"神的国近了,你们应当悔改,相信福音。"(《马可福音》1:15)耶稣这里明确地宣称,他就是来自天父的那一位,是唯一能通往天父的道路,只有相信他传的天国福音,认罪悔改,才可以得救脱困,重获自由和新生。

信仰是在启示下发生的,反之,启示也只有在信仰中才能领受得到,它们都离不开见证。就像奥古斯丁所言,若非听到某声召唤或者某个见证,又怎能相信呢!信仰不是从概念开始,而是从切身的经验开始,但这经验并不是关于具体事物的感知经验,而是关于某种本源性的或者终极性的东西的直接领悟;这种领悟不是通过理性认知去规定所领悟的,而是敞开自身去接受那自行显现的,或自我启示的,亦即被给予的。就在被给予中,也就是启示的给予中,心灵获得了信和所信。这是从领悟一方来讲;从被领悟一方来讲,那本源的终极的东西自身是无限定的,它无法为人的有限认知所穿透所框架,而是自我显现,自我给予,自身将自身启示出来。而这种启示只有在信仰中才能接收,因为信仰的状态是敞开自己,放下自己,将自己摆出来,迎上去,完全是一种信靠的存在状态,在这种状态中,生命的灵性和启示相遇,因而接纳了启示。保罗和奥古斯丁的信仰皈依都堪称这方面的典型范例。

在启示里绽开的信仰被蒂利希称为"超越行为","超越了一切理性的和非理性的因素",指向"终极关切";这种终极关切要求接受者"完全委身",而且"应许"完全实现。就是说,信仰的本质特征在于面向终极而开启的一种超越行为,在这种行为中信者将自身投入进去,在信靠亦即献身的状态里"超越主体和客体的分裂",整个生命为终极体验所消融。于是,关于上帝的知识就是上帝自己的知识,我将要知道的,如同上帝知道我的。① 这样的信仰状态从根本上讲是存在还是虚无的问题,是沉陷还是超拔的问题,所以蒂利希也称之为"存在的勇气"。②

(二) 在信仰中重生与称义

基督教拯救的基本意涵就是在信仰中重生,在信仰中称义。对于基督教而言,人有两次生命,第一次生命是从父母那里领受的自然生命,也是罪性的生命、有死的生命,因为第一人的第一罪已经注定了所有后人的人性境况和生存限度。于是,要有第二次生命,这就是灵里的重生,它和旧生命断裂,是一种与神同在的新生命,在上帝眼里重新被视为义人。

那么,如何得以灵里重生? 这就需要把自己的生命活到耶稣基督的生命里,或者把耶稣基督的生命注入到自己的生命里,因为耶稣说:"我就是道路、真理、生命。"(《约翰福音》14:6)耶稣是生命更新之源,只有在神性的生命里,才能获得灵魂的重生。何以将自己的生命活到神性的生命里去? 只要追随耶稣基督之路,相信耶稣所传的福音,信仰耶稣基督十字架上的献祭,承纳耶稣基督带来的恩典,就可以与神同在,分享神的生命,在此世走天国的路,使过去的生命得到改变获得新生。我们看到耶稣的应许是这样的:"我就是生命的食物,到我这里来的,必定不饿;信我的,永远不渴。"(《约翰福音》6:35)"我是从天上降下来生命的食物,人若吃了这食物,就必活到永远。"(《约翰福音》6:51)"因为我的肉是真正的食物,我的血是真正的饮料。吃我肉、喝我血的人,就住在我里面,我也住在他里面。"(《约翰福音》6:55~56)到耶稣那里去,追随他,信靠他,以耶稣血的救赎来涤除人性里的罪,打开原义被遮蔽的状态,回归与神的原初关联,再一次获得新的生命,从而过一种良善的生活,这就是"因信称义"。

这是一次通过信仰实现的朝向上帝存在的生命转折,扭转了向人存在的自然的生命秩序。一方面,在这种转折中旧人变作新人,就像保罗说的那样,"旧事"已经过去,一切变为"新的"。耶稣替众人而死,为的是使活着的人不再为自己活着,要为替他们死而复活的神活着,从此按照神的看法而不是人的看法认识人和认识神(见《哥林多后书》5:17)。这意味着,与神在一起,旧人与基督"同钉"十字架,"罪身"丧失了机能,人得以脱离了罪,不再做"罪的奴仆",相信与基督同死,也相信"必与他同活"(见《罗马书》6:6~8)。可见,基督十字架之死是罪之死,基督的死

① 参见[美]蒂利希:《信仰的动力》(*Dynamics of Faith*),转引自张志刚:《宗教学是什么》,第240~244页。

② 参见[美]蒂利希:《存在的勇气》,成显聪、王作虹译,陈维正校,何光沪选编:《蒂利希选集》上,上海,上海三联书店,1999,第265~290页。

而复活是向神而活,信仰他的人同他一起从罪中得救,获得重生。从此,新生命取代了旧生命,称义的生活克服了罪奴的生活。

另一方面,这种重生与称义并不意味着超出了人的现实性和此身性,而是要在上帝的拯救中重新安置人的现时性和此身性。就此而言,基督教的精神追求不在于人如何出世,而在于人如何在世。① 即是说,重生与称义的旨趣是要将神圣的永恒置于当下的内心,以虔诚的信仰和圣洁的心灵跟随神、委身神、顺从神,进而行出善事,增进德性,做神眼中的义人,在世间走一条超世的路,在俗世过一种与天国相连的生活,使尘世人生获得一种神圣的根据,使此世的生命拥有一种神性赞许的价值。

正是在神圣信仰的基础上,而不是在律法的约束下,世俗的道德生活才得以确立。对于基督教来说,信仰是道德的前提,道德是信仰的结果。没有信仰,人在罪性的束缚下是不可能真正行善的。这也就是保罗和奥古斯丁为什么说依靠自己的善行是不可能得救的理由,人根本上丧失了行善的意志能力,又如何依靠自己的善行而自救。只有信仰才导致道德,只有接纳神为救主,更新了的生命才能在生活中结出好果子。所以尼布尔认为,正直善良的行为完全是由于衷心信仰上帝在耶稣基督里给了世人那种超特恩赐的结果。英国神学家多德(C. Harold Dodd)则说:"再生的生命首先是一种生活,其果实是伦理性的。"②

在此,善行、信仰、救恩(典)之间的关系是:人的善行(亦即为义)是信仰的结果,信仰由神的救恩而来。但是,神的救恩并不是由于人的道德善行,甚至不是由于人的信仰而给予的回报,而完全是一种白白给予的恩典,可称作"爱的恩典"。因而,救恩具有原初的自身性,是上帝自身的出场,是在先的源始的存在自身,信仰只意味着人接受了神的恩典或启示,由此才带来了新生和称义,进而能够付诸善行。所以基督教的拯救观念传达了一个根本信息就是"神给予—人接受",完全是一场神爱倾注、人心剧变的神人交通的生命再造和道德重塑的活动。这再次表明基督教超越罪性束缚一方面是根本的他力拯救,另一方面是更新人性的内在信仰。如果说他力是外向的救赎,那么,信仰则是内向的改变;如果说信仰的发生也来自他力的作用,来自那个神圣而超越的上帝的启示,然后才是在信仰中发生的灵魂的改变,那么,基督教的拯救之路可谓一条"由超越而内在"的道路。

---

① 关于这一点的深入阐发,可参阅刘小枫:《拯救与逍遥》(修订本),"三、走出劫难的世界与返回恶的深渊",上海,上海三联书店,2001,第211~271页。

② [英]多德:《保罗对今天的意义》,见刘小枫主编:《二十世纪西方宗教哲学文选》上,上海,上海三联书店,1991,第285页。

（三）自由与桎梏：内在圣洁与外在律法

超越而内在的道路展开为一种神圣信仰下的圣洁生活，在耶稣和保罗的眼里它和一种遵从外在律法的生活是不同的。信仰的生活是内在的，使人赢得真正的自由，律法的生活是外在的，置人于罪的桎梏；信仰的生活是敞开的，使人和永恒的真理相遇，律法的生活是封闭的，将人困于僵死的教条。基督的福音强调信仰中活，律法中死；只有信靠耶稣，内心涌流着神性生命的泉水，才能活人、救人。相反，失去内在的虔诚和圣洁，律法恰恰是定人罪、叫人死。

保罗说："人称义是由于信，并不是靠行律法。"（《罗马书》3：28）耶稣说："不是摩西把那从天上来的食物赐给你们，而是我父把天上来的真食物赐给你们；因为神的食物就是从天上降下来，把生命赐给世人的那一位。"（《约翰福音》6：32～33）。这一位就是耶稣基督，他是天父赐予的活人生命的真食物。"律法是借着摩西颁布的，恩典和真理却是借着耶稣基督而来的。"（《约翰福音》1：17）摩西带来律法治人死，耶稣带来生命使人活。真正活人救人的是基督福音而不是摩西律法，遵守律法并不能改变人的生命，信仰基督才能获得重生。因信得救，因恩典得救；因律法而罪，因律法而死。但这并不是说律法本身不好，相反，律法是圣洁的。然而，对于生命的更新和称义的生活来说，首要的和根本的不是遵守外在的律法，而是内在领受基督的恩典。对于信徒来讲，内心的持守胜过外在的礼仪教条。保罗说，靠律法认罪，靠恩典和信仰得义。律法带来刑罚，从律法下走出来进入恩典，就"像出死得生的人，把自己献给神，并且把你们的肢体献给神作义的用具。罪必不能辖制你们，因为你们不是在律法之下，而是在恩典之下"（《罗马书》6：13～14）。

恩典中的人脱离了律法的捆绑，用"心灵的新样子"活在基督圣洁的生命里（见《罗马书》7：5～6），也就获得了自由和释放，"因为生命之灵的律在基督耶稣里使我自由，脱离了罪和死的律"（《罗马书》8：2）。就像耶稣的许诺："神的儿子若使你们自由，你们就真的得自由了。"（《约翰福音》8：36）对此，多德评述道："律法不能做的事，上帝已经通过馈赠基督的圣灵做到：他把胜利赋予了更高的自我。'主的圣灵所在之处皆有自由'，'圣灵的律，即与耶稣基督相通的生活律法，已经使我摆脱了罪和死亡的律法。'……律法是外在的；在过去，律法是强加给陷入困境、受到禁锢的人的意志的监工。圣灵是内心的；圣灵的精神就是人本身的精神，它从内部促进了满足灵魂真正渴望的生活的不断增长的完美。"[①]与此同时，在恩典的自由和内心圣洁的信仰生活中，也得以和永恒的真理相遇在一起。一如耶稣所说：

---

①　［英］多德：《保罗对今天的意义》，见刘小枫主编：《二十世纪西方宗教哲学文选》上，第296页。

"你们若持守我的道，你们就是我的门徒了；你们必定认识真理，真理必定使你们自由。"（《约翰福音》8：31～32）真理、自由和生命在《圣经》的生存伦理中是完全统一在一起的，它们是在神圣的恩典下敞开的、发现的，在信仰中领受的、被给予的，不是在自我的理论反思之下追求的、建构的。

这一观念与希腊人的哲学传统在根本上是相反的。在苏格拉底—柏拉图—亚里士多德所代表的希腊哲学中，关于生命的理解是沿着一条本质主义的思路即概念追问的方式进行的。这样一来，生命的问题不是活生生的生命存在及其展开问题，即生存论问题，而是在理论上去规定"生命是什么"的本质问题，即求真的问题。相应地，关于自由同样采取了一种追问的态度，将自由理解为正确认识了善的本质后而获得的结果。于是，生命和自由最终呈现为"真理"，真理是希腊哲学追求的目标。求生命的美善，求自由的生活，都可以归结为求真理的活动，体现为哲学的理性追问和批判反思的过程。然而，它是否能够真正提供出一种确定无疑的绝对真理呢？这在晚期希腊哲学怀疑主义的辩难中遭遇了困境：哪里有真理？真理被质疑、被解构了。

在这种情况下，作为"道成肉身"的耶稣基督来到，《约翰福音》宣称他就是上帝之道—言—逻各斯（Logos-word），即绝对真理的肉身化，满有恩典，住在人们中间，能够给人生命和自由，因为他就是生命的光，就是解除捆绑的自由之源。希腊哲学求不到的 logos 真理，现在在基督教里却以这样的面目出现了。真理、自由和生命完全是一体化的。它们不是靠凸显理性—理论自我而追求来的东西，越追求越失丧，而是在放下自我、打开信仰的心灵中接受的恩典，越放下越敞开就越丰满。耶稣说："我实实在在告诉你们，一粒麦子若不落在地里死了，仍旧是一粒；如果死了，就结出许多果实来。爱惜自己生命的，就丧掉生命；在这世上恨恶自己生命的，必会保全生命到永远。"（《约翰福音》12：24～25）对生命是这样，对自由和真理也是这样。罪是奴役，罪中的人再追求也没有真正自由；神的家园是自由，投入耶稣的怀抱自然就赢得了自由。绝对不变的真理永远在人的理性限度之外，只能依靠真理自己启示自己的存在，这需要见证，而人就是在启示和见证中接受这一真理的。根据《约翰福音》的宣布，耶稣基督作为"道成肉身"就是上帝这一绝对真理的自我启示和自我显现；耶稣基督作为上帝之子来到人们中间，把他知道的真谛讲出来，就是为天父的真理作见证；而耶稣见证的一切，是天父差他做的，因而天父也为他做见证。耶稣说："那差我来的是真实的，我从他那里听见的，就告诉世人。"（《约翰福音》8：26）"我所说的，是我在父那里看见的。"（《约翰福音》8：38）"我把从神那里听见的真理告诉了你们。"（《约翰福音》8：40）"父赐给我要我完成的工作，就是我所要做的，证明我是父所差来的。差我来的父亲自为我做了见证。"（《约翰福音》5：36)耶稣的意思是说，他所见证的是完全的真理，因为他是从真理那里来的；他的见证是完全的见证，因为和天父的见证是同一的。在此，真理完全是通过见证给予的，这是一条对希腊哲学家来说全然不同的途径。怀疑主义关于真理的论证对耶稣的见证是无效的，因为它摧毁的是"人"的真理追求的可能性。

　　然而，我们也无法"判断"耶稣的见证是真还是假，因为我们不知道真理本身是怎样的。于是问题的关键在于是否"接受"见证呢？这便是"信仰"的问题。耶稣说："我既然讲真理，你们为什么不信我呢？"(《约翰福音》8：46)"信"是一种超理性的精神确认或情感指向，它并不要求对所信对象拥有知识，只要求用一种"信仰"的态度去接受。当晚期希腊哲学关于真理的美梦落空以后，这是一条可以满足人们真理渴望的新路。当奥古斯丁在充满困惑和挣扎中亲身遇到真理，在恩典中打开了通往祝福之地的道路以后，他的皈依彻底完成了福音信仰进入希腊哲学的使命，在启示—信仰的基础上重新阐释真理、自由和生命等一系列核心问题，使希腊哲学转型为基督教哲学，以崭新的方式回答和解决了人们普遍的思想和生存困惑。这是一次深刻的思维模式和生存模式的转型，以信仰为主导的基督教生存伦理取代了希腊以理性为主导的美德生存伦理。①

(四) 信仰寻求理解的内在之路

　　在基督教他力拯救的超越之路上，虽然恩典—启示—信仰是一个决定性的中心链条，但是在其中并不排除理性认识，"信仰寻求理解"也是贯穿基督教神学从奥古斯丁到整个中世纪再到现代的一条正统的基本原则。在奥古斯丁那里，"认识自己"和"认识上帝"是在信仰的途中始终追寻的人生目标，也是将希腊传统和希伯来传统结合的典范。在他看来，"要知道并理解我们所信的"。耶稣对信者说："寻找，就寻见。"(《马太福音》7：7)但是，"一个人若只是相信他所不知之物，便不能说他找到了。但若一个人不先相信他以后将学知之物，就不配找到上帝。"②这里，信仰在先，认识在后。不信，就不可能理解；信了，再去寻求理解；理解，是为了更好的信仰。然后，就可以和上帝更加和谐地在一起，走向一种完善和成义的生活。

　　那么，如何才能认识那被信仰者上帝呢？仅以奥古斯丁的理论为例予以阐述。奥古斯丁提出了一条从认识自己到认识上帝的内在之路，其神学依据在于人有上帝的肖像，这个肖像就存于人的心灵，亦称之为"内在之人"。心灵具有三一结构

---

　　①　参见田薇：《信念与道德——宗教伦理的视域》，第97～105页。
　　②　这段话出自奥古斯丁《论自由意志》第二卷第二节，中译文采用了周伟驰的翻译，参见周伟驰：《记忆与光照——奥古斯丁神哲学研究》，北京，社会科学文献出版社，2001，第98～99页；也可参阅成官泯译的奥古斯丁：《论自由意志》，第102～103页。

"记忆—理解—意志（爱）"，类似于上帝"圣父—圣子—圣灵"的三一形象。上帝的三个位格是一，父—子—灵是互相包含而共在的一个整体，同样，记忆—理解—意志也是互相涵容而构成一个统一的心灵结构。他说："记忆、理解、意志，这三样东西不是三个生命而是一个生命，不是三个心灵而是一个心灵。所以当然也不是三个实体而是一个实体。当记忆被叫作生命、心灵和实体，是就其自身而被如此称呼；但当它被叫作记忆，却是相对另一个而被如此称呼的。对理解和意志也可这样说，两种均是相对另一个而被如此称呼。"①就是说，当我们就"记忆"自身来看的时候，它就是同时包含着理解和意志的心灵自身；当我们就它和理解、意志相对而言的时候，我们就称它为"记忆"。同样，当我们就"理解"自身来看的时候，它就是同时包含着记忆和意志的心灵自身，当我们就它和记忆、意志相对的时候，我们就称它为"理解"。对意志（爱）的解释也如此。这就像我们称耶稣基督是神，却是包含着圣父圣灵的神；而在与圣父、圣灵相对的时候，我们就称耶稣基督为圣子。可见，心灵的三一结构内证着上帝的三位一体，通过认识心灵的三一就可以认识上帝的三一。不过，认识终是非常有限的，我们只能认识上帝的形象而已，对于那绝对者自身，我们只能期望在来世的"荣福直观"中亲见了，此世只有依靠内证之路在"类似"中认识一二。

这条由心灵而上帝的内证之路，从认识论上讲可谓内在而超越，但从存在论上来讲可谓超越而内在。就整个基督教的生存—运思模式来看，严格地说，一个完整的链条应该是超越—内在—超越，从作为本源的超越上帝开始，经过内在的信仰和认识，最后朝向超越的上帝，从起点到终点都是神圣的存在及其启示，而沟通神人之间的便是信仰。在信仰的途中寻求理解，认识成为其中的一个环节。无论内在而超越，还是超越而内在，也都构成整个链条上的一截。只是鉴于对"上帝"这一"外在超越者""绝对他者""存在的本源和力量"的无上强调，我们可以相对地称之为"超越而内在"的模式，以标示和彰显其突出的特征。同样，将之概括为"他力救赎"的类型，也不意味着人自身无需任何积极的行为，相反，因信才能称义，因信才能得救，而信是一种信靠和献身的行为，是一种面临存在和虚无、生与死进行抉择的勇气。综合起来，基督教生存伦理既强调神圣的他力救赎，又坚持个人的内在信仰，外在救赎和内在信仰构成超越方式或道路的两面，根本意旨是在天国和尘世二分的前提下，使生命和生活得到神性的更新和改善，在尘俗中走出一条朝圣的路。

由上我们还可以引出如下一个讨论：对于基督教传统的拯救观来说，外在的

---

① ［古罗马］奥古斯丁：《三位一体》，10：4：18，周伟驰译，上海，上海人民出版社，2005，第279页。

他力救赎永远是来自神圣的,不可能转化为地上的政治力量。就像奥古斯丁关于"两城"的历史神学和社会政治神学所揭示的,一切社会政治国家作为"地上之城"都缺乏真正的正义,国家机器总与强制和压迫相连,在本质上是恶的,因为国家是人堕落后的产物,是由只爱世物不爱上帝的自私的个人组成的自私的集体,根本上源自罪性中的人的自爱,都是有待救赎的。[①] 只有"上帝之城"才是能够最终克服世俗之恶的超越力量,也是永远来自超越之维的检审和规范世俗社会和国家政治的批判力量。上帝的国是"爱的共同体",和恺撒的国是根本不同的,所以耶稣明确地说:"恺撒的应当归给恺撒,神的应当归给神。"(《马太福音》22:21)正是因为在神的世界里,基督教强调的是心灵的圣洁和虔诚的信仰,区别了恩典—爱的生活和律法—惩罚的生活,便也将一套法律治理的空间客观上留给了世俗社会,并在这个限度内给予国家消极意义上的功能肯定,即国家依靠强制的手段阻吓了沉沦之人的抢劫和杀戮,维护了人类社会的外部和平与安全秩序,人们有义务服从它。这也可以在一个侧面说明西方世界为什么一方面坚持天国信仰,一方面重视社会制度安排之二者并存的局面。

当然,若从基督教人性论的侧面来看也可以提供某种理由,既然人性受缚于罪性,往往行出来的不是善而是恶,那么,既需要在根本上依赖神性的救赎,通过信仰改善和提升内在的心性,也需要在行为上有一套外在制度的约束和制衡,有章可循,有序可守,依法而行,违法惩治。这也可以看作是上帝给予沉沦的人类的一个救治。但无论如何,基督教通过拯救所体现的超越目标和超越行为,都在根本上取向于超越世俗世界的神圣世界。

---

① 奥古斯丁在《上帝之城》中写道,当一个人不服从上帝,我们怎能说他正义呢? 假如这样的个体并无正义可言,由这样的人组成的一个共同体当然也无正义可言。他强调的是,正义之德是信仰上帝的产物,否则,不道德的个人只能组成不道德的集体。(参见王晓朝译本,香港,道风书社,2003,第54～196页)深受奥古斯丁影响并发展了其理论的尼布尔则写有《道德的人与不道德的社会》,一方面认为具有自我意识的个体可以在精神上超越自我本性里的自私冲动,与其他生命个体达到某种和谐,甚至为他人牺牲自己,而社会群体如国家、民族、阶级则常常表现为不道德的利己主义,往往将个体的无私道德吞没掉。比如扭曲的爱国主义就是一种自私的形式,"将个人的无私转化成民族利己主义"。尼布尔称之为"爱国主义的伦理悖论",并将"人类没有能力使自己的群体生活符合个人的理想"看作是"人类精神中存在着一个悲剧"。但是另一方面,也主张凭借社会政治的强制力量以实现社会公正的基督教现实主义观点,因为"仁慈的情感和社会的良知绝非如此纯洁无瑕或强大有力,与我们的意志相冲突时能够考虑他人的权利与需要的理性能力,也绝非如此充分地发展,不可能创造出一个被所有理性与宗教的道德主义者或明或暗地当作社会乌托邦来努力追求的绝对自由的千年王国"。但是,社会强制必须受到合理制约,要和宗教仁爱与理性道德相结合,并符合理性和道德的目的。参见[美]尼布尔:《道德的人与不道德的社会》,蒋庆等译,贵阳,贵州人民出版社,1998,第3、7、72～73页。此外,饶申布什的社会福音论对于人性道德和历史进步抱有更多的信心和希望,但经过两次世界大战也沉寂了。总体来看,在基督教语境下,对于国家政治力量的实质和限度有着比较审慎的分析与判断。

第二节　儒家的修养成圣之道——自力与良知

如果说基督教的超越观可以概括为他力型,那么,相对而言,我们就可以把儒家的超越观概括为自力型,这是两种非常不同的超越理念和超越道路。从根本上来看,由于儒家的天命观、天人观和人性论不同于基督教的上帝观、神人观和人性论,故而对于超越的理解具有不同的问题意识和解决方案。对于儒家来讲,人性没有经历亚当受造并堕落的神话炼狱而陷入罪性无力自拔,而是人之初始禀赋天之正命,存之以为善性,不存在所谓神圣的他力救赎问题。"天"也不是一种截然外在而超越于人之上的人格力量,既不对人号令言说,也不离人弃人。相反,人受天地之中以生,禀天命所赋为性;天人一体,性命合德。在这样的存在运思框架里,天与人、命与性之间不仅不存在鸿沟,而且是在人道里可以含蕴和开显天道,在人心里可以体悟和领会无言的天意。既然如此,超越的问题实质上就是在人自身的存在境域里自觉进行的一种反省内求、尽心知性知天的活动,走的是一条自力成德、修养成圣的路。如果说在基督教里源出外在启示的宗教信仰是拯救之路的起点,那么在儒家发自内在心性的道德良知则是自我修养的开端。

一、基于良知的道德自力：原始善性和天命的回归与开显

在人性问题上,儒家正统虽然主张先验性善论,从人皆有不忍人之心出发将善性确认为先天的人之本性,但是,这不意味着人性的现实就是完美的,相反,现实的人性呈现往往是欠缺的甚至为恶的。这表明,在原善的人性和现实的人性之间存在很大的距离,因此才有了超越欠缺走向完善的必要性。反过来看,正是由于人性禀有先天善性,人才有可能通过自身的道德努力来修养和完善自我,这一活动在实质上是一种回归和开显先天善性的过程。因而,超越亦是回返,回返本己,本己之处有本真,本真之处有本源。一旦本己、本真和本源得以回返,它们便也同时得以揭蔽而开显。这意味着,回归和开显出原始善性,也就回归和开显出天命,因为"性自命出,命自天降"[①]。若从天的维度来看的话,"天何言哉？四时行焉,百物生焉"[②]。天命无声,天不开言,天意玄奥。在这种天命观下,依靠人的先天"良知"来自觉体认之、领悟之,也就成为必由之路了。

---

① 语出近年出土的郭店楚简。
② 《论语·阳货第十七》。

（一）先天良知即天命觉识：道德自力的基础和前提

按照儒家的思路，先天的"良知"乃是道德自力的基础和前提。在这方面，孟子的观点是一个典型代表。他认为，人性乃是禀受天之正命而来，故性是原善的，表现在人的心里先天具有善的萌芽即"善端"。看到孩子落水的危难，出于一种天然纯粹的同情心，就会去挽救这孩子的生命。这种人皆有之的"不忍人之心"就是人性里先天的"善端"，也是人兽之别。恻隐之心、羞恶之心、恭敬之心、是非之心，这生而具有的"四心"就是先验的四个善端（"四端"），其中恻隐之心是根本。四心所载负的先天善性可以说是人的道德自力之所以可能的内在根据。如果人心和人性根本是恶念和恶性，人也就无法从自身内部开始，去找到通往善的任何可能了。这种先验的善端就心性情感而言可以称作"良心"，就心灵觉识而言可以称作"良知"。按照孟子的思路来解，良心或善端源自性善，性善又存自天命，那么，良知从根本上来说也就可以理解为对天命的直接觉识和领悟了。

孟子说："人之所以不学而能者，其良能也。所不虑而知者，其良知也。孩提之童，无不知爱其亲也。及其长也，无不知敬其兄也。亲亲，仁也；敬长，义也。"[①]就功能言，不用耗费思量考虑的功夫就能知，亦即自然而然即知的，叫"良知"。就性质言，这种良知不是指向外物见闻，而是指向善心直觉，也可称作良心的觉识，是一种德性之知。比如小孩子知道爱父母，长大了知道敬兄长，这就是一种天然就有的良知。亲亲人是仁，敬长者是义，这种良知知仁知义因而是一种道德（人伦）之知。与良知并论，"良能"就是不需要后天学习锻炼就能够施行之，和良知一样属于德性范畴，是一种道德行为的能力，究其实，"良知良能"实为一体不二。一如天然就有亲亲和敬长之知，也天然就有亲亲和敬长之能，表明人天赋善良品性、道德直觉和美德能力。王阳明继承发挥了孟子的良知学说，也这样写道："知是心之本体，心自然会知。见父自然知孝，见兄自然知悌，见孺子入井自然知恻隐。此便是良知不假外求。"[②]

由于先验的人性普遍地是善的，良知良能也就是人人所同有的。为此，孟子还从"凡同类者，举相似也"的逻辑出发予以论证。他说："口之于味也，有同耆焉；耳之于声也，有同听焉；目之于色也，有同美焉。至于心，独无所同然乎？心之所同然者何也？谓理也，义也。圣人先得我心之所同然耳。故理义之悦我心，犹刍豢之

---

① 《孟子·尽心上》。

② ［宋］王阳明：《传习录》上，见陈荣捷：《王阳明传习录译注集评》，重庆，重庆出版社，2017 年。

悦我口。"①人心喜好理义犹如人口喜欢美味,自然欲望人所同之,明理好义同样是人性皆备皆能,圣人与常人无异,区别仅在于"先知先觉乎"内心所有而行之。② 这样一来,人人先天具备的良知良能就使得每个人都可能依靠自身的力量来修养和完善自己的道德人格。换言之,良知良能的先验的普遍的存在使得道德自力在逻辑上具有了内在的可能性根据。这是其一。其二,良知良能实际上又只是一种潜在的善的"基质"或"端点",还需要开掘之、扩展之、发扬光大之。因此,道德自力是一个展开和扩充良知良能的过程。

这里我们发现了某种不可避免的解释学上的循环,一方面与性善不可分离的良知良能是道德自力的内在根据或前提,具有某种本始的意义。另一方面,只有在良知良能的基础上才可能的道德自力,回过头来又成为开掘和扩充良知良能的过程,良知良能通过道德自力而得以显现和开敞。可以类比康德关于自由和道德法则之间的关系,自由是道德法则的存在论根据,道德法则是自由的认识论根据;良知良能是道德自力的可能根据,道德自力是良知良能的现实证明。

(二)反省内求之路:原善的开显和天命的回归

既然良知先天内蕴,那么,道德自力的过程显然是一种向内而非向外的用功和努力,正所谓反省内求,回归善心,返诸善性,溯源天命,而这一过程同时也就是将天赋的善端拓展,将天禀的良知开启,从而也把在身的天命敞亮的过程。在此,反省内求在本质上既是一种关于心性的道德修养功夫,也是一种关于天人之际的终极行为。

按照儒家所论,内求和自力完全是一回事,向内心求取就是自觉自返,无法假以他人他力,这被视为一种自我独立和自我持守的品格。孔子以此区分君子和小人:"君子求诸己,小人求诸人。"③小人总是依附于外,放弃自守自立,也就失掉了人格的尊严和骨气;君子相反,则是自觉自省、自律自持、自尊自爱,道德的操持在我性正是君子的品格。无疑,这也是一种自己把握自己的自由状态。可以说,儒家对于道德自力和道德自由充满信心,这与基督教关于意志无能、自由受缚、无力行善的体认形成鲜明对比。对丁保罗的经验来讲,人愿意行善,人应该行善,可就是没有能力行出来。所谓立志行善由得己,行出来由不得己,知与行之间、应该和能

---

　　① 《孟子·告子上》。
　　② 程子注释该句曰:"人心无不悦理义者,但圣人则先知先觉乎此耳,非有以异于人也。"见[宋]朱熹:《四书章句集注》,"孟子集注",第309页。
　　③ 《论语·卫灵公第十五》。

够之间存在着巨大的距离和反差。① 但对于儒家来讲，首先，知行不二，知行合一。这种观点的极致代表王阳明说："知是行之始，行是知之成。若会得时，只说一个知，已自有行在。只说一个行，已自有知在。"②知与行之间相互渗透，绝无二分。"知之真切笃实处，便是行，行之明觉精察处，便是知"③，甚至"一念发动处，便即是行了"④。真正的知和行是一回事，因为这里的"知"不是别的，乃是"良知"，自身就包含了行动的能力。故而良知即良能。

因此第二，应该和能够也是一体不分的。应该的就是能够的，因为"良知"意味着对于天命的觉识，而天命在我身，天命谓我性，所以对天命的觉识也就意味着对于自我"本真所是"的觉悟和认可；有了对自我"本真所是"的觉悟和认可，也就有了对于自我"应该如是"的觉悟和认可；在"良知"里"本真所是"和"应该如是"是统一的，源自天命的仁德善性是我本真所是，于是，我便应该如己所是。⑤ 由之就可以理解孔子为什么说："为仁由己，而由人乎哉？"⑥行仁践仁完全是自己的事，因为"君子所性，仁义礼智根于心"⑦。性之本善，善端就在心中，故曰"仁远乎哉？我欲仁，斯仁至矣"⑧。只要自己欲仁便可得仁，只要自己立志行善，这个"志"就会实现，这个"善"就能行出。"三军可夺帅也，匹夫不可夺志也。"⑨三军之帅尽管能夺去，唯独这匹夫之"志"是夺不去的，关键是看自己是否真要守志抱仁追求这些东

---

① 关于保罗意志无能的经验，阿伦特评论道，这种经验是古希腊人所不知的，它源于希伯来人的经验。这种经验不是政治的，也不是关于世界的，仅仅是在人自己之内的，自己对自己的经验。这种经验的发生是在离开了周围一切现象界，只有自身相与的孤独状态的时候，这时候自己和自己思想对话，才可能发现意志的无能。不仅如此，无能的经验也是在人的意识开始怀疑"你应该"和"你能够"的一致时，这时候自由成了问题，独立自主的意志能力的问题也呈现出来。参见［德］阿伦特：《精神生活·意志》，姜志辉译，南京，江苏教育出版社，2006，第 68～69 页。的确，在苏格拉底身上是不存在这种无能经验的，在"知识就是美德"的思路里，知善就可以行善，获得了善的真理的人就是一个有德性的人。理性之维的坚挺排除了意志无能的体验的可能性，因为冷静和客观的审视和沉思是获得真理的途径，这与自己进入自己的心灵体验是两种完全不同的精神—意识状态。只有孤独自处仅仅面对上帝或苍天的时候，同时也就是仅仅面对自己的时候，才可能将自己生命深处最幽深的一面裸呈出来。

② ［宋］王阳明：《传习录》上。

③ ［宋］王阳明：《王文成公全书》，卷六，《答友人》。

④ ［宋］王阳明：《传习录》下。

⑤ 在解释孟子的良知时，唐文明有一段话写得颇有见识："对自身之所是的觉知同时就包含着一种成为自己的承诺，这种承诺可以看成是一种自我承诺：向自己承诺成为自己，把追求自己的本真性作为一道命令加之于自身。所以对自己之所是的觉知同时就蕴涵着对自己之所应是的觉知。正是在这个意义上，良知既是对'存在(是)'的觉知，也是对'应当'的觉知。"参见唐文明：《与命与仁——原始儒家伦理精神与现代性问题》，第 231 页。

⑥ 《论语·颜渊第十二》。

⑦ 《孟子·尽心上》。

⑧ 《论语·述而第七》。

⑨ 《论语·子罕第九》。

西。若真心追求,求仁得仁。哪里会有保罗行善由不得我的空间!

在这方面,孟子有一段关于"求与得"的话非常富于启发和教益。他说:"求则得之,舍则失之,是求有益于得也,求在我者也。求之有道,得之有命,是求无益于得也,求在外者也。"①孟子区分了两种求与得的情况:一是只要追求就能得到,放弃追求就会失掉,这说明积极的追求是有益于取得的,这样的追求是向自己追求,因而是可以由"我"来决定的;二是追求要遵守一定的规矩章法,能否得到要看命运如何,在这种情况下即使努力追求对之也没有多少作用,这样的追求是向外追求,不取决于"我"而取决于外部因素。那么什么东西是求之在外、得之在命,什么东西是求之在内、得之在我呢? 孟子的答案很明确:仁义礼智一类的东西在我在内(性),福禄寿利一类的东西在外在命。"口之于味也,目之于色也,耳之于声也,鼻之于嗅也,四肢之于安佚也,性也,有命焉,君子不谓性也。仁之于父子也,义之于君臣也,礼之于宾主也,智之于贤者也,圣人之于天道也,命也,有性焉,君子不谓命也。"②耳目之欲虽然属于人的天性,但能否满足要看命运,因为是求之不得、求之在外的东西,人并不能主宰它,所以君子不将之归为由己之性而不求。仁义礼智虽然也属于天命,却是存之以为性,属于求则得之、求之在内的东西,所以,君子不将之归于命运而求之。可见,若想成德成仁,只要内求心性即可成就;若要功名利禄,则恰恰不由己定。既然如此,只要每个人努力开发自己内在的善性,人人都有成为尧舜的可能。③ 故孟子曰:"何以异于人哉? 尧、舜与人同耳。"④

孟子的观点清楚地表明,应该追求的东西,就是能够成全的东西,因为它们属于自力修养的领域,因而要积极作为;而能够成全的,也正是应该追求的,因为它们属于高尚的道德领域,要努力成就之。相反,不应该追求的,恰恰是不能够成全的,因为生死祸福不由己,应该顺天从命。在此,我们看到孟子的观点和康德的观点发生了某种对接。在康德那里,虽然必然和自由之间划界为二,但在道德实践的领域里,应该(sollen)和能够(können)依然是统一的,这包含在"自由即自律"的道德理想里。其中,实践理性和善良意志的合一无论对于孟子还是康德都是关键。虽然孟子并没有采用这样的理论阐述,却在良知善心和为仁由己中表明了。不同的是,康德的善良意志在本体论上是自足的,实践理性自我立法,以道德自由即自律为最终的根基,因而应该的也就是能够的。而对于孟子来说,为仁由己基于善性良知,而善性良知还有着天命这一终极性的来源和依据,但在天人合一的运思中同

---

① 《孟子·尽心上》。
② 《孟子·尽心下》。
③ "曹交问曰:'人皆可以为尧、舜,有诸?'孟子曰:'然。'"见《孟子·告子下》。
④ 《孟子·离娄下》。

样得到了应该的也就是能够的结论。

与保罗无能行善、唯有救赎的生存体认相比，儒者确认的则是道德自力、求仁得仁的生存取向。前者充满了谦卑的宗教精神，后者充满了高迈的道德品格，二者表现出非常不同的价值姿态。对于基督教来说，道德规范是《圣经》规定的，是上帝发出的神圣命令，道德行为是信仰上帝的结果，属于人生的义务和责任，可称之为他律性的道德原则。儒家则认为，天命与人性是合一的，道德行为是发自人内心的，是人按照自己的自由意志去主动地回应天命；道德与其说是人生的一项义务，不如说是人的一种品格。儒家讲究反省内求、自觉修己，可称之为自律性的道德原则。在这方面，即使主张性恶论的荀子也同样认为人完全有能力"化性起伪"，通过后天的道德教化和礼仪制度对人性施行改造和迁化。与孟子相较，既与之在人性的立足点上所持性善论对立，也以"外王之路"与其"内圣之路"有异，然而却在价值取向上与之殊途同归，都是教化人们发心向善，塑造理想的道德人格，而强调由恶到善的积极努力反倒更加强化了人之为人在于道德的论证。与保罗相较，荀子对人性施加道德教化和礼治约束的外向性路径与其外在的神圣救赎之路有某种相近之处，但是，无论道德教化还是礼仪制度都不过是自力人为的结果，完全不同于对上帝之他者力量的承纳。在此，荀子的观点作为儒家正统之外的特例，从另一个侧面更加凸显了儒家有别于基督教的高迈的道德精神。

不过，尽管如此，我们还要确认，谦卑的基督教精神是要在神圣的救助之下去行善称义，道德追求依然是题中之义，只不过被置于神学的框架下；高迈的儒家道德取向是要在反省内求中回归本真善性，而本真善性源自天命而来，因此回归本然之性也是要回归源头的天命。靠近或依从天命同样是儒家题中之义，只不过是在自力的内求中呈现的。可见，二者都包含着宗教终极之维和道德人文之维，都属于宗教性的生存伦理体系。只是因为在这个体系中，人所扮演的角色及其价值定位有着重大差异，使得道德之维和宗教之维的意义呈现也就很不一样。

总体来讲，儒家在其自力超越的追求中最为突显的是道德精神，而在其后面，宗教性的天和天命始终是一个根本预设，这是一种亦人文亦宗教的旨趣，与天合一、与命与仁是儒家超越追求的最高境界，也是"尽心知性知天"或"存心养性事天"的修养成圣之道。

二、圣人之境：由知心性到事天命

依据前述，儒家的超越之路是一条道德自力的反省内求之路，由于天禀先验的善性和良知，因而内求有依据，自力有根基。现在要进一步揭示的是，这条内求之路实际上是一条天人合一的体认修养之路，包含着双向性的意义层面：一面是向自身的回返,回到本然之性,回到性所出之命。儒家所谓内在性命其实就是人之性和天之命的统一体,是天人合一观念的一种展现。这样看来,向内的回归便是回到天人合一的初始圆满,而人若离开自身,追物逐利,恰恰是生存的工具化,天人之间的分裂。因此,回归自身便回到了与天命同在的本源处,知会了己之心性,便领悟了天之所命。此之谓尽心、知性、知天,可以说是超越的内向性。

但是另一面,还有一个由内及外的开显或外推的意义过程,即从内在性命开始,从良知善端开始,将之逐渐发扬光大直至充塞天地之间。这是一种立人极以参赞天地化育的天人合一的形而上追求,也是正心诚意、亲亲仁民爱物的圣人之道。正所谓入俗又超俗,超世又入世,修齐治平,内圣外王。因而内求回返同时也是为了推内于外,将仁善的心性化为外在的王道历史,从而完成在身的天命。此之谓存心、养性、事天,可以说是超越的外向性。如果说尽心知性知天为知,存心养性事天为行,则知行不二,本为一体。对于儒家来说,这一切都可以集中概括为成就"圣人之境"。

(一)圣人之至:守性应命参天

儒家传统一向以"圣人"为最高的价值追求目标,将圣人作为理想人格和完美境界。从三代圣王之治为儒家提供了最初的原型范本开始,孔子便祖述尧舜,宪章文武,君子"三畏"之一就要"畏圣人之言";孟子以"天爵"与"人爵"之别来说明圣人与天合德的至尊地位,子思则盛赞"发育万物、峻极于天"的圣人之道,就是荀子也同样称圣人为"通于神明,参与天地"。先秦之后的儒家各说也无不致力于成圣之道,朱熹将儒家心仪的三代圣王称作"人欲净尽,天理流行"于心,王阳明则称圣人"至诚"故能"感人心而天下和平",都将圣人人格和圣人之境作为人生修养内外兼备的最高目标和最高境界。对此,我们下面仅以孔子、子思和孟子文本里的观点为代表,再做一些展开的阐发和讨论。

孔子赞曰:"巍巍乎!舜、禹之有天下也,而不与焉。大哉尧之为君也!巍巍乎!唯天为大,唯尧则之。荡荡乎!民无能名焉。"[1]天地万物,唯天为大,独有"尧之德能与之准"[2];而"天道之大,无为而成"[3],唯有尧这位伟大的君王能够效法天道以治天下,其广远之德无以形容。舜和禹虽然拥有天下,却不以有之为己乐,而以善之为天命,都是圣贤的君王。孔子也自述:"四十而不惑,五十而知天命,六十

---

① 《论语·泰伯第八》。
② [宋]朱熹:《四书章句集注》,"论语集注",第103页。
③ [宋]朱熹:《四书章句集注》,"论语集注",第103页。

而耳顺,七十而从心所欲,不逾矩。"①虽然孔子自己不自圣,但我们却由此可看出圣人之境。从四十岁开始,孔子拥有个人独立的见识和持守,不为外物外事外见所扰所惑,意味着尽心知性,已经对内在的本己所是有了透彻的洞识,故而五十岁能够知晓天命,因为本己所是便是天命所在。到了这一步之后,无论听到什么,看到什么,一切在感性知觉面前呈现的东西,都能够在本己内在性命的融通中无碍,于是从心所欲自由随性却可以不逾越规矩,这便是发之于仁、中之以礼的道德人格,也是天人合一的圣人境界。从孔子关于尧舜禹和自己的论述中我们看到,圣人有两个基本元素:一是内具至仁之性;二是上应终极天命。这也就是知天乐命和守己抱仁的统一,也就是孔子"与命与仁"的精神,后来的儒者无不继承发挥了这一思想观念。

思孟更加发挥了将仁心德性回溯到天和天命的终极基础,在形而上的高度将"圣人"定位于天人之际,可谓是尽性守仁、应天而化、参天赞地、施教人间的"天人"。孟子说:"舜明于庶物,察于人伦,由仁义行,非行仁义也。"②朱熹注曰:"由仁义行,非行仁义,则仁义已根于心,而所行皆从此出。非以仁义为美,而后勉强行之,所谓安而行之也。此则圣人之事,不待存之,而无不存矣。"③这可谓圣人之至性,即仁之至也。所以孟子又说道:"尧、舜,性者也;汤武,反之也。"④朱熹注曰:"性者,得全于天,无所污坏,不加修为,圣之至也。反之者,修为以复其性,而至于圣人也。"⑤就是说,从天而具全然完善,率性而行即成,无意而行即安,无所为而为,此可谓圣人,如尧舜。经过后天自觉修为,回返先天圆满之性,达到无意而行也善成,此可谓修养成圣,如汤武。前者是圣的境界,后者是成圣的道路。按焦循的注疏来解,尧舜是性体自善而圣,率性而行无不中,汤武是反之于自身,然后再以善施之于人而圣。⑥ 虽然理解有所不同,但也包含着圣人和成圣两个意思。实际上,圣和成圣正体现着儒家超越追求的目标和道路。

在孟子看来,圣人至性至仁,先知先觉,故而布施人伦之道,教化于万民。这也就是所谓天生是人,"使先知觉后知,使先觉觉后觉也"⑦他说:"人之有道也,饱食、暖衣、逸居而无教,则近于禽兽。圣人有忧之,使契为司徒,教以人伦:父子有

---

① 《论语·为政第二》。

② 《孟子·离娄下》。

③ [宋]朱熹:《四书章句集注》,"孟子集注",第274页。

④ 《孟子·尽心下》。

⑤ [宋]朱熹:《四书章句集注》,"孟子集注",第349页。

⑥ 参见[清]焦循:《孟子正义》,见《诸子集成》,第595页。

⑦ 《孟子·万章上》。

亲,君臣有义,夫妇有别,长幼有序,朋友有信。"①这也就是所谓父子、君臣、夫妇、兄弟、朋友之"五伦"和仁义礼智信之"五德",是最基本的人伦之道和人性之德,它们皆是圣人依据天命人性而立,敦化心性以乐,节文言行以礼,秩序文明得以成立。正所谓"圣人既竭目力焉,继之以规矩准绳,以为方员平直,不可胜用也;既竭耳力焉,继之以六律,正五音,不可胜用也;既竭心思焉,继之以不忍人之政,而仁覆天下矣"②。所以说,"规矩,方员之至也;圣人,人伦之至也"③。

圣人立于人伦之至,便也游于天人之际,心之所念,行之所至,无不化于天地之间。"夫君子所过者化,所存者神,上下与天地同流。"④这样的君子亦即圣人可谓天人,这样的圣人之境可谓天人之境。在这方面,孟子有许多词语以"天"字冠之述之,如天爵、天位、天民、天吏、天职、天禄等。朱熹在给孟子"天民者,达可行与天下而后行之者也"⑤一句作注时这样写道:"天民则非一国之士矣,然犹有意也。无意无必,惟其所在而物无不化,惟圣者能之。"⑥这也应了孟子"大而化之之谓圣,圣而不可知之之谓神"⑦的意思。圣人之所以能够无迹无形无滞无碍大而化之于天下万物,是因为圣人内尽心性上及天命,至性至仁与天合德而能居天位至尊而无敌于天下。所以,孟子区分了天爵和人爵,将"仁德"视为最尊贵的"天爵"和最稳妥的"安宅"。他说:"有天爵者,有人爵者。仁义忠信,乐善不倦,此天爵也;公卿大夫,此人爵也。古之人修其天爵,而人爵从之。"⑧又说:"夫仁,天之尊爵也,人之安宅也。"⑨这意味着仁即天人之际,既是人性之至,也是天命之至;故是天人共居的道德尊位和安然之家。在这个意义上,圣人是天人,也就是仁人。

(二)成圣之道:尽心知性知天与存心养性事天

既然圣人人格体现着天命与人性的完备统一,那么,成圣便是儒家致力追求的目标。对于儒家来讲,这是一条自明自力、操持在我的修养道路。从知而言,可用孟子"尽心—知性—知天"来概括。仁既为人心,也为天心,透过这宅心仁厚,就可

---

① 《孟子·滕文公上》。
② 《孟子·离娄上》。
③ 《孟子·离娄上》。
④ 《孟子·尽心上》。朱熹对此句注曰:"君子,圣人之通称也。"见《四书章句集注》,"孟子集注",第330页。
⑤ 《孟子·尽心上》。
⑥ [宋]朱熹:《四书章句集注》,"孟子集注",第347页。
⑦ 《孟子·尽心下》。
⑧ 《孟子·告子上》。
⑨ 《孟子·公孙丑上》。

以发现里边包含着善的人性,进而知晓善性所出之天和天之所命何是。故孟子云:"尽其心者,知其性也。知其性,则知天矣。"①朱熹从理学角度予以阐释,心是人的神明,具众理而能够应万事,天又是理所从出者,因此,格物穷理而能尽心,也能知天。②从行而言,可用孟子的另一句话"存心—养性—事天"来概括。通过仁心认识善性认识天命,目的不在知而在行,知是为了行,知行合一才是儒家的要旨,也是儒家的修养功夫。因此,知心的另一面是要存心,知性的另一面是要养性,知天的另一面是要事天。而存心养性的内求功夫便也同时是在做事天的超越功夫,通过道德修养之践履,扩充善心,开发善性,走向天人合一的超越之境。故孟子云:"存其心,养其性,所以事天也。"③对此朱熹解道:"尽心知性而知天,所以造其理也;存心养性以事天,所以履其事也。不知其理,故不能履其事;然徒造其理而不履其事,则亦无以有诸己矣。"④可见,知行不离方能真正通往天人合一的圣人境界。

关于这条"尽心知性知天"和"存心养性事天"的成圣之路,在《大学》和《中庸》里有着更进一步的展开和阐发。在何以"尽性"与"事天"的问题上,子思在《中庸》里提出了"诚之道"。"唯天下至诚,为能尽其性;能尽其性,则能尽人之性;能尽人之性,则能尽物之性;能尽物之性,则可以赞天地之化育;可以赞天地之化育,则可以与天地参矣。"⑤"诚"乃真实无妄,纯正本一;而"性"在物为天然之理,在人为天命所存,同样真纯无间,故而唯守"诚"方能尽性知命赞地参天。在此,"至诚"实乃圣人之性之至,圣人至德之实,圆满无缺,天下莫能加之。所以"诚"与"仁"一样都是抵达天人之际的观念,故云:"诚者,天之道也,诚之者,人之道也。诚者,不勉而中,不思而得,从容中道,圣人也。诚之者,择善而固执之者也。"⑥天道即诚,其所是真纯守一,其所动无为而至;人道即致其诚,选择善而持守之。圣人即诚,圣人之动从容中道,即入天行之境。所以"诚"既是天道的开启,也是人道的开敞,实为天人之际的存在境界。以诚为本,便能尽性养性知天事天,与天地相参,充满了亦人文亦宗教的情怀。

不仅如此,在这条成圣之路上,"尽性—事天"的形而上运思还具体展开为一条由己及人的入世修养之路。《大学》里有段名言可谓典型表达:"古之欲明明德于天下者,先治其国;欲治其国者,先齐其家;欲齐其家者,先正其心;欲正其心者,

---

① 《孟子·尽心上》。
② 参见[宋]朱熹:《四书章句集注》,"孟子集注",第327页。
③ 《孟子·尽心上》。
④ [宋]朱熹:《四书章句集注》,"孟子集注",第327页。
⑤ [宋]朱熹:《四书章句集注》,"中庸章句",第34页
⑥ [宋]朱熹:《四书章句集注》,"中庸章句",第32页。

先诚其意；欲诚其意者，先致其知；致知在格物。物格而后知至，知至而后意诚，意诚而后心正，心正而后身修，身修而后家齐，家齐而后国治，国治而后天下平。自天子以至于庶人，壹是皆以修身为本。"①这就是格物、致知、诚意、正心、修身、齐家、治国、平天下。在整个修养过程中"修身为本"，修身即修己，即成己。只有修己才能安人，只有成己才能成人，只有内圣才能外王。自身不正，无以家齐国治天下平。那么如何修身修己呢？这就需要格物致知、诚意正心。只有穷究物理之极，才能知无不尽；知无不尽，对明德有明察至见，方使意诚心正。心正则身正；身正则能齐家治国平天下。

不过，我们看到在《中庸》里将"何以修身"倒过来叙述："故君子不可以不修身；思修身，不可以不事亲；思事亲，不可以不知人；思知人，不可以不知天。"②将正反两者结合起来，我们可以这样理解：注目高远，立足脚下。一方面只有视界高超，才能跳出小我的限度；只有将自身置于天地之间和人人之间，自我的修身养性之路才会确立起高远的目标。这就是由天到人，由人伦到自身的"天—人"大视野。另一方面，修养践履之路又必须从自己的脚下开始，正心诚意，存心养性，身正而行，出乎仁止乎礼，一步步向外拓展，方可尽人伦，事王道，通历史，直抵天地。这就是修齐治平参天赞地、由人到天的"人—天"大境界。

从哲学的高度来讲，人由天生，性自命出，天和天命乃人性存在的本源，养性修身就是恭天应命，因而若昧于天命而不知，养性修身也会本末倒置而无以正成。从天到人到己这是一条存在论意义上的修养之路。反过来从自身开始，由内到外，推己及人，则是一条实践论意义上的修养之路。总之，尽心知性知天和存心养性事天都是通往理想人格和完美境界的修养之路或成圣之道。

（三）冯友兰的圣人境界新说

关于圣人的人格境界，现代新儒家代表人物冯友兰在其"境界说"里有新的发挥和推进，我们不妨在此引证一番。

在冯友兰看来，圣人境界完全是一种超越的境界。什么是境界？他给了如下解说："人对于宇宙人生觉解的程度，可有不同。因此，宇宙人生，对于人底意义，亦有不同。人对于宇宙人生在某种程度上所有底觉解，因此，宇宙人生对于人所有底某种不同底意义，即构成人所有底某种境界。"③就是说，人对宇宙人生的觉解和

① ［宋］朱熹：《四书章句集注》，"大学章句"，第 5 页。
② ［宋］朱熹：《四书章句集注》，"中庸章句"，第 30 页。
③ 冯友兰：《新原人》，上海，商务印书馆，1946 年初版，见罗义俊编：《理性与生命——现代新儒学文萃（一）》，上海，上海书店，1994，第 614 页。

宇宙人生对人的意义二者共同构成了人的境界。易言之,在对宇宙人生的觉解中所呈现出来的宇宙人生对于人的意义便构成人的境界。每个人面对的是与他人同一个世界,但由于个人的觉解程度不同,这同一个世界对各人呈现的意义就不同,因而,人的境界也就各不相同。就人可能有的境界来看,冯友兰提出了四种境界。

一是"自然境界"。生活在此种境界中的人,其行为是"顺才"或"顺习"的。顺才就是顺其生物性能而动,顺习就是顺其个人习惯或社会习俗而行。这样的人对于所行之事的性质并没有清楚的了解,他的境界似乎是一个"混沌",不著不察,莫知其然而然。就像孟子说的:"行之而不著焉,习矣而不察焉,终身由之,而不知其道者,众也。"①如此,即便是做学问艺术道德事功的人,若仅仅停留在行不得不行,止不得不止处,也是在自然境界。

二是"功利境界"。生活在此种境界中的人,其行为是"为利"的。为利是指为自己的利,对自己的利有着清楚的了解,为了功名利禄的行为都是自觉的。如此,即便是秦皇汉武的事业功在天下,利在万世,但其目的是为己之利,也不过是在功利境界。

三是"道德境界"。生活在此种境界中的人,其行为是"行义"的。求己之利是为利,求社会之利是行义。他对人性有觉解,了解人性蕴含着社会性。功利境界中的人只从社会压迫人的一面看,视个人与社会是对立的,行为以"取"为目的;道德境界中的人从"全"中看,"社会是个全",个人在社会中才能存在和完全,故行为以"与"为目的。

四是"天地境界"。生活在此种境界中的人,其行为是"事天"的。这样的人了解在"社会的全"之外还有"宇宙的全",只有将人置于宇宙大全中,才能使人之为人得以充分发展。这是一种完全的觉解,最高的觉解。"他已完全知性,因其已知天。他已知天,所以他知人不但是社会的全的一部分,并且是宇宙的全的一部分。不但对于社会,人应有贡献;即对于宇宙,人亦应有贡献。人不但应在社会中,堂堂正正地做一个人;亦应于宇宙间,堂堂正正地做一个人。人的行为,不仅与社会有干系,而且与宇宙有干系。他觉解人虽只有七尺之躯,但可以'与天地参';虽上寿不过百年,而可以'与天地比寿,与日月齐光'。"②可见,天地境界需要"最高的觉解",也是"最高的境界","至此种程度人已尽其性。在此种境界中底人,谓之圣人。圣人是最完全底人,所以,邵康节说:'圣人,人之至者也。'"③

---

① 《孟子·尽心上》。
② 冯友兰:《新原人》,见罗义俊编:《理性与生命——现代新儒学文萃(一)》,第 619 页。
③ 冯友兰:《新原人》,见罗义俊编:《理性与生命——现代新儒学文萃(一)》,第 620 页。

　　四种境界无疑一种比一种更高,而不同境界的人在宇宙中有不同的地位。天地境界中的人是圣人,道德境界中的人是贤人。在宇宙间的地位是天爵,在社会政治上的地位是人爵。一个圣人享有天之尊爵,但可能并不享有人爵,所谓"有德者无位",如孔子,"有德者有位"则是孔孟理想的仁政。但是,正如孟子所说:"君子所性,虽大行不加焉,虽穷居不损焉,分定故也。"①就是说,宇宙天爵不受政治人爵的影响。因此,圣人"道心"恒在,境界"常驻"。

　　冯友兰还吸收道家思想以"有我"和"无我"来阐发圣人之境。在自然境界中的人缺乏自我意识,不知有我,混沌无我。在功利境界中的人自觉有我,但有我即有私,一切皆是为我为私。在道德境界中的人"无我",为义为人而无私;但又是真正"有我",因为从"知性"处可发见"真我",可谓"无我而有我"。在天地境界中的人也"无我",却是"大无我","与天地相似","不得自异于天地";但是,又有"真我"之"大我",因为知天,则知真我在宇宙间的地位,可以充分发展真我,直至"与天地参",此可谓"大无我而有大我"。正如老子之意,惟无我,故能成其我。可见,在道德境界和天地境界中的"无我"并非无"真我",无的只是昧于知天知性的"我"。这样看来,"真我"正是通过"无我"而来的成就。真我或大我或大无我,超出了道德境界,抵至天地境界,圣人人格代表了这一最高境界。庄子说:"若夫乘天地之正,御六气之辩,以游无穷者,彼且恶乎待哉?故曰:至人无己,神人无功,圣人无名。"②道家可谓是高扬天地境界而贬抑儒家仁义所代表的道德境界。对此,冯友兰有个中肯的评价:"道德境界与天地境界中间底分别,道家看得很清楚。但天地境界与自然境界中间底分别,他们往往看不清楚。自然境界与道德境界中间底分别,儒家看得比较清楚。但道德境界与天地境界中间底分别,他们往往看不清楚。"③应该说,冯友兰对此是有着非常明确的自觉意识的,因此他的四境界说在理论解释上推进了前贤的思想。

　　最后,冯友兰关于圣人天地境界的理解落实在儒家的另一个基本观念上:"极高明而道中庸。"他指出,虽然是在天地境界中的人,所作的事依然是日常世界里的事,人在宇宙里,人也在社会里。只是圣人在日常生活世界里对所由之之道有着最高的觉解,并能完全遵守之。"由之而不知,则一切皆在无明中,所以为凡。知之则一切皆在明中,所以可为圣。圣人有最高底觉解,而其所行之事,则即是日常底事。

①　《孟子·尽心上》。
②　《庄子·逍遥游》。
③　冯友兰:《新原人》,见罗义俊编:《理性与生命——现代新儒学文萃(一)》,第625页。

此所谓'极高明而道中庸'。"①"任何日常底事，都与'尽性至命'是'一统底事'。作任何日常底事，都可以'尽性至命'。"②由此可见，力行于日常之事，用心于尽性至命，游神于天地之境，这也便是成圣之道了。

　　总之，圣人之境和成圣之道都是内养外修，内通外达，由内及外，由己及人，由人及天。修己又不仅仅囿于己内，而是亲亲、仁民、爱物；立足于社会道德人伦，又诉诸终极天命，推之于天伦天道。故而，儒家生存伦理的最高价值追求是亦人文亦宗教的目标。对此，唐君毅将儒家放在和基督教的对比中做了一番整体性的分析和评价，我们的观点与之非常相近相契，特别援引在下：

　　　　中国古代之天帝与西洋基督教中之神，自哲学上言之，可指同一之道体。然此中有一根本之差别，即此道体之超越性与内在性偏重之不同，与对此道体之态度之不同。西洋人以信仰祈求向往之态度对此道体，将此道体推之而上，使道体人格化。由重视其超越性，而视之为超越吾人之一绝对之精神人格，吾人之精神人格乃皆其所造而隶属于其下，以求其赐恩。此为宗教精神。中国人以存养实现之态度对此道体，彻之而下，则此道体，唯是天命。天命即人性。人之诚意正心、亲亲仁民爱物，以至赞天地之化育：即此内在的天人合一之性命之实现，而昭布于亲、民、万物之中者。则亲、民、万物皆吾推恩之地。求神之赐恩，要在信神之至善，知自己之罪孽而对神忏悔。推恩于外，要在信性之至善，知罪恶皆外在之习染，乃直接率性为道，以自诚其意自正其心。故中国人言道德修养不离一自字：所谓自求、自得、自诚、自明、自知、自觉、自作主宰。而中国儒者所言之道德生活，亦非如近人所论，止于一社会伦理生活、中国儒者言尽伦乃所以尽心知性，尽心知性即知天。中国儒者之道德生活，亦非止于是一个人之内心修养，其存心养性即所以事天。此与西洋人之由祈祷忏悔以接神恩，未尝不有相似之处。然西方人之祈祷忏悔以接神恩，必先自认自力不能脱罪。乃以放弃自己，为入德之门。中国圣贤之教，则以反求于心，知性之端，而明伦察物，为入德之门。故特重礼敬之贯于待人接物之中。而即在此一切率性之行中，知天事天而与天合德。前者是以道德建基于宗教，后者是融宗教于道德。前者注重信历代传来之天启，后者贵戒慎乎不睹不闻之己所独知之地，此是二种精神之大界限。③

---

①　冯友兰：《新原人》，见罗义俊编：《理性与生命——现代新儒学文萃（一）》，第626～627页。
②　冯友兰：《新原人》，见罗义俊编：《理性与生命——现代新儒学文萃（一）》，第627页。
③　唐君毅：《人文精神之重建》，见《唐君毅全集》，卷五，第100～101页。

在上述基础上我们指出一点,正是由于超越的途径或者说成圣之道是基于天命人性和道德自力的前提而展开的一个养性修身、亲亲仁民爱物的推己及人的过程,因而,由内圣而外王以承接历史王道、治国平天下的伟大情怀,成为儒家非常突出的政治道德精神和价值追求目标。于是有孟子名言:"穷则独善其身,达则兼善天下。"①这与基督教天国和尘世二分,地上之城永无真正正义,唯上帝之城才有永恒正义,才是值得献身的最高目标的价值取向表现出巨大差异。一个要在信仰中通过上帝之力的宗教救赎来实现对此世罪性处境(包括政治和道德)的神圣超越,另一个恰恰要通过尽性至天的自我超越来投入社会人伦道德和历史王道政治的尘世生活。就此而言,的确可以说,一个更突显道德情怀,另一个更突显宗教精神。

(四)检审:关于自力与他力、外在超越与内在超越的问题

根据以上论述可知,在基督教的传统中,超越的实质意义在于通过信靠作为创造者和拯救者的上帝实现罪中的解救而称义重生,我们将之归为他力型超越;在儒家的传统中,超越的实质意义在于通过自身的道德操持实现与命与仁、参赞天地之境,我们将之归为自力型超越。这种划分其实只具有相对而非绝对的意义,不意味着在他力的超越中不包含任何自力的因素,反之亦然。无论哪种类型,超越都意味着人的精神性生存可以跳出外物之域和个我之域的限度,走进与本源世界相连的生存之境。在这一过程中,一方面,超越总是离不开主体性的精神活动,因而都具有内在自我的积极努力,不可能不具有自力性因素。另一方面,超越总是要跳出个体自我的限度,通达某种至上的本源存在,无论这种本源是人格性的还是无人格性的,都不是僵死的,而是包含着内在的生机活力,具有某种能动的意义和功能,或是最能彰显人格性的上帝意志,或是基本不具有人格性的天机、天时、天意、天道、天命等,都会产生某种人力之外的作用和力量,因而在超越之中也都包含着某种他力的因素。只有在这个前提下,根据主导性的因素和倾向,将儒家和基督教区分为自力型和他力型才是适宜的。

在此,牵涉到学术界一直在争论的一个相关问题,即内在超越和外在超越的问题。这最先应该是在现代新儒学关于中西文化异同的讨论中提出的一个看法,认为西方文化属于一种外在超越型,中国文化属于一种内在超越型。由是,代表西方文化传统的基督教也就被视为一种取向外在超越的价值体系,代表中国文化的儒家则被视为一种取向内在超越的价值体系。但是这种提法遇到了种种质疑,如"外在超越"是一种同义反复,"内在超越"则是一种自相矛盾,因为超越的意思就是超

---

① 《孟子·尽心上》。

出自身、越出向外。① 到底该如何理解呢？

　　其实，问题的关键不在于用词的逻辑性，而在于它的内涵或所指。任何超越作为精神性的活动都不可能不发生在人的内心，儒家的超越基于自我良知的反省内求自不待言，即便是基督教的上帝所实施的完全超越的拯救行为，也绝非一件纯然外在的事情，而是需要通过人的内在的精神信仰才是可能的。就此而论，超越必然具有内在性，甚至可以说，只有在"内在超越"的意义上才是全备的。而且，即使是基督教的上帝这样一个具备完全的外在超越性的绝对他者，也要通过"道成肉身"的方式，住在人间，与人同在，这可以看作是外在超越的上帝同时也内在于人类世界的一种表达。事实上，基督教的上帝是一个既超越又内在的上帝，既超越人间又临在人间。也只有这样，在上帝的存在与人的存在之间才能构成生存论的关联。可见，即使将基督教的超越视为外在超越，它也并不排斥内在性。这是一方面，另一方面，儒家的超越虽然采取反省内求的方式，但是，在"尽心—知性—知天"或"存心—养性—事天"的链条中可以看到，同样包含着由内而外的旨趣。而且，虽然儒家的天和天命与人合一，但终归不是等同，毕竟人从天而来，人性由天命而出，依然具有某种外在而至上的意义。所以，即使将儒家的超越视为内向超越，它也并非绝对排斥外向性。

　　这正如上面对于自力和他力两种超越类型的理解一样。在此，超越也总是包含着外在和内在、外向和内向两个因素，任何超越如果只是停留在自身之内，也就称不上超越；任何超越如果不同时与人的内在精神世界相关，也是不可能的或者无意义的。因此，问题的关键在于，在理解超越的行为—过程中"内在—外在"这一环节的内部关系走向时，究竟强调和注重的是由外在而内在呢，还是由内在而外在呢？如果以"外在而内在"为主导的超越取向，那么可称之为"外在超越型"；如果以"内在而外在"为主导的超越取向，那么可称之为"内在超越型"。就此而言，儒家在天人合一的基础上，坚持一条从自我心性到天和天命的反省内求之路，即"尽心—知性—知天"或"存心—养性—事天"，显然是一种注重"内在超越"的模式；而基督教在神人划界的基础上，坚持一条从绝对他者的上帝恩典—启示出发，通过信仰—追随基督，以获得神圣救赎而重生称义之路，显然是一种突出"外在超越"的模式。前者强调"自力"，后者强调"他力"。

---

　　① 可参阅何光沪：《中国文化的根与花——谈儒学的"返本"与"开新"》，见陈明主编：《原道》第2辑，北京，团结出版社，1995，第51页及注2。

第四章

基督教的神爱观与儒家的仁爱观

在宗教性生存伦理的秩序中,从神人或天人之间再到人人之间的关系状态,其性质和基础不是认知性的,而是情感性的。对于这种情感的最高意义,也是本源意义,可称之为"爱"。我们将"爱"放在存在论的意义上理解为一种自身性的、原发性的和在先性的情感,是一种涵容或消解了否定性在内的肯定性存在,呈现为一种敞开或接纳而非疏离或排拒的精神立场和生存态度。它出于自身之源,超越了对象化关系中对被爱者的价值诉求,正因如此,反把价值创生出来,成为价值之源,具有绝对善的意义。它既是人类价值生存秩序的基础,也是人类价值追求活动的目标。因此,"爱"不是与怜悯、嫉妒、苦恼、仇恨并列的一种情感,而是具有形而上学本体论意义的情感,标志着宗教性生存伦理的基本品质和立身姿态。在基督教和儒家体系中,这种爱分别呈现为"神爱"和"仁爱",二者之间具有隐微的一致性和显著的差异性。

第一节　以爱承负恶——基督教神性之爱的绝对模式

爱在基督教里和上帝、罪、拯救一样是一个核心观念，事实上，它们是完全紧密地贯穿在一起的。不谈上帝、罪和拯救的问题，就无法谈论爱是怎么回事。爱依然是在人的罪性处境和上帝的神性拯救框架里的一个根本观念，它和信仰、希望一起构成了基督教伦理的三大神圣美德"信、望、爱"。不过，爱并非仅仅是一个美德伦理的观念，而更加是一个信仰生存论的观念。在根本上，基督教的爱是神性的爱，表现为无条件性、无差别性、绝对性。这样的爱超逾了人性的自然秩序，只有诉诸上帝才能发现它的源头。所以基督教的爱也被称作"上帝之爱"，或者直接就表达为"上帝是爱"。上帝的神性之爱构成了基督教爱观的本体论根基和超验论依据，也正是在这块神性之爱的基石上，不仅要爱上帝、爱邻人，而且要爱仇敌，从而走向了"以爱承负恶"的极致。

一、神性之爱的俯身性和给予性：十字架上的绝对范式

上面说到，神性之爱的源泉和根基在上帝身上，上帝的爱在基督教的观念里是一种神圣的恩典。依据《圣经》对这种神恩的解释形成了基督教的神爱论，与上帝论、创世论、罪性论、基督论、救赎论以及末世论完全贯通在一起。伴随着从《旧约》到《新约》上帝形象的变化，基督教的神爱论以十字架上的基督牺牲获得了爱的绝对范式，其突出特征在于爱的向下俯身而非向上仰慕，在于纯粹的给予和奉献而非取得和满足，体现出神性之爱的绝对无条件性。

（一）基督神爱：《圣经》里的原型

在《旧约》中自我启示的上帝形象是一个创世主，也是一个救世主。按照基督教的观念，上帝完全是出于大爱和大能从虚无中创造了世界和人，宇宙万物的存在不过是在彰显上帝的全能和全爱，上帝的全能和全爱造就并支撑着我们生存于其中的整个宇宙。可见，神爱从上帝创世起就蕴含其中。这意味着神爱论是创世论后面的缘由，意味着神和人之间、创造者和受造者之间的关联是以爱的情感为存在论基础的。进而，上帝在创造之后又突破自身的永恒进入人的生活，以"我—你"对话的方式给人许下诺言，表达了救助人类的意愿和计划。当以色列人一次次违背上帝意旨，毁约犯罪，不讲诚信，没有仁爱，杀戮仇视，上帝却总是惩恶扬善，不丢弃他的子民。例如《出埃及记》里记述了上帝耶和华看到亚当和夏娃的子孙互相残杀、无恶不作时，就以洪水毁灭这些罪恶的人，却恩赐义人挪亚携各种生物乘一叶

方舟免于灾难。当以色列人作为上帝的选民由摩西和上帝订立盟约,领了十诫和约书以后却又毁约,上帝则允许摩西向他求情,为民代祷,并说:"我是满有慈悲怜悯的上帝。我不轻易发怒,有丰富的慈爱和信实。我坚守应许,直到千秋万代,并赦免罪恶过犯。"(《出埃及记》34:6~7)

到了《新约》,神爱作为基督教精神的实质取得了突破性进展。如果说《旧约》的上帝主要呈现为一个高高在上、无法亲面、惩恶扬善、威严正义、绝对强大的形象,那么《新约》里的上帝已经"道成肉身"来到人间,通过耶稣基督的"降卑"和"受辱",呈现为一个为了救赎世人担当十字架的牺牲,与人类一同忍辱负重、受苦受难、慈悲至爱的形象。约翰说:"主为我们舍命,这样,我们就知道什么是爱";"爱是从神那里来的";"神就是爱"。(《约翰一书》3:16;4:7;4:9)十字架上的舍命之爱奠定了基督教整个爱观的神性根基,凸显出神爱的向下俯身性和纯粹给予性。就是说,神性之爱是无条件的爱,完全付出的爱;不为任何原因,仅仅出于爱而爱;因此可以普遍地爱,而无论善恶好坏。这可从约翰和保罗的两段话里得到彰明:"不是我们爱神,而是神爱我们,差遣他的儿子为我们的罪作了赎罪祭,这就是爱了。"(《约翰一书》4:10)"当我们还软弱的时候,基督就照所定的日期,为不敬虔的人死了。为义人死,是少有的;为好人死,或有敢做的;唯有基督在我们还作罪人的时候为我们死,神对我们的爱就在此显明了。"(《罗马书》5:6~8)可见,神性之爱不是因为所爱之人有什么美善,相反,神爱罪人,用自己的生命换取罪人的解放。虞格仁(Anders Nygren)专门用"Agape"一词来称呼这种神爱,以和希腊传统所代表的"Eros"即人爱或欲爱相区别。①

舍勒称这种神爱为"俯身的爱",也将它和古代的爱观进行了对比。按照古希腊罗马人的道德观和世界观,爱是有运动方向的。在柏拉图的理解中,爱是一种追求,是从低向高、从不完善到完善的趋向。人与人之间爱的关系也被分为爱者和被爱者,被爱者总是较高贵、较完美的部分,同时也是爱者的行动、意愿、存在的楷模。因此,爱是一种由下向上的追求活动。按照亚里士多德的说法,在一切事物的深处都有一种渴求神性的热望,神性本身没有爱,只是吸引爱者前来的目标,爱是一条道路、一个途径,通过爱,爱者一直向上、向神性上升。越高贵者、越完善者,越值得爱;爱是由对象物的价值决定的。基督教的爱观念与此截然对立,爱从根本上不

---

① 可参阅[瑞典]虞格仁:《历代基督教爱观的研究——爱佳泊与爱乐实(Agape och Eros)》,韩迪厚、薛耕南、万华清译,香港,中华信义会书报部出版,1950年。在该书中虞格仁专门探讨了基督教的神性之爱和希腊的人性之爱的根本差别,指出神爱 Agape 在十字架上获得了绝对至高的表现,它是自发的、无缘由的、牺牲的爱,自身完满,自我施与,高于一切,向下运动是它的本性,而 Eros 则是向上追求美善的运动。对虞格仁的著述这里不再进行专门的论述。

是由下向上的仰慕,而是由上向下的垂顾,舍勒称之为"爱之回返运动"。他说:"爱表现为:高贵者俯身倾顾贫穷者,美者俯身倾顾丑者,善人和圣人俯身倾顾恶人和庸人,救世主俯身倾顾税吏和罪人……在这一降贵屈尊行为之中,在这一'有失身份'的行动之中抵达最高境界,亦即与上帝相似。"①基督之爱就是自愿降身为人,为救赎罪人,像奴仆一样死在十字架上。这使得基督教的爱消解了爱诸善、恨诸恶的意义,使得爱要根据对象的价值而定的原则不再有效。相反,爱的行为本身是真正的价值、最大的价值,冲破了自然本能生命的正当性,给人打开了一种全新的生活视界。

尼布尔则将这种神爱称作"牺牲的爱",看作是由耶稣基督启示出来的上帝和人的真实品格。耶稣基督是上帝启示的最后完成,也是上帝救恩的最终体现,显示出人应该具有的完美存在和行为典范,是第二亚当。十字架上的"牺牲之爱"昭示出一种生命的真理,一种"精神的律法",提供了一种超历史之爱的绝对完美范式。它表现在对人的一系列自然本性和社会行为的拒斥上:"不要为生命忧虑吃什么,喝什么;为身体忧虑穿什么……你们需用的这一切东西,你们的天父是知道的。"(《马太福音》6:2~32)也表现在对人类与生俱来的同情和亲情一类自然情感的否定上:"你若单爱那爱你们的人,有什么赏赐呢? 就是税吏不也是这样行吗?"(《马太福音》5:46)"人到我这里来,若不爱我胜过爱自己的父母,妻子,儿女,弟兄,姐妹,和他自己的性命,就不配作我的门徒。"(《路加福音》14:26)还表现在排除行善期待回报上:"你摆设宴席,倒要请那贫穷的,残废的,瘸腿的,瞎眼的,你就有福了。因为他们没有什么可报答你。"(《路加福音》14:13~15)甚至表现在对社会正义的否定中:"不要与恶人作对。有人打你的右脸,连左脸也转过来由他打……要爱你们的仇敌,为那逼迫你们的祷告。"(《马太福音》5:39~43)这一系列的否定充分表明,"牺牲的爱"要求的是一种超越自我、家庭、阶级、民族、国家等一切世俗社会尺规的完美的爱。这种绝对超越的爱在历史中实际是不可能的,但正因爱的绝对超越性在历史中的不可能性,既说明人的罪性的几乎不可避免性,也使得神爱与人爱之间保持了一种永久的张力,恰能为人爱的有限性和相对性导致的局促和困境提供一种自我反观和自我检审的超越核准。这也就是尼布尔所谓的"不可能的可能性"。

(二) 爱的诫命:爱神与爱人

基督十字架之爱是神性的超越的,作为人所应有的爱的完美典范也需要进入

---

①　[德]舍勒:《道德建构中的怨恨》,罗悌伦译,刘小枫校,《舍勒选集》上,刘小枫选编,上海,上海三联书店,1999,第 443 页。

历史之中,使爱成为生活的律令,像基督爱人那样去爱。首先是要爱神,爱神先于爱人,这是基督教的信仰,也是爱的第一诫命。耶稣说:"你要全心、全性、全意爱主你的神。这是最重要的第一条诫命。"(《马太福音》22:37～38)爱神的根本意义在于追随耶稣基督的道路走向神圣,使生命和生活得到更新和完善,以神的观点而不是以人的观点看人,把神的标准而不是人的标准作为最高的行为依据,重新与上帝和好,遵从上帝的命令行事,效仿神的样式以规范自己的生活,这构成为人生最终的意义、最高的目标和最大的善行。这是一条从神性到人性的路。从神性到人性,爱神也要爱人。于是,基督教的爱从垂直方向的人神之间延展到水平方向的人人之间。耶稣说:"我给你们一条新命令,就是要你们彼此相爱;我怎样爱你们,你们也要怎样彼此相爱。"(《约翰福音》13:34～35)这是爱的第二诫命。爱在基督教里是信仰也是道德,体现着基督教生存伦理的基本品格和态度,无论在人神关系中,还是在人人关系中都有决定性的意义。

在保罗看来,信、望、爱是基督教的三个神圣美德,"其中最大的是爱"(《哥林多前书》13:13)。爱的核心是对基督上帝的爱,没有爱,信仰是空的和死的;没有爱,就不会发自内心地追随基督的路,也就不可能有永生的盼望。爱是信和望的灵魂,使信成为信靠的行为,使望成为信实的依托。爱也赋予知识、道德和善功以价值,使神的律法得到真正成全。所以保罗说:"我若能说世人和天使的方言,却没有爱,我就成了鸣的锣、响的钹一样。我若有先知讲道的恩赐,也明白各样的奥秘、各样的知识;并且有全备的信,叫我能够移山,却没有爱,我就算不得什么。我若把一切所有的分给人,又舍己身被人焚毁,却没有爱,对我仍然毫无益处。"(《哥林多前书》13:1～3)当一位法利赛律法家问耶稣,律法中哪条诫命最重要的时候,耶稣给了总结性的回答:"你要全心、全性、全意爱主你的神。这是最重要的第一条诫命。第二条也和它相似,就是要爱人如己。全部律法和先知书,都以这两条诫命作为根据。"(《马太福音》22:37～40)

按照基督教的理解,爱上帝也要爱人;只有爱上帝的人,才能彼此相爱。为什么呢?因为上帝是爱,上帝本身就是爱;爱上帝意味着秉承了爱的源泉、爱的生命和爱的真谛;爱人不过是肯定了一个神学事实,即爱人原是因为从爱里来,从上帝那里来,从神爱禀赋了爱的生命,所以必然爱人。然而对上帝和人的爱又源于上帝恩赐给我们爱,神爱始终构成人爱的本源或根基。就如约翰说的那样:"我们爱,因为神先爱我们。人若说'我爱神',却恨他的弟兄,就是说谎的。不爱看得见的弟兄,就不能爱看不见的神。爱神的,也应当爱弟兄,这就是我们从神领受的命令。"(《约翰一书》4:16;4:19～21)正是由于神爱是人爱的源泉和依据,人爱也被神爱所范导,由之超出了人性的自然秩序和社会秩序。耶稣教导说:"你们听过有这样的吩咐：'当爱你的邻舍,恨你的仇敌。'可是我告诉你们,当爱你们的仇敌,为迫害你们的祈祷,好叫你们成为你们天父的儿子；因为他使太阳照恶人,也照好人；降雨给义人,也给不义的人。如果你们只爱那些爱你们的人,有什么赏赐呢？税吏不也是这样做吗？如果你们单问候你们的弟兄,有什么特别呢？教外人不也是这样做吗？所以你们要完全,正如你们的天父是完全的。"(《马太福音》5：43～48)

"完全"意味着"神圣"的在场,然而,爱的完全与神圣只有在超越生命的自然欲求,超越现世的法律伦常,以神性的生命为现世原则的立场上才有可能。依据人性的自然取向,人们必然以自我为基点,爱自己胜过爱他人,爱兄弟朋友胜过爱一般人；爱那可爱的,不爱那可恨的。依据人性的社会取向,人们自然是倾向于持守本阶级、本团体、本民族、本国家的利益,以此为轴心衡量和取舍其他的价值。这里的一切肯定都建立在有条件的根据之上,任何一种形态的善都可能以另一种形态的恶为前提,不可避免地包含了走向自身反面的可能,善恶并存,爱恨两立。爱的神性则是无条件性,爱的完全则是爱的绝对,恨与恶在其中无法取得自身存在的合理性和正当性。无论为了什么样的爱和善的目标,以恨和恶为手段本身依然是恶。以恶对恶不过是继续为恶,屈从于恶。在爱的神性秩序以外,完全顺从人性的价值选择无法为沉沦的生命提供终极拯救,这也正是"爱仇敌"所昭示的"以爱承负恶"的真谛。

总之,爱不是植根于人性,而是植根于神性。基督的十字架之爱是对人的自然生存结构的突破,而非人性根基上的升华。所以,不是爱植根于人,而是人植根于爱,这才是基督教的精神本性。

二、爱的精神超越性本质：现代处境下的意义重释

基督教的神性之爱作为一种绝对而完美的范式无疑是超越的,正因如此,也就和历史秩序内的一切处在了深刻的张力之中,尤其在现代文化生存处境下不可避免地要受到挑战。一方面,从社会角度来看,以竞争为纽带的工具理性主义思维方式和互惠的功利主义价值观的内在统一,构成了现代世界占据支配地位的价值伦理模式。另一方面,从个体角度来看,张扬人的生存意志和生命冲动的自然主义成为一种相当有力的非理性诉求,这一切都在使基督教"舍己"的神爱价值观遭到威胁的同时,也将现代人的生存伦理推进种种困境。因此,如何通过意义重释的方式复兴基督教的传统资源并由此重整现代性生存伦理,成为许多思想家自觉承担的一个使命。正是在这种拯救现代性的努力中,基督教的神爱观重新焕发了生命力。下面以舍勒和尼布尔为例进行一番考察。

（一）爱的自身性：舍勒对尼采挑战的回应及其爱的辩证

尼采是一个彻底解构基督教传统价值体系的狂人。在他眼中，基督教伦理的核心观念"爱"不过是一朵最精巧的"怨恨之花"，本质上是一套建立在"怨恨"基础上的奴隶道德。尼采如是说：

> 从那报复的树干中，从那犹太的仇恨中，从那地球上从未有过的最深刻、最极端的、能创造理想、转变价值的仇恨中生长出某种同样无与伦比的东西，一种新的爱，各种爱中最深刻最极端的一种。……拿撒勒的这位耶稣，爱的人格化福音，这位把祝福和胜利带给贫苦人、病患者、罪人的"救世主"，——他难道不正是最阴险可怕、最难以抗拒的诱惑吗？这诱惑和迂回不正是导向那些犹太的价值和理想的再造吗？难道以色列不正是通过这位"救世主"的迂回，这位以色列表面上的仇敌和解救者来达到其精心策划的报复行动的最后目标的吗？
>
> ……
>
> 奴隶在道德上进行反抗伊始，怨恨本身变得富有创造性并且娩出价值：这种怨恨发自一些人，他们不能通过采取行动做出直接的反应，而只能以一种想象中的报复得到补偿。所有高贵的道德都产生于一种凯旋式的自我肯定，而奴隶道德则起始于对"外界"，对"他人"，对"非我"的否定：这种否定就是奴隶道德的创造性行动。这种从反方向寻求确定价值的行动——值得注意的是，这是向外界不是向自身方向寻求价值——就是一种怨恨：奴隶道德的形成总是先需要一个对立的外部环境，从物理学的角度看，需要外界刺激才能出场，这种行动从本质上说是对外界的反应。[①]

按照尼采的看法，高贵的道德是从自身出发的自我肯定，立足于自身直接确立价值并去否定非我的价值，这是强者的主人的道德。而卑微的道德则不是从肯定自我，而是从否定非我出发，也就是从怨恨出发，再借助于某种中介力量来肯定和确立与非我对立的价值，这是弱者的奴隶的道德。这就是说，卑者从自身寻求不到肯定性价值，产生不了爱的对象，就转而去肯定反面的价值，喜欢对立的东西。这是一种基于否定的肯定，是一种基于恨的爱，正所谓弱者对强者、奴隶对主人发动的一场道德起义。基督教就是沿着这样的心理欲望的机制，将逆来顺受称作"善

---

① ［德］尼采：《论道德的谱系》，周红译，北京，生活·读书·新知三联书店，1992，第19～21页。

良"，将屈膝懦弱改叫"谦卑"，将无可奈何的等待称为"忍耐"，将无能报复冠以"宽恕"，这种所谓爱的伦理完全是出自无能而怨恨的结果，是一套迂回阴暗的道德观，是奴隶式的道德反抗和价值颠覆。对此，尼采通过无情的批判再次颠覆了基督教的爱的价值。

尼采的批判引出了怨恨与道德建构之间的联系，实质是价值观念的形成机制和欲望结构之间的关系。面对尼采的挑战，舍勒首先对怨恨的品质结构进行了哲学现象学分析，进而对怨恨生成的社会条件进行了历史社会学分析，最终将尼采关于怨恨和基督教伦理建构的联系扭转为怨恨和现代伦理建构的联系。[①] 结论是："基督教伦理的核心并非源于怨恨的土壤，……现代市民伦理的核心植根于怨恨。从 13 世纪起，市民伦理开始取代基督教伦理，终于在法国革命中发挥出其最高功效。其后，在现代社会运动中，怨恨成为一种起决定作用的强大力量，并逐步改变了现行伦理。"[②]在将怨恨归为现代市民伦理的基础之后，舍勒站在精神哲学的立场上对于基督教伦理的爱观念进行了创造性的重释，对于一些误解的爱观念给予了辩证分析。

在舍勒看来，高贵者俯身倾顾卑微者，美者俯身倾顾丑者，善人和圣人俯身倾顾恶人和庸人，救世主俯身倾顾税吏和罪人，这种自上而下、降贵屈尊的"爱之回返"，完全是从自身里自由流出的，是一种美好的"内在力量的自发充溢"，伴随着心灵的极为平和与无限的欢娱。它源于"内在的踏实和自身的生命充实"，是一种"内在自信"的表现。基督对卑微者、穷人、受压者、病者、罪人的爱，不是因为其卑微、贫穷、受奴役以至疾病和丑恶而爱，这些东西并没有积极的正面的价值，也不是令人愉快的东西。相反，它们是不可爱的、可憎的。但是，正是由于有一种"更深层的生命感与力量感"的存在克服了这种厌恶感，才使人自愿地放弃自己做出牺牲，这正是爱的力量。在基督教爱弱者的背后指向的是"更高的肯定价值"——爱本身，表现的是一种最为真诚的"超自然之爱"。

进而，舍勒认为，基督教的爱也不是从救助、裨益、善当中获得肯定的，它具有自身的目的性价值。"真正基督教意义上的爱不是由爱不断源生的助人行动带来的裨益和促进作用来获得自己的价值。"[③]善和救助只是爱的结果。《圣经》中那位富有的青年，听从耶稣的教导，将自己的财产分给穷人，其真正的意义并不在于让穷人得到些什么，或者更有益于公众福利，而是在于疏财这一举动本身表明了"精

---

①　相关理论可参阅[德]舍勒：《道德建构中的怨恨》，罗悌伦译，刘小枫校，《舍勒选集》上，刘小枫选编，第 396～440 页。

②　[德]舍勒：《道德建构中的怨恨》，罗悌伦译，刘小枫校，《舍勒选集》上，刘小枫选编，第 440 页。

③　[德]舍勒：《道德建构中的怨恨》，罗悌伦译，刘小枫校，《舍勒选集》上，刘小枫选编，第 450 页。

神的自由和爱心的充溢",并使这位富有的青年变得"高贵",变得"更加富有"。基督教的爱不是在一切对象物中确定的,它与"尘世生命的价值秩序"无关。耶稣与穷人、病人、受苦的人乃至罪人的交往,并不表明神圣的福祉与这些"负面性质"之间有一种肯定性的依赖关系,而仅仅意味着天国那最高和最终的价值秩序同富有与贫穷、健康与疾病、善与恶之类的尘世对立是"不相干的"。爱的根源在上帝自身、在无限之中,上帝自身即无限之爱、无边之怜,其结论必然是爱所有的人,包括好人和坏人、守法者和违法者、朋友和敌人。"在这一切中找不到丝毫的怨恨!只有一种福乐的、发自力量和崇高之充溢的降身和能降身。"①爱是一切行为的出发点和原动力,也是最高价值和追求目标,在基督教中爱是优位的。正因为它是优位的,所以它具有创造性。罪人因为被爱才变得可爱,不是因为可爱才被爱;上帝的爱不是发现爱的对象,而是创造爱的对象。

　　据此,舍勒剥离了源于"怨恨"的爱对于基督教真正的爱的纠缠和误用。他指出,对待弱者、贫者、贱人的态度有着"另外"的一种"躬身",这就是尼采所揭示的以"自我厌弃"和"无能自持"为前提的"虚假"之爱,这种爱基于对自己的恨,对自身的不幸和衰弱的恨。对自己的恐惧和否定驱使心灵转向及"献身"于外部对象或者另一个"非我",现代"利他主义"就是这种爱的"代用品"之一。同样,在源于"怨恨"的伦理举止中,对卑微者、穷人、弱者的"爱"也只是一种"变相的恨",其实质是对财富、强健、高贵、幸福的嫉恨,因为自己不具有这些正面价值,就极力去肯定和爱负面价值。这种爱的肯定恰恰是基于恨的否定。如果按照这种解析思路理解基督教,那么,基督教对弱者的爱就是因为尘世无法实现那些正面价值,因而才通过上帝的全能来实现,并且以此"报复"那些尘世的强者。这在舍勒看来完全是一种误识和误判,这种怨恨的上帝观不过是将自己的"报复心"隐藏在对"小人"的"表面的爱"之中而已,离基督教真正的上帝之爱相去甚远。

　　通过重释《圣经》里容易产生误解的一些经文,舍勒对基督的爱也给出了全新的解释和辨正。例如:"你们穷人有福了,因为天国是你们的。……你们富人有祸了,你们的慰藉已经逝去。"(《路加福音》6:20~24)对此舍勒指出,福音作者在描述形式上还未摆脱怨恨,带有个人色彩,但耶稣话语的实质仅仅在于上帝国的秩序,和尘世富人享福、穷人受苦的价值秩序全然无关。对于另一段经文:"爱你们的敌人吧;去让恨你们的敌人快活吧;去为诅咒你们的人祝福吧;去为欺负你们的人祈祷吧;谁打你们的左脸,就把右脸也伸给他。"(《路加福音》6:27~29)舍勒的看法是,这些要求既不是对无力报复进行辩解的消极态度,也不是在悖谬的行为

---

① ［德］舍勒:《道德建构中的怨恨》,罗悌伦译,刘小枫校,《舍勒选集》上,刘小枫选编,第453页。

中获取满足的自我折磨。这些要求只是针对自然的欲求生命表现出一种相反的行为意向,是一种"极度的主动性","这种主动性出自福音主义的最为内在的个体主义的精神,它断然拒绝让个体自身的行动和行为方式取决于'他人'的行为,拒绝让行为者在他人行为的影响下将自己的行为作为纯粹对他人行为做出的反应,从而使自己降到他人之较为低下的水平"①。在舍勒看来,耶稣基督对"罪人"充满奥秘的态度隐藏着一种深度的意识,就是要求巨大而彻底的"生命转向",即"重生"。相对而言,这种重生对"罪人"较易,对"守法人""高贵者""善人"较难,因而这种态度隐含了一种冲击善人社会、撞击内部心灵的"强力":走向罪人,同他们一道受苦、挣扎,一道过他们所过的艰难困苦的生活。这是一种和对象价值无关、纯然发自内心的"挚热的爱"和"挚热的悲悯",涌向宛如"一个人"般的共契的人类统一体,这种爱的"共契意识"使人甚至对"独善其身"的人产生疏离感。这也是为什么耶稣一再抨击法利赛人和犹太教文士的一个原因。②

对于苦行主义的爱,舍勒也进行了辨析。舍勒指出,有一种变态的苦行主义,在对苦行的迷恋中导致种种身体折磨,并以此作为灵魂救赎的方式。其实,这种身体磨炼的出发点不是精神之爱而是"本原的肉身之恨",源自对身体的"陌生感"。还有一些苦行主义的观念和行为也是基于"怨恨"之上,比如无力获益只好听命于贫困,无能情爱只好守护贞操,无能自制只好顺从于人,等等,这同基督教的苦行观完全不同。可是,尼采正是以此误读和误认基督教的,认为基督教的苦行理念也根于怨恨律令,扼杀人的生命活力,表现的是一种对"精疲力竭的生活的价值反应",却没有注意到"按基督教的道德,赢得高度评价的,不是贫穷、贞操、顺从,而只是自由地放弃的行为:自由地放弃财产、婚姻、自身意愿这些先已设定的既有的和正直的财富。……我们把拒绝享受尘世的东西而赞赏尘世的东西称作'真正'的苦行"③。所以,基督教的苦行伦理决非像尼采曲解的那样是生命力衰弱的表现,相反,恰恰是"强力的生命表达":在分明肯定各种现世福利价值的前提下却拒绝享受和占有它们的自然欲望;在满足肌体需要极小值的情况下去锻炼纯净的生命功能。而尼采从"生物价值"的自然原则出发遮蔽和消解了基督教关于苦行的真精神和真理念,那就是对于高贵的、强大的、自己掌控自己的精神生命力的热烈追求。

舍勒强调,基督教的爱作为一种自由地出自自身的内在而强大的精神力量和

① [德]舍勒:《道德建构中的怨恨》,罗悌伦译,刘小枫校,《舍勒选集》上,刘小枫选编,第457~458页。
② [德]舍勒:《道德建构中的怨恨》,罗悌伦译,刘小枫校,《舍勒选集》上,刘小枫选编,第458~459页。
③ [德]舍勒:《道德建构中的怨恨》,罗悌伦译,刘小枫校,《舍勒选集》上,刘小枫选编,第462页。

精神伦理,是以一个爱的国度即上帝国的设定为价值根基的。爱的上帝国度高于整个生命存在的层级,真正的爱在根本上是从上帝的国度流出来的精神力量,只有通过爱的活动,人的生命才能获得最高价值和意义。在此,基督教的爱不是一种生物原则,也不是一种政治的、社会的原则。"爱敌人"的要求并非意味着终止固有的人间政治斗争和阶级冲突的法则,而是要求一种"终极福祉的宁静","从上而下"地"察看"人世间的斗争,使人类追求的目标永远不会被看作终极目标,使所有人的内心深处永远葆有一个神圣的位置。因此,基督教的爱涉及的是"精神自我"和"上帝国里的同胞",是一个神性的精神的国度,是一种在"自身内具有最高的价值、无穷无尽地促使人高尚、向基督看齐的精神行动"①。

在上述基础上,舍勒批判现代博爱观向功利主义的蜕变,将爱当作是扩大人的"总体福利"或"感官幸福"的"工具",用世俗感性原则摧毁了"爱的奉献"这一真正自由的精神原则和超越的神性原则。同时分析批判了现代伦理的两个根本缺陷:一是用个人主义的爱对抗共同体的内在价值,把自身封闭在孤立的原子式的灵魂里;二是另一个极端,只承认国家、民族、社会一类的价值,否定神创造的人格及个人灵魂的实质性存在。② 然而,所有个体和上帝之间的共同的位格联系是一切价值存在的终极基础,"如果所有人与上帝的共同关系被否定,精神的灵魂彼此之间最深、最有效力的终极联系……被否定,那么就不能设想有任何善的等级秩序存在……也不能设想有任何集体方式的确切牢固的秩序和相互关系的存在,按照永恒不变的法则保存和实现这些善,正是这些秩序和相互关系的责任"③。只有在超越的上帝之爱里才有一个自在而永恒的价值秩序,也只有在和上帝之爱的关联中才能建立起个体恰当的"心灵秩序"和人类真正的"精神共同体"。

于是,舍勒从基督教爱的精神伦理中挖掘并阐发了关于"集体理念"的三条原理,作为现代生存伦理重构的传统资源:

第一,每个人作为精神的有限人格都与他人过着共同的生活,就是说,"一个理性人的全部存在和行动,既是一个有自我意识的、责任自负的个体现实,同样也是某个集体中有意识的、责任共负的成员现实,这乃是一个理性人的永恒的理念的本

① 〔德〕舍勒:《基督教的爱理念与当今世界》,李伯杰译,默默校,《20 世纪宗教哲学文选》中卷,刘小枫主编,第 1075～1076 页。
② 参见〔德〕舍勒:《基督教的爱理念与当今世界》,李伯杰译,默默校,见《20 世纪西方宗教哲学文选》中卷,刘小枫主编,第 1090 页。
③ 〔德〕舍勒:《基督教的爱理念与当今世界》,李伯杰译,默默校,见《20 世纪西方宗教哲学文选》中卷,刘小枫主编,第 1077 页。

质"①。而"人类这种共同体具有神性的精神起源及上帝认可的权利"②。

第二，源自"灵魂的必然"和"精神的爱的要求"，超越孤独赤裸的自我，也超越任何一种自身从属的"历史存在"的可见的共同体，它们没有一个能够完全实现和满足我们的理性和心灵的无限性需要，只可能在一个"理念"中达到，"这个理念就是与一个无限的、精神的个人缔结爱的共同体"，也就是一个与人格的上帝结为一体的精神共同体。"只有通过上帝，我们才真正在我们当中以精神的方式结合在一起。"耶稣那条最高贵、最伟大的爱的律令就是这个意思，"它要求把自我的神圣化和对邻人的爱植入上帝之爱的共有的根须之中"。③

第三，每个人和每个集体作为成员在更大的集体面前，"在必然的身份中是同等本真与责任自负的"；在上帝面前，为集体在精神和道德上的境遇及行为"共同负责"。舍勒称此为"伟大的道德和宗教原则"或"道德的责任共负原则"。④

按照舍勒的上述看法，在基督教源于爱的集体理念中，既包含着对个体的肯定和爱，也包含着对共同体的肯定和爱，是一种共同由神性之爱的精神纽带所贯穿的个体之间的联合；每个个人自由自愿地由一种道德—宗教的力量而非国家组织的强迫，以各种方式结成一个有独立人格又共同负责的道德共同体。这正是现代世界所缺乏的。现代个人主义生存伦理似乎很强调个体，但是有着严重的误区，陷入生物学的原子个人主义，使所有人在表面平等、具有同样价值的形式下抹杀了精神的差异，失去了个体独特性，导致大众化的平庸面相。"真正的基督教的有关见解是：只能看见外观的人类眼睛，看到的只是个人、集团、种族及至整个人类的价值，以及此种价值对人而言的表面的相同价值；在这种价值的表面形式之相同特性的背后，上帝却见到了人类之眼不能见到的无数价值差异和差别——值得一提帕斯卡尔的中肯说法：当人们能在相同形式的外观中把握人的内在差别，人们才展示出自己的'精神'。"⑤唯在上帝的至爱里，一切被爱者都平等地无差别地获得了绝对的爱；但在绝对的爱中，所有被爱者又是作为一个独特的人格而存在的，上帝爱的是每一个独特的人；无差别的绝对的爱并不吞没而是成全被爱者作为个体性自

---

① ［德］舍勒：《基督教的爱理念与当今世界》，李伯杰译，默默校，见《20世纪西方宗教哲学文选》中卷，刘小枫主编，第1082～1083页。

② ［德］舍勒：《基督教的爱理念与当今世界》，李伯杰译，默默校，见《20世纪西方宗教哲学文选》中卷，刘小枫主编，第1085页。

③ ［德］舍勒："基督教的爱理念与当今世界"，李伯杰译，默默校，见《20世纪西方宗教哲学文选》中卷，刘小枫主编，第1086页。

④ 参见［德］舍勒："基督教的爱理念与当今世界"，李伯杰译，默默校，见《20世纪西方宗教哲学文选》中卷，刘小枫主编，第1087～1088页。

⑤ ［德］舍勒：《道德建构中的怨恨》，罗悌伦译，刘小枫校，见《舍勒选集》上，刘小枫选编，第468页。

身的独特性；也只有在神爱面前，个体性和平等性才能获得真正的统一。不仅如此，也只有在上帝的爱中有一种"永恒的价值层级秩序"作为人类生存伦理的终极价值依据，可以救治由相对主义和历史主义支配的现代世界的心灵失序和伦理失序。①

（二）不可能的可能性：尼布尔关于爱的生存论分析

如果说舍勒关于爱的辩证继承了奥古斯丁关于永恒的爱的秩序，却又并不像他那样强调原罪对自由意志的破坏而导致爱的迷乱，而是强调现代伦理挑战对神性之爱的秩序的颠覆，因此凸显哲学人格论的立场，将爱解释为一种源自个体人格的内在自信、极度自由主动的精神力量，并以此为纽带重建现代人的宗教性—道德性的共同体，那么，尼布尔通过生存论视角中关于爱的重构而再度回到基督教的传统观念上，试图再次启用传统资源为现代伦理秩序的重建提供基础。

对于基督教的神性之爱——"牺牲之爱"，尼布尔的解释起点诉诸对人性生存结构的透析。依他之见，人的生存立身于精神和自然的交汇处，周旋于自由和限制的处境中，既具有精神超越性，又具有感性有限性。"有限与无限这一对矛盾以及由此而及的自由与必然的矛盾是人类精神在这个大千世界中独一无二的标志。"②从一个方面来看，作为这种人性双重性的后果就是罪性，其实质在于，在二重性的张力中，人的精神超越性原本应该到上帝那永恒的爱里去寻求安宁，却反把自身和其他的有限物几乎不可避免地提高到了永恒，而忘却了自身的有限性，此之为罪性。在这一生存悲剧里，自然有限性是罪性的消极条件，精神超越性是罪性的积极条件。可是从另一个方面来看，也正是在人的精神超越性里蕴含着牺牲之爱的可能因子。换句话说，牺牲之爱契合人的精神超越的本性，是精神自由的自然要求，是精神无限性突破有限性的内在取向。然而，同样严峻的是，人的生存的感性有限性以及罪性恰恰又构成了对它的现实束缚，使这一内在逻辑无法实现在历史中。爱的绝对性只存在于精神的要求里，历史永远是相对性的现实。因此，尼布尔提出了一个中心观念：牺牲之爱是一种"不可能的可能性"。

首先，十字架上的"牺牲之爱"昭示着爱的"完全"、爱的"超历史性"。这一爱的绝对伦理既不同于否定世界的宗教禁欲主义和获取功利幸福的自然主义，也与社会政治伦理和个人世故伦理没有关系，"它仅仅是在上帝之爱的愿望和人类愿望之

---

① 本小节关于舍勒的论述基本上取自笔者发表在《哲学研究》2006 年第 7 期《舍勒关于现代市民伦理的批判和基督教伦理的辨正》一文，特此说明。

② 参见［美］尼布尔：《基督教伦理学诠释》，关胜渝、徐文博译，曾庆豹校，台北，桂冠图书股份有限公司，1992，第 46 页。

间的一种纵向坐标"①。人类愿望下的生活是经验的现实世界,神爱愿望下的生活是超验的理想世界,它们不在同一个平面上。尼布尔说:"神的爱之最高尊严、最后自由和完全的超越利害关系,只能在历史中以牺牲的精神(十字架之爱)表现出来,因为它拒绝现实人生中的一切要求。它所表示的爱是'不求自己益处'的。然而一个不求自己益处的爱心是不能在人类社会中维持的。"②"像上帝超越世界一样,它最终来说也超越了人类生活的可能性。"③从根本上来说,十字架启示的牺牲之爱,是以"超越历史事实"的"终极事实",即"上帝的品性"为根据的,这一品性体现在基督是无罪的完人,是神——人这一根本点上。十字架之爱所启示的东西是"生命和历史的一种最后完成",这一完成不是也不可能是在历史经验内实现的,相反是作为超验的真理而存在的。所以,尼布尔反对像黑格尔、马克思那样在思维方式的辩证法中将历史和超历史混为一谈,用历史去吞没超历史之维。不能把牺牲的爱放在历史的时间的进程中去理解,将之当作最终的历史目标而实现出来,就好像那是一个三段论式的历史进程:"原来的天真无罪乃是没有自由之前的生命与生命之间的和谐,互爱互惠乃是生命与生命于自由范围之中的一种和谐,牺牲的爱乃是灵魂超越有限历史和罪性的限制而与上帝相处的一种和谐。"④

　　在尼布尔看来,展开在历史中的人类生活都是以出于自爱的互爱和公义为基本道德原则的。我爱你,你也要爱我;你尊重和维护我的利益,我也同样对待你,这便是互爱互惠。无论任何人,如果他犯罪了,侵犯了别人的权益,都要受到惩罚,这便是公义。互爱和公义之所以成为基本的道德规范是因为人是有限的精神存在者,有限性决定了人的生存根本不可能完全跳出自身之外,包括个体和群体置身其内的种种历史条件的限制,无论是什么样的个人、阶级、团体、国家都无法做到。任何以"牺牲的爱"为原则进入历史的行为,"不但要成为别人各种自私表现的牺牲品,甚至社会中最完全的公义制度也不免成为各种竞争意志与利害的均衡关系,凡不参加在这种均衡关系中的人,必然遭受挫败。……在人世间的社会中,不管一个人是如何公平具有远见,他若参加人生中的竞争比赛,终不能达到一种完全超脱利害关系的地位;只有拒绝参加竞赛,他才能显出超越的爱。参加竞争,就有一个自我的利益和另一个自我的利益彼此相对立"⑤。所以,只有神,只有基督这样的神人,为彰显绝对的爱,才能够在历史的竞争中放弃使用权力,并且除此之外,也就无

---

① [美]尼布尔:《基督教伦理学诠释》,关胜渝、徐文博译,曾庆豹校,第 27 页。
② [美]尼布尔:《人的本性与命运》,谢秉德译,第 362 页。
③ [美]尼布尔:《基督教伦理学诠释》,关胜渝、徐文博译,曾庆豹校,第 25 页。
④ [美]尼布尔:《人的本性与命运》,谢秉德译,第 367 页。
⑤ [美]尼布尔:《人的本性与命运》,谢秉德译,第 362 页。

法表明他超越的完全的爱。这也反过来证明,精神性和有限性的张力所构成的罪性处境乃是人类最深度的生存真实,它永远都不可能自我解除,除非人的存在消解了,人都变成了神。

因此,第二,虽然十字架上的"牺牲之爱"是历史的不可能,但是,正因不可能才使其作为人类生活的永恒目标和终极意义成为可能;反过来看,有条件的人类历史如果没有这种超验之维的无条件支撑,也将是破碎而瘫痪的,绝对的意义设定是人类生活所需要的,因为人类精神的超越性本质就在于追求某种意义生活的统一性,而上帝之爱构成了人类生活的意义统一的终极信仰基础,超越了世间的无序和生活的虚无。① 这就使得牺牲的爱成为"不可能的可能性",它将人类相对的互爱和公义放在一个终极的视阈中,开辟出了更大、更广阔的可能性。对此,尼布尔指出,互爱和公义虽然是人类生活中的一般的道德规范,但是,它不是最终的规范;牺牲之爱的完全性使自身超出了公义和互爱,却是作为最终的道德规范构成了公义和互爱得以实现的前提。他说:"牺牲的爱是一切历史与道德关系所必需的,因为人若忧虑他的行为不能获得互惠的报答,必然无法建立互惠互爱的关系。若以获得互惠为一切行为的目的,则终不能达到互惠。所以牺牲的爱对互惠的爱有了一种似乎矛盾的关系,而这种关系是与超历史和历史的一般关系相似的。"② 这意味着,历史中的活动目标是在超历史的观照下实现的。从理论上来讲,没有绝对者的悬设,一切相对者都失去了存在的前提;没有绝对的爱—完全给予的爱的预设,一切以"爱我—我爱"为条件的互爱也会走向自我反面而无法实现。从实际上来讲,充满内在张力的人性生存结构使得人类和谐与和平的社会生活面临巨大挑战,因为关涉和谐与和平最重要的几种内在因素如理性、良知、仁慈心会受到严峻考验。"我们有充分的理由相信:仁慈的情感和社会的良知绝非如此纯净无瑕或强大有力,与我们的意志相冲突时能够考虑他人的权利与需要的理性能力也绝非如此充分地发展,不可能创造出一个被所有理性与宗教的道德主义者或明或暗地当作社会乌托邦来努力追求的绝对自由的千年王国。"③

透过尼布尔对理性状况的分析,可以发现人类社会生存的正义困境。社会正义要以社会理性为前提,没有后者,前者是不可能的。置身于西方现代政治哲学背景下,尼布尔充分肯定理性较比良知与仁慈心的更大力量。他强调指出,我们的理性发展程度越高,就越能够正确地评价其他生命的需要,越能够意识到我们自己的

---

① [美]尼布尔:《基督教伦理学诠释》,关胜渝、徐文博译,曾庆豹校,第25页。
② [美]尼布尔:《人的本性与命运》,谢秉德译,第360页。
③ [美]尼布尔:《道德的人与不道德的社会》,蒋庆等译,贵阳,贵州人民出版社,1998,第3页。

动机的真正性质,越能够协调我们自己的生命冲动和社会冲动之间的相互冲突,越能够选择有效的方法去实现我们赞许的目的。理智的人比不理智的人更愿意去调整自己对待他人需要的行为,对他人的痛苦都深表同情,无论是亲近的还是远方的。理性的力量也更加有助于公正,因为理性能够为了社会和谐而对个人的愿望加以自律,按照关于共同体的理智看法调整个人的要求与主张。因此,提高个人理性和社会理性十分必要。①

然而,理性的限度也是非常明显的。从外部来看,个人理性行为的实施相对容易,群体行为的理性实施则很困难,这是因为在社会领域,理性很大程度上受到利益的支配。群体行为属于自然秩序的范畴,不完全接受理性和良知的控制,缺乏自我超越的能力,不理解他者的需要,比个人更难克服自我中心主义,群体自私的恶果远比个人严重得多。个体具有自我净化、自我提升的超越能力,可以成为一个道德的人。先天的同情心使他关怀同类,先验的理性能力使他具有正义感,能考虑到他人利益甚至置之在自己利益之上,这些美善的东西通过教育还可以得到进一步的扩展和增进。可是,对于人的社会群体来说,这是极为困难甚至不可能的。因此尼布尔得出一个结论是"群体道德低于个体道德",也就是所谓"道德的个人和不道德的社会"。他将之描述为"人类精神中存在着一个悲剧:人类没有能力使自己的群体生活符合个人的理想。作为个人,人相信他们应该爱,应该相互关心,应该在彼此之间建立起公正的秩序;而作为他们自认为的种族的、经济的和国家的群体,他们则想尽一切办法占有所能攫取的一切权力"②。所以,真正的正义的社会生活始终是一个严峻的问题。

在尼布尔犀利的目光解剖下,历史中的一切善和正义都不过是将爱和自私混在一起的善和正义。在历史中没有完全的和真正的正义和善,因为没有完全的绝对的爱,因为人的存在现在是并且将一直都是一个"有限的生灵"。人类社会历史上的非正义冲突往往并不是来自纯粹的和过度的自私,而是来自人的那些"自然的同情"不可避免地与"自然的自私"结合在一起的"高尚姿态";毁灭人与人之间的和谐与正义的并非仅仅是过分的嫉妒和报复心,而是那种通过"巧妙的辩解"掩盖起来的伪善。即便是一种所谓罚罪的社会正义观,也很有可能包含着非正义如"报复"的情绪,不过是一种掺杂着恶的正义。这意味着人类永远都置身于不可能根除的罪性处境里。③

---

① 参见[美]尼布尔:《道德的人与不道德的社会》,蒋庆等译,第23~25页。
② [美]尼布尔:《道德的人与不道德的社会》,蒋庆等译,第7页。
③ 参见[美]尼布尔:《基督教伦理学诠释》,关胜渝、徐文博译,曾庆豹校,第76~79页。

　　从内部来看,理性的性质和功能在于作为一种工具性存在来发挥作用,必须给以爱的内在动力和源泉、目的和目标,否则,完全有可能受到非理性的恶性驱使。尼布尔批评斯多亚主义伦理学,也批评康德实践理性的普遍立法的纯粹形式性,它虽然可以提供批判的原则和规范,但这规范并不包含实现道德行为的动力。它们都误解了人类精神的冲突,将理性和感情及欲望完全对立起来,并不全然理解“道德的动力”。康德只把遵守道德法则的自律行为看作是善的,可是自律的理性并不足以提供出遵守法则的道德动力。从一方面来看,法则只是存在于事物本质中而非表象中的东西,它无法将自身实现在存在的领域;与之相关,从另一方面来看,理解并尊重法则的自我和实际生活中的那个充满热情和愿望的自我完全是分裂的,这使得普遍理想的实现无法获得活生生的内驱力——道德的动力源泉。在尼布尔看来,这一道德的动力源泉是道德行为的内在灵魂,那就是“爱”。没有爱的灵魂,仅仅是“我应该”的义务律令是不足以完全变成现实的道德行为的。正是在基督教的完美的爱里,自愿地将自我奉献给爱的目标,“什么是”与“什么应该是”是两位一体的。在爱里,爱的意志、理性、情感、欲望都是统一的,正是通过这些东西,自我才得以和他人有机地、和谐地关联在一起。①

　　按照尼布尔的观点,基督教的牺牲之爱澄清了“历史发展的可能限度”,昭示了我们的“希望”和“绝望”的双面性。他这样写道:“基督的道德品质不仅仅是我们的希望,还应该包括我们的绝望。上帝在基督中的启示便是从该绝望中产生新希望的集体呈现,在此信仰中,基督与十字架受难不只是显示了可能性,同时也显示了人类有限的限度以期从对它们悔悟的认识中产生出更为终极的希望。换言之,基督教信仰是将其最终信任置于基督之爱,而非置于人类之爱的乐观主义,是最终相信现实之终极的和超验的统一,而不是相信人类匠心独具地创造出来的暂时与表面的和谐。因此,它很自然地坚持认为,这一最终希望只是对那些不再只相信人类可能性的人才有可能使之成为现实。忏悔才是进入上帝之国的必经之路。”②十字架上的牺牲之爱所彰明的人性限度,使人类对自身的罪性永远需要保持理性的高度清醒和警惕,马克思主义认为罪性自私是社会制度造成的,制度好了就能生产出完善的人,这是根本的误识。顽固的罪性需要神性的救赎,但即使是神性的救赎也不是在历史中能够全然完成的。“深刻的基督教信仰也从不相信十字架的救恩能改变人类的本性,以致使人类渐次达到了普遍的牺牲之爱,而这种牺牲的爱最终

---

　　①　参见[美]尼布尔:《基督教伦理学诠释》,关胜渝、徐文博译,曾庆豹校,第134～137页。
　　②　[美]尼布尔:《基督教伦理学诠释》,关胜渝、徐文博译,曾庆豹校,第81页。

可以变成为一种在一切社会作用上能够完全保证其为有效的互爱。"①但尽管如此,在这不可能的绝望里依然也还在产生着可能的希望,神圣的牺牲之爱(Agape)为人性的互惠之爱(Eros)提供了终极的范式和完美的理想,作为永恒的视景将人类世界置于它的牵引和检审当中,使得这个混乱的世界拥有一个可以忍受的秩序和统一,这便是社会的平等正义。任何平等正义都既与人性的理性、良知和仁慈相连,也和人性的有限和罪性不可分离,因而既需要外部权力制衡的制度保障,也需要绝对的爱的终极审判和矫正。

事实上,在超历史的牺牲之爱和历史的互惠之爱中间并非完全隔绝,而是存有一种辩证的关系。互爱是有条件的互惠关系中的爱,其经典表述就是:你愿意人们怎样待你,你也要怎样待人。但这不意味着互爱仅仅是出自纯粹利益的考虑,任何互爱其实都包含着某种不计个人利益的牺牲之爱的因素,否则就不成其为爱了。但是互爱较之牺牲之爱总是在低一层次上的、期待回报的、可以实际验证的历史中的爱,是将自爱和自我牺牲的因素混合在一起的,包含着爱,也沾染着罪。因此,在历史之内不存在人性的"最终规范",只有超历史的牺牲之爱才是人性的最终规范。而"以超历史的牺牲之爱来说明历史的最终规范就是承认人类具有超历史的自由,人类若没有这种自由,则不能有历史中的创造作为"②。因此之故,人的精神具有自由与超越性,它不能完全包含于历史的自然过程中,也不能以历史的自然过程为满足,而是关心历史超越的境界和意义,这使得历史的指向超乎在自身之外,指向那神圣的根据和目标,虽然人类的经验尚未能够无可辩驳地给出证明,证明这是源自信心和启示的话语。③ 然而,对于人类来说,只有以"超越自身的普遍意义去认识、去理解时,方才有其尊严"④。这也是绝对的完全的牺牲之爱对于现代人的生存所昭示的终极意义,也是人类本体论生存的超越范式。

第二节　推己及人——儒家人性之爱的次第模式

如果说"爱"在基督教里突出呈现为"神性之爱",那么在儒家则表现为典型的"人性之爱"。神性之爱首先地和根本地是神的爱,即神爱,其终极而超越的形而上学宗教性品格是非常明显的;人性之爱无疑是在讲人的爱,即人爱,但它是否只是局限在人际交往之间的一种个人美德和人伦规范,并不具备某种宗教形而上学的

---

① [美]尼布尔:《人的本性与命运》,谢秉德译,第375页。
② [美]尼布尔:《人的本性与命运》,谢秉德译,第365、369页。
③ 参见[美]尼布尔:《人的本性与命运》,谢秉德译,第382~383页。
④ [美]尼布尔:《基督教伦理学诠释》,关胜渝、徐文博译,曾庆豹校,第154页。

终极性和超越性意义,并因此成为一种没有普遍性意义的爱呢? 按照共识,儒家的人性之爱集中体现为核心观念"仁",也称之为"仁之爱"或"仁爱"。"仁爱"无疑是一个伦理范畴,但绝非仅是一个伦理范畴,而是贯穿在儒家的天人观、宇宙论、人性论、道德伦理以及社会政治理想当中,是一个涵容和贯通天地人为一体的、具有形而上学宗教性意义的观念。仁爱既是人类存在与天地万物的本性,也是个人孜孜以求的理想人格;既是指导伦理生活的道德原则,也是社会政治秩序的价值目标;既是个体自我修养的美德,也是天人合一的至高境界;既是成就君子和圣人的根本之路,也是天地大化生生之源。总之,仁爱集普遍的实践原则、道德形而上学原则、天人合一原则于一身,既具有伦理的普遍性,也具有超越的宗教性,构成了儒家生存伦理的基本品质。而在如何实现仁爱的方式上,儒家采取了由近及远、推己及人、从人到物,直至天地的路径,这也是儒家最突出的特点,我们将这种行诸仁爱有顺序的实践方式称为儒家仁爱的次第模式。

一、仁爱在天人之间:仁者人也与生生谓仁

作为贯穿儒家思想体系的核心观念,仁的含义是十分广博的。在仁学的创始者孔子那里并未给出过一个统一的说法,而是在跟弟子问答的各种具体情境和语境中给出了各种各样的说明,在孔子之后的大儒,像孟子、董仲舒、朱熹、王阳明等人也是有着各具特色的解释。但从总体来看,关于仁是在两个层次上理解的,一是仁是什么,二是怎么样体现仁。前者可谓关于仁的本质性的看法,后者则是何以实现仁的方式和路径。下面先来解读何谓仁的问题,依然是以"四书"为主要依据稍及后儒。

(一) 以人为轴心:仁在人之性与爱在不忍心

陈荣捷从儒家道统的观点出发曾对仁的含义的生成过程做过一个总结:仁的含义最初见于《尚书》的"上天悯人"之义,而后扩展为一种特殊的美德即"仁慈",进而再扩展为普遍的至善至美的品德即"完善的美德"。在践行过程中,仁又被理解为"爱",包括"亲情之爱"和"博爱",博爱是被侧重的含义。在心理层次上仁是指"人"或"人心"。在佛教影响下,仁的含义指"公正无私",带有某种纯粹的心性意识状态的特点,后被矫正为公正无私的人类行为。最后,仁的含义延伸到与天地万物一体、创造万物的力量,也就是生生的过程。① 对这些解释我们可以统合为四种含义:(1)仁作为人性;(2)仁作为美德;(3)仁作为仁爱;(4)仁作为天人合一与天地

---

① ［美］陈荣捷:《儒家仁概念的演变》,载《东西方哲学》1955 年卷四第四期,第 295～319 页。

生生以及万物之性。^①这几种含义实际是完全贯通在一起的,其中心在于仁是人性之爱。但是,人性之爱既不困于人性,而是延伸到天地万物的生生之仁,也不囿于爱人,而是仁人无不爱;这样的仁爱既是人的一种美德,也是参赞天地化育的天人一体的高超境界和完美人格。故而,仁爱乃是贯通儒家思想的核心与灵魂。

我们从仁作为人性说起,渐次展开上述观点。把"仁"作为人性,也就是把仁理解为人之为人的本质,守仁为人,丧仁失人。故人性即仁之性,人之为人乃有仁性在身。一个真正的人便是一个仁人;有仁,才有人的尊严、人的价值;没有仁,便失掉了为人的根本。孔子的理想人格"君子"首先就是一个抱仁守仁的人,一个努力修养仁德的人。他说:"君子去仁,恶乎成名?君子无终食之间违仁,造次必于是,颠沛必于是。"^②怀仁求仁之君子人格的提出打破了以社会地位和出身来衡量人的价值尺度,人的真正高贵在于精神和品德的高贵。君子既是一个体现着仁德的人,也是一个修养仁德的人;当达到最高的境界,也就是人格的最高典范和完美典范时就是"圣人"了。这样的人远远超出了一般人的层次,在现实中是极难达到的。所以孔子才说:"圣人,吾不得见之矣;得见君子者,斯可矣。"^③但是,无论君子和圣人有多少差别,他们显然都是求仁得仁之人,都是具有极高的道德品质的仁人。没有仁,则人之为人的真正本质就不存在了。

在《论语》记录的几百次对话里,有一百多次涉及"仁",可谓是中心的观念和议题。从问答中可以看到,对于孔子来说,仁更多地体现为在成人成德、闻道谋道、知天顺命以及一切言谈举止、生活学习、为人处事活动中的追求和理想。没有任何人天生就是仁人,即使是君子也需要经常检审自己的行为是否偏离了仁的要求,即使像颜回这样的贤人也是"三月不违仁"^④,十分强调守仁求仁的不易和不懈。这说明,孔子谈仁的方式主要是从成仁抱仁的理想及其努力的视角切入的,以及从仁之本质的实践方式切入的,很少去直接给出"何谓仁"的判断。但是,透过孔子关于成仁之难的各种议论可以发现,仁被视为某种完美无缺的存在,在这种观念里深深蕴含着关于"仁"的本源性、本质性意义的领悟和体认。比如,当弟子几次叙述某人有什么好的行为举止后问道"何如"的时候,他都回以"忠矣""清矣",而面对"仁矣乎"

---

①　姚新中在引介了陈荣捷的看法后将仁的诸种含义概括为前三种,强调其为儒教人本主义的明确体现,我再加上第四种与之并列,是为了突显儒家人文主义具有的由人抵天的宗教超越性,而不采用人本主义的提法。参见[美]姚新中:《儒教与基督教——仁与爱的比较研究》,赵艳霞译,北京,中国社会科学出版社,2002,第94页。

②　《论语·里仁第四》。

③　《论语·述而第七》。

④　《论语·雍也第六》。

的发问,则每每回答:"未知,焉得仁?"或"不知其仁"。① 即使是像尧舜这样的古代圣王,孔子认为也不能说就是和仁完全合一了,依然有不到之处。"子贡曰:'如有博施于民而能济众,何如?可谓仁乎?'子曰:'何事于仁,必也圣乎!尧舜其犹病诸!'夫仁者,己欲立而立人,己欲达而达人。"②这表明,仁对人的修养而言呈现为一种至高的境界,仁就其形而上的存在而言则具有某种本体论意义。

真正从形而上学人性论的意义上对仁做出深刻阐发的是孟子,他提出了"仁也者,人也"③的论断。孟子无疑赞成孔子关于仁人是一个始终如一和不懈努力的修养过程,只有具备了仁德,人的生命才充满价值。不过,孟子相信在人的身上先天存在着"仁",仁是人性之所在。只不过先天的仁之人性是一种潜在的原初善性,不意味着每个人就是一个现成的仁人;需要开发之、呈现之、光大之,才能成就一个现实生活中的仁人或者君子。但是,先天存在的仁之性构成和提供了个人成为仁人君子的基础和可能,这也使得凡人与仁人与君子与圣人之间并不存在隔绝的界限,在逻辑上人人有成圣的可能性,因为他们先天拥有完全一样的仁之人性。在此,仁既是人之为人的本质或本然、根基或根本,又是力图达到的理想和目标、应然和应是。在理想和现实、应然和实然之间存在距离,在应然和本然、应是和本是之间却是同一的,由前者的距离到后者的同一,便是通过自身修养的功夫而实现自我超越的努力过程,其成就便是以君子为代表的理想人格的形成。

按照孟子的看法,君子之所以是君子,就在于他能够自觉意识到人的本性在仁,这就使得潜在之仁性澄明在心中;进而,通过道德修养的功夫去守仁固仁,行仁践仁,于是,仁性的根苗得以更加深深地植于和长于内心。所以孟子说:"君子所性,仁义礼智根于心。"④正是在仁即人性、仁显在心的意义上,孟子又说:"仁,人心也。"⑤仁是人的心性所载或本然所在,良心或善心均为先天禀赋,不为后天外加,此也正是孟子所讲的良知良能,也是孔子为什么说"仁不远人,为仁由己,岂由人乎"的先天理据,充分揭示了人性自由自觉地选择向善的能力和力量。只要一个人真心和决心向仁,他就可以成为一个仁人。如果说一个人不去践履仁是因为他没有足够的力量去做,孔子说,那他从来没有见过这种情况。既然仁在人性,仁在人心,人便能够通过自己修仁践仁而实现自我超越,不同于基督教爱的根源在神,人爱非得经过神爱的救赎和灌注不可。

---

①　见[宋]朱熹:《四书章句集注》,"论语集注",第75、76、78、79页。
②　《论语·雍也第六》。
③　《孟子·尽心下》。此外,《中庸》里也有"仁者人也"的论断,孟子可能是继承发挥了子思的思想。
④　《孟子·尽心上》。
⑤　《孟子·告子上》。

如果说仁在人性,仁在人心,那么,这人性人心之仁的灵魂与实质就是"爱"或"仁爱"。仁之爱或爱之仁首先可以看作是一种在人学形而上学意义上的确认,孟子所谓"不忍人之心"便是这种最本始的仁爱之端。修养这种不忍人之心,人就能充满仁爱;毁灭这种不忍人之心,人就会流于禽兽。如果说仁爱以人爱为轴心,那么可以说仁爱也以爱人为主旨。儒家人文主义最突出的思想特征就是把最大的注意力投注到人和人事上,故而仁爱的中心内容就是以人为爱者和被爱者。孔子提出了"仁者爱人"的思想,在仁中将人和爱统一起来。《论语》中有多处记载孔子和弟子关于仁的对话,例如,"樊迟问仁。子曰:'爱人'。问知。子曰:'知人。'"①朱熹注释说:"爱人,仁之施。知人,知之务。"②应该努力认识的中心要务是认识人,应该用仁爱的精神去关注的中心对象也是人。人是认识者和爱者,也是被认识者和被爱者,包括君臣、父子、夫妇、兄弟、朋友,或者家族、社会、国家、历史在内的全部人生和人事是儒家关注的中心视域。

不仅如此,以孔子之见,"唯仁者能好人,能恶人"③。就是说,只有真正拥有仁爱之德的人,才能对人做到真正的爱和恨、好和恶。虽然每个人都有自己的好恶爱憎,可只有安于仁、固于仁的人,由于里边具备仁慈公正,没有私心偏袒,方才能够做到真正正当和恰当的爱恨和好恶。在应该的尺度上爱应该爱的,好应该好的;也在应该的尺度上恨应该恨的,恶应该恶的。所以朱熹引游氏注曰:"好善而恶恶,天下之同情,然人每失其正者,心有所系而不能自克也。惟仁者无私心,所以能好恶也。"④

(二) 仁爱的超越性:由天到人与由人到天

在轴心意义上肯定了仁爱乃人之爱为人性和人心先天固有之后,儒家进一步打通天和人,将仁爱的心性溯源至和扩展到天地万物之间,通过仁将人和宇宙贯穿成为一个和谐的整体,使仁爱由此成为一个上能达天契命、下能润泽万物的超越性观念和原则。这可以从两个方面来理解:

第一,从超越性的本源来看,也是从存在论的顺序来看,人自天地而出,人性禀天命而成。《论语》里讲"与命与仁",《中庸》里言"天命之谓性",《孟子》里论"立命存性",都是这个意思,奠定了儒家人论的形而上学宗教性基础。在这个基础上便能够进一步确认,仁爱作为人性也是由天命而来,仁爱的最高根据在天。仁是人性

---

① 《论语·颜渊第十二》。
② [宋]朱熹:《四书章句集注》,"论语集注",第131页。
③ 《论语·里仁第四》。
④ [宋]朱熹:《四书章句集注》,"论语集注",第69页。

的，也是天命的；仁爱是人心，也是天心；施爱是人德，也是天德；在仁爱里天人一体。在这个一体化的关联中我们要确认的是，关联的顺序是沿着从天到人的方向，这便是存在的顺序和方向，意味着仁爱具有超越性的本源，这个超越性本源就在天。

在儒家观念中，天地具有广大无边的滋养好生之"至德"。《中庸》和《易传》都将天地高远博厚、包容四方、化生万物、悠久无疆看作是一种"大仁"或"大德"，所谓有"生生"之仁或"生生"之德。《易传·系辞》中就有这样一句话："天地之大德曰生。"在这方面，汉儒董仲舒继承并推进了前人的思想，明确从天人合一的角度解释仁，确立了以天为本的天人一体化系统。他指出，人和万物都来自同一个本源，那就是天。人的身体和精神、本质和行为，人类社会生活的准则，也都是由天预先命定的。"为人者天也，人之人本于天。"①天是人和万物的创造者，在其生养宇宙万物的过程中，在其对人经久不衰的关怀中，都充分显示着天的仁爱。仁爱是天的意志，故"人之受命于天也，取仁于天而仁也"②。仁爱是天的昭示，故"人之德行，化天理而义"③。仁爱是天赋予人和万物之生生不息的精神力量，故人的仁爱也以天为不绝的源泉。仁爱也是天的美德，决定了仁也为人的本质和品格，"天之为人性命，使行仁义而羞可耻，非若鸟兽然，苟为生，苟为利而已"④。仁爱来源于天而植根于人性。在天有阴阳，在人有性情。仁爱与天之阳、人之性统一，贪婪则与天之阴、人之情贯通。仁爱是宇宙生生本质的体现，也是天命在人性的体现，构成人类王国和宇宙世界结为一个和谐整体的内在力量。宋儒朱熹更是从"天理"之形而上学高度推进并系统化了孔孟思想传统，强调仁是一种具有创造性和整合作用的力量，仁心不仅是人心，而且是天心或天地之心，天地之心乃是万物产生的根源。在人心中有仁义礼智四端并发展为四德，这可以溯源到天地之心里也有生成、繁荣、推进、稳定四种仁爱之德，其主要体现在"生生"的活动过程中。在注释孟子"夫仁，天之尊爵也，人之安宅也"⑤一句时，强调四德"皆天所与之良贵。而仁者天地生物之心，得之最先"⑥。依他看来，仁是心之德，渗透到一切善的活动中；仁是爱之理，使天地得以生成万物和人类并促使其成长，也使人以爱心对待万事万物。故而可以说，仁的本质就体现在爱里，仁即是爱，仁心即是爱心；仁爱之心是人心，也是

---

① ［清］苏舆：《春秋繁露义证》，北京，中华书局，1992，第 318 页。
② ［汉］董仲舒：《春秋繁露·王道通三》。
③ ［汉］董仲舒：《春秋繁露·为人者天》。
④ ［清］苏舆：《春秋繁露义证》，第 61 页。
⑤ 《孟子·公孙丑上》。
⑥ ［宋］朱熹：《四书章句集注》，"孟子集注"，第 222 页。

天心。

　　第二，从超越性的实行路径来看，也是从功夫论或修养论的顺序来看，仁爱乃是由人到天，由下到上，由内到外，将个体仁爱的心性延伸扩展到天地万物，使人心与天心在仁爱中合一，使人性与天地之性在仁爱中通为一体。在这种天人关联中，我们要确认的是从人到天的方向和顺序，这意味着，仁爱乃是人的存在的超越品性，是人要达到天人合一的存在境界，也是将仁爱之心扩充，由人到物直抵天地的超越性活动和力量。在仁爱里，天地人三者得以贯通，由爱人到及物，也就是民胞物与，再到参天赞地，融入天地生生不息的广博、深厚与高远，与天地合其德，共其在，也就超越了生命存在的暂时性而跨入了永恒之境。这也就是儒家追求的最高境界，即超越的圣人境界。

　　毫无疑问，儒家的中心关注在于人自身的活动之维。在仁爱的问题上，儒家的思路同样强调，仁爱虽然是人类存在和天地宇宙的本质，在形而上学的本源意义上，人来自天地之间，人之仁爱来自天之仁爱，但是，人是天下最可贵者，天地仁爱的本质只有通过人才能自觉而充分地体现出来，也只有依靠人的能力才能把仁爱推到极致。人性与天地宇宙、万事万物的本性通为一体，因而也能够把自己的仁爱之德推广到所有事物及至整个宇宙。所以，儒家仁爱观念的超越性品格在肯定天为本源的前提下，更为凸显的则是用力开拓从人爱出发直抵天人境界的超越性之路。易言之，仁爱所具有的超越性，对于儒家传统而言，最为关注并予以阐释的不是天之维，不是从天到人的本体论超越之路，而是人之维，是从人到天的境界论超越之路，鲜明体现着儒家宗教性人文主义通过自我修养实现生命超越的功夫论特征。

　　孔子的"与命与仁"就是这样一种超越的生命境界。仁在根本上是一种对待终极实在的态度，即敬畏和恭顺天命，相与和赞许天命，而敬畏和相与之道就在于牢牢立足于自身而抱仁守仁、施仁践仁。在这种相与中，仁者爱人，悯人悲天，故孔子有着强烈的忧患意识和仁爱的天下情怀。《中庸》里也说："大哉圣人之道！洋洋乎！发育万物，峻极于天。优优大哉！礼仪三百，威仪三千。待其人而后行。故曰苟不至德，至道不凝焉。"[①]唯有至德，方成至道；唯抵至道，是为圣人之道；圣人之道至大无外，高峻及于天，广博蕴万物。而圣人因至德至道而进抵天地万物，正是大仁之仁，大爱之爱，一种人德合天德、人心合天心、人道合天道的高超境界。故有如此赞叹："肫肫其仁！渊渊其渊！浩浩其天！苟不固聪明圣知达天德者，其孰能

---

① ［宋］朱熹：《四书章句集注》，"中庸章句"，第 36 页。

知之?"①而在孟子那里,人人都有"不忍人之心",此也正是仁爱之心。若每个人都能培养和扩充这颗仁爱之心,而不是追逐个人私利以相害,则彼此之间就可以相安以义,和谐共处;若将爱人之心涵及万物直至天地,所谓"万物皆备于我矣"②,也就达到了天人合一,与万物一体的最高修养境界,此亦为"大人"或"仁人"。大人或仁人无不爱也,也就是孟子说的"仁者以其所爱及其所不爱"③。若能如此,则"仁者无敌于天下"④。这是一个在仁爱中自我超越的过程,同样也是一个尽心知性知天或存心养性事天的过程。在《中庸》里,仁爱则表现为通过"诚之道"以实现"赞天地之化育",而天人融为一体的整个宇宙都是充满了仁爱之诚的宇宙,也是一个拥有完善人性的宇宙。同样,在《大学》里边,所谓"明德,亲民,至善"的大学之道也可以说是一种仁爱天下的修齐治平活动。

上述思想在宋明儒学里得到进一步发挥。张载将仁和《易》结合起来,将人的仁心扩展成涵容宇宙的"大心",在大心中,人和人、人和万物、天地和父母通为一体,这就是"民胞物与"的观念,也是对孟子"亲亲而仁民,仁民而爱物"⑤思想的继承和发扬。他说:"大其心则能体天下之物……其视天下,无一物非我";"乾(天)称父,坤(地)称母,……民吾同胞,物吾与也"⑥。正是通过仁心,万物一体。所以程颢将张载的意思更加明确而直接地表述为:"仁者,浑然与物同体。"又说:"仁者以天地万物为一体,莫非己也。"⑦对于一个仁人来说,宇宙和万物不是身外之物,而是自己的一部分。所谓"不忍人之心"实际上就是人和万物之间的内在联系,在修养、开发、扩展、彰显仁爱之心中达到与万物一体。人心与天地之心是相同的,人类之仁和宇宙之仁在本质上是一致的。所以朱熹说,在天地则块然生物之心,在人则温然爱人利物之心。

总之,仁爱之性既是人性,也是宇宙之性;仁爱之心既是人心,也是天心;仁爱既是爱人,也是爱物。因此,仁爱立足于人性,上达天地,下贯万物。它既不同于基督教的神性,却也不以人性为束缚为限度。就其本源而言可以上溯天地宇宙;就其作为人的心性和美德来说,则可以通过自我修养自我超越的活动,将仁爱扩充到宇宙万物而实现天人合一。所以,仁爱和基督教的神爱一样也具有超越性品质。不过,这种超越性诉求的关键取向和用力所在,不同于基督教由上到下,由神到人,

---

① [宋]朱熹:《四书章句集注》,"中庸章句",第39~40页。
② 《孟子·尽心上》。
③ 《孟子·尽心下》。
④ 《孟子·尽心下》。
⑤ 《孟子·尽心上》。
⑥ 参见冯友兰:《中国哲学史》下,重庆,重庆出版社,2012,第253、254页。
⑦ 《二程遗书》卷二上,见冯友兰:《中国哲学简史》,赵复三译,北京,新世界出版社,2004,第244页。

而是由下向上，由人向天，恰恰体现出前者是在神爱的救赎下开启的信仰之路，后者是在人爱的扩展中开启的修养之路。但无论哪种，其展开的生存伦理姿态都是爱的范式。

二、由近及远的仁爱之道：亲亲—仁民—爱物

前文我们探讨了儒家仁爱观念的人性及其超越性的品质和含义，并指出超越性的指向重在从人到天、从我到物的向上和向外的拓展，这可以说是在"何谓仁爱"的层面上所做的一种分析和解读。不过，对于儒家来讲，仁爱不仅包含着一个"是什么"的理论问题，而且更是一个"如何实行"的修养践履问题，其主旨和意趣在于功夫论而非本质论。那么，如何涵养和开发仁爱的心性和品格，并将之转化为仁爱的德行，落实为一种仁爱的生活，真正进入一种仁爱的境界呢？这就涉及施行仁爱的方式和内容，这个方面可以说是儒家最为关注的中心话题。透过这一话题，我们可以非常清晰地看到，儒家仁爱观的独特性及其意义。下面我们试图从几个方面予以分析，只是需要提出一点，儒家的思想观念不是那么清晰逻辑性的，而是浑然融通性的，分而析之的方式并非完全相宜的方式，但是从论述的角度而言，我们也只能勉强为之，只要充分意识到它们之间并不存在分明的界限就是了。

（一）仁爱的涵养态度：守诚之道

从涵养仁爱的心性和态度上来讲，儒家主张要守"诚之道"。"诚"在儒家思想中既是一种存在性—生存性的品质，也是一种对待性—处理性的态度。就前者而言，诚有真实纯正、原初本然之意，其实这种意义本身就是至仁至爱之意，可谓从形而上学本体论层面上言之，是谓天诚；就后者而言，诚有不疏不拒、不移不欺之意，这种意思可谓从何以诚的实践论层面上言之，是谓人诚。然则，天诚和人诚统一不二。

因此《中庸》里把"诚"视为天人之道，"诚者，天之道也；诚之者，人之道也"[1]。天道的品格在于"诚"之真纯，涵养万物出于本性，生生不息是为专一，故而天道至诚，至诚即至仁，至仁即至爱。人道以天道为本，所以以诚对之处之应之事之，是为人之道。就是说，要怀着真实和真挚的心灵，抱着专心不二、不移不疑的态度，以无私和无欺的德行而为人处世，这同时也就是守持和实行仁爱之道。以这种精神态度立身为人并将之推行扩展到人间和万物，便可以成就经纶天下的圣人之道和圣人之境，也意味着抵达天道至诚，实现了天人合一。故而《中庸》里又说："唯天下

---

[1]　[宋]朱熹：《四书章句集注》，"中庸章句"，第 32 页。

至诚,为能经纶天下之大经,立天下之大本,知天地之化育。夫焉有所倚?"①唯天下至诚,为能尽其性,尽人之性,尽物之性,与天地参。②经纶天下之大经,参赞天地之大化,确立天下之大本,此也可谓仁爱之至。

孟子也发挥了这一思想并配以养气之说。他同样讲道:"是故诚者,天之道也;思诚者,人之道也。"③孟子关注和强调人的自觉意识和天性良知,故以"诚心"为切入点,把"思诚"作为人之道。天道在自,实而无伪,可谓本然之诚;人道则是意欲自身实而无伪,可谓当然之诚,故即"思诚"。思诚之道需要以"诚心"致诚。人区别于禽兽者在于天赋良知,有不忍人之心,思诚就需要以精诚专一的态度开掘和发扬这一原初的仁爱之心。在孟子看来这是一种涵养"浩然之气"的功夫。何谓浩然之气?孟子回答:"难言也。其为气也,至大至刚,以直养而无害,则塞于天地之间。其为气也,配义与道;无是,馁也。"④可见,浩然之气实为天地之正气,若能养得此气,则天人一也。何以养之?需要以道义配之。就是说,必须发自内心地出乎义,守乎道,方能养成浩然正气。否则,若心里缺乏凛然道义的支持,就可能会因疑惧而至气馁萎缩下去。所以说:"仁,人之安宅也;义,人之正路也。……诚身有道:不明乎善,不诚其身矣。"⑤安于仁,据于义,明于善,才能真正诚心与养气。因此孟子说不要损害它,而要"善养吾浩然之气"。一旦养成,该气便可充塞天地之间,宇宙万物便可包罗于自身,达至"万物皆备于我"。修养到这个地步就可以成就一种"大丈夫"人格:"居天下之广居,立天下之正位,行天下之正道。得志与民由之,不得志独行其道。富贵不能淫,贫贱不能移,威武不能屈。此之谓大丈夫。"⑥实际上,这正是一种将仁爱之志行诸天下的精神情怀和高尚德行。孟子的养气实质在于自返养心。凭借仁义的精神驱动力和真诚不二的态度养气,也就是在自返善性、充实仁德、光大爱心,直至相与和包容万物,在仁爱之心里天人合一。故曰:"万物皆备于我矣。反身而诚,乐莫大焉。"⑦朱熹解说,反身而诚则仁,万物之理具于吾身,道在我而乐有余。⑧

孔子虽然没有给诚以更多形而上学层面上的阐发,但无论是在对神、对天命还是对人的言论中,都始终贯彻着"诚"的精神态度。比如,"祭如在,祭神如神在。……吾

---

① [宋]朱熹:《四书章句集注》,"中庸章句",第39页。
② 参见[宋]朱熹:《四书章句集注》,"中庸章句",第34页。
③ 《孟子·离娄上》。
④ 《孟子·公孙丑上》。
⑤ 《孟子·离娄上》。
⑥ 《孟子·滕文公下》。
⑦ 《孟子·尽心上》。
⑧ 参见[宋]朱熹:《四书章句集注》,"孟子集注",第328页。

不与祭,如不祭"①。这就是说,祭神,就像神在跟前一样;祭神,心一定要投入,心不在焉,跟不祭一样。此可谓"诚之至也",也说明"诚为实,礼为虚"。② 孔子名言"君子有三畏",其中之一就是"敬畏天命",在恭天顺命的态度里,至诚之心可谓笃实而显明。而在为人处事上应该终生奉行的"忠恕之道",即"己欲立而立人,己欲达而达人"③,以及"己所不欲,勿施于人"④的仁爱之道,如果没有"诚"的心性修养,是根本不可能做到的。

(二) 仁爱的修持路径:中庸与守礼

就仁爱的修养路径和规范而言,儒家讲究中庸和守礼。中庸之道是儒家对待和处理万事万物的基本之道。朱熹说:"中者,不偏不倚、无过不及之名。庸,平常也。"程子也说:"不偏之谓中,不易之谓庸。中者,天下之正道;庸者,天下之定理。"⑤既然不偏不过,恰到好处,不变不易,平常也恒常,那么中庸之道自然是天下正道和不变之理了。要修养仁爱的美德就需要走一条中正适当之路,就是中庸。

在儒家思想中,中庸与仁爱紧密相连,真正的仁爱人格、仁爱美德和仁爱行为无不经由中庸来体现。君子可谓仁爱人格的典范,因而也是持守中庸之道的典范。孔子说:"君子中庸,小人反中庸。君子之中庸也,君子而时中;小人之中庸也,小人而无忌惮也。"⑥说君子中庸,是说君子能够随时做到适中,无过无不及;说小人违背中庸,是说小人肆无忌惮,专走极端。这样的中庸可以说既是中道,也是美德,根本就是仁的体现。透过君子的中庸可以看到一个完美的仁爱人格,比如君子"群而不党"⑦、"周而不比"⑧、"和而不同"⑨。君子与人合群涵容,却不结党营私,随波逐流。君子之所以能够守持中庸之道,正是出乎仁爱的心性和美德的体现。反过来说,只有守持中庸之道,才能涵养和成就仁爱的心性和美德。

在《中庸》篇里,中庸更在形而上学宇宙观的高度被视为使天地安位、万物滋生、抵达仁爱之至的和谐状态的大本大道。"喜怒哀乐之未发,谓之中;发而皆中节,谓之和。中也者,天下之大本也;和也者,天下之达道也。致中和,天地位焉,

---

① 《论语·八佾第三》。
② 参见[宋]朱熹:《四书章句集注》,"论语集注",第64页。
③ 《论语·雍也第六》。
④ 《论语·卫灵公第十五》。
⑤ 朱程之言皆引自[宋]朱熹:《四书章句集注》,"中庸章句",第19页。
⑥ [宋]朱熹:《四书章句集注》,"中庸章句",第21页。
⑦ 《论语·卫灵公第十五》。
⑧ 《论语·为政第二》。
⑨ 《论语·子路第十三》。

万物育焉。"①可见,中庸不仅是实现人类仁爱生活的人道,也是宇宙仁爱秩序得以生成的天道。不仅如此,还将中庸之道和诚之道打通,认为若能至诚,则能达至"不勉而中,不思而得,从容中道,圣人也"的境地。可以发现,在中庸之道里依然蕴含着儒家天人合一的至高境界,在这个意义上也可以说,中庸乃是天人一体的至德,是对孔子"中庸之为德也,其至矣乎"②的诠释。

与行中庸之道密切联系在一起的是,持守仁爱的心性与操守,做一个具有仁爱美德的人,还需要遵"礼"而行。礼可以说是落实中庸之道的具体规范,在不断地践行和遵守礼仪规范的生活中,人的心性不断受到教化和熏染,人的行为不断得到矫正和范导,遂使个体生命实现自我提升而趋向仁爱圆融,使人和人的关系趋于和谐友善而进入仁爱秩序。所以孔子答颜渊问曰:"克己复礼为仁。……非礼勿视,非礼勿听,非礼勿言,非礼勿动。"③如果能够处道不偏不倚,为人有礼有节,那就是君子人格了。"君子敬而无失,与人恭而有礼。四海之内皆兄弟也。"④对于孔子而言,礼仪是仁爱的外显,仁爱是礼仪的内化。没有仁爱在里,礼仪空而无物,如孔子所言:"礼云礼云,玉帛云乎哉?"⑤;"人而不仁,如礼何?"⑥。而没有礼仪的持守,仁爱也不能表现为具体的美德,如孔子所言:"恭而无礼则劳,慎而无礼则葸,勇而无礼则乱,直而无礼则绞。"⑦失去中道和礼仪,即使是一些本身为善的行为,也会因为过分和不及而变得荒诞可笑和不合时宜。真正的仁人是能够"惠而不费,劳而不怨,欲而不贪,泰而不骄,威而不猛"⑧的人,是能够"乐而不淫,哀而不伤"⑨的人。在弟子的描述中孔子正是这样的典范:"子温而厉,威而不猛,恭而安。"⑩

在此,中庸之道乃是实现仁爱的唯一道路,而遵守礼仪才能走上中庸之道。故而孔子又言:"君子义以为质,礼以行之,孙以出之,信以成之。"⑪孟子也说:"君子以仁存心,以礼存心。仁者爱人,有礼者敬人。"⑫

---

① ［宋］朱熹:《四书章句集注》,"中庸章句",第 20 页。
② 《论语·雍也第六》。
③ 《论语·颜渊第十二》。
④ 《论语·颜渊第十二》。
⑤ 《论语·阳货第十七》。
⑥ 《论语·八佾第三》。
⑦ 《论语·泰伯第八》。
⑧ 《论语·尧曰第二十》。
⑨ 《论语·八佾第三》。
⑩ 《论语·述而第七》。
⑪ 《论语·卫灵公第十五》。
⑫ 《孟子·离娄下》。

（三）仁爱的施行活动：行忠恕之道

从施行仁爱的活动过程来讲，儒家主张忠恕之道。孔子对曾子说："参乎！吾道一以贯之。"曾子解之："夫子之道，忠恕而已矣。"①在孔子和子贡、仲弓的几段对话中可以看到这一忠恕之道的内涵：（1）"子贡曰：'如有博施于民而能济众，何如？可谓仁乎？'子曰：'何事于仁，必也圣乎！尧舜其犹病诸！'夫仁者，己欲立而立人，己欲达而达人。"②（2）"子贡问曰：'有一言而可以终身行之者乎？'子曰：'其恕乎！己所不欲，勿施于人。'"③（3）"仲弓问仁。子曰：'出门如见大宾，使民如承大祭。己所不欲，勿施于人。在邦无怨，在家无怨。'"④前一答可谓"忠"，后两答可谓"恕"，二者以仁为体，一体两面，统一在一起便是"忠恕之道"，也就是伦理实践中所称的"黄金规则"。

"忠"与"恕"可以看作是在实现仁爱的活动过程中所要把握的两个方面或两个环节。"忠"可谓从肯定的、正面的维度来进行仁爱实践，就是要做到"己欲立而立人，己欲达而达人"。这意味着只要对人来说是为真善美圣的价值目标，不仅自己为自己努力谋求并实现之，而且也要为他人努力谋求并实现之，其中包含着一种竭尽自己所能去爱戴他人、帮助他人的普遍而高尚的"为他"理想。显然，这种层面上的仁爱实践指向了一种最高的行为境界。在孔子看来，仁爱的实现是一种完满，完全达到这一极致是很难的事情，即使像古代圣王尧舜之人也有未至之嫌。然而，作为仁爱实践的目标，却是应该去追求的；作为仁爱实践的活动过程，也是能够身体力行的，因为为仁完全是由己的。"忠道"的实践意义在于，以真诚、笃实、守信的行为态度去为人处世，发扬仁爱的心性，践行仁爱的美德，持守仁爱的原则。就我愿也愿他人言之，此可谓仁爱的积极维度。

与"忠"相对，"恕"可谓从否定的、反面的维度来进行仁爱实践，就是要做到"己所不欲，勿施于人"。如果说，忠在动机和行为上蕴含着积极的向外的拓展，尽自己最大的努力为他人做好事，帮助他人实现他们想获取的东西，他人福安了，我为之高兴，那么，恕则蕴含着积极的向内的自我收敛，以最大的自我克制去约束自己不要伤害别人，不要把自己不喜欢的东西强加于人。他人有什么难处或者不是，我也应该努力去体谅之宽恕之。就我不愿也不愿他人言之，此可谓仁爱的消极维度。

在这整个过程中，无论是忠还是恕，都包含着"将心比心"这一关键环节，发展

---

① 《论语·里仁第四》。
② 《论语·雍也第六》。
③ 《论语·卫灵公第十五》。
④ 《论语·颜渊第十二》。

自己的诚实推展到他人身上,修养自己的良心推展到他人身上,尽量站在他人立场上,设身处地,为他人着想,这样,人与人的关系才能和谐,仁爱才能得以真正的实践。

(四)仁爱的次第之序:亲亲—仁民—爱物

在行诸仁爱的内容和次第上来讲,儒家注重五伦之实,讲究由近及远、推己及人、由人及物的顺序,也就是亲亲—仁民—爱物。以人伦生活为中心关注是儒家传统的根本特征,这突出地体现在仁爱观上。从孔子仁者爱人,到孟子仁者人也、人性也、人心也,都为儒家传统奠定了基调,后世儒者无不循着这一基调予以传承和发挥。在这方面,儒家较之基督教因爱神而爱人的思路,可谓是把爱人放在了更为中心的位置,对于人和人之间的关系给予了最充分的关注,通过这种人伦关注所体现的仁爱观念具有十分突出的伦理特征。

对儒家说来,爱人和人爱并不是抽象的,而是有着非常具体的内容,因为人从来不被视为孤立的个体,而是处在种种社会性的"人—我"关系当中。作为儒家核心的仁爱观念是通过各个方面的人伦关系来表达的,这些关系被概括为"五伦":父子、君臣、夫妇、兄弟、朋友。人的生活之不同于禽兽者在于有道可依,而圣人便教人以五伦:"父子有亲,君臣有义,夫妇有别,长幼有序,朋友有信。"①五伦当中有三伦是家庭内部的关系,足见儒家对于家族关系的重视。家族关系是基于血缘亲情的最基本的人伦关系,既承担着人类个体生命的延续,也构成了人类社会关系的基石。君臣所代表的社会政治伦理关系,朋友所代表的社会人际伦理关系,无不建立在父子所代表的家庭伦理关系之上。也就是说,君臣关系、朋友关系都分别是以父子关系、兄弟关系为轴心模式而进一步向外的延伸,是由内部家庭到外部社会的拓展。所谓"天下之本在国,国之本在家,家之本在身"②。

因此,个人实施仁爱的最为基本、最为核心的人际领域是在家庭伦理生活中,因此,在"四书"里谈到仁爱和仁义的时候,都把家庭的孝悌伦理看作是首要的和基本的。《论语》里有言:"君子务本,本立而道生。孝弟也者,其为仁之本与!"③孟子则说:"亲亲,仁也。"④"仁之实,事亲是也;义之实,从兄是也。"⑤《中庸》里也言道:

---

①　《孟子·滕文公上》。
②　《孟子·离娄上》。
③　《论语·学而第一》。
④　《孟子·告子下》。
⑤　《孟子·离娄上》。

"仁者人也,亲亲为大;义者宜也,尊贤为大。"①并且,将君臣、父子、夫妇、昆弟、朋友之交称为天下之"五达道",知、仁、勇为"三达德",而要守三达德、行五达道都必需以"诚"事之。朱熹在解释该句的时候将三达德和五达道完全打通,释之为:"孟子所谓'父子有亲、君臣有义、夫妇有别、长幼有序、朋友有信'是也。知,所以知此也;仁,所以体此也;勇,所以强此也。……一则诚而已矣。"②而《大学》里同样讲的是人伦关系中的仁爱之实:"为人君,止于仁;为人臣,止于敬;为人子,止于孝;为人父,止于慈;与国人交,止于信。"③仁、敬、孝、慈、信之人伦五目都是作为形而上的仁爱本体之用,并且把出于亲情长幼之伦常视为根基,称之为君子奉行的"絜矩之道"。"一家仁,一国兴仁;一家让,一国兴让。"④"上老老而民兴孝,上长长而民兴弟,上恤孤而民不倍,是以君子有絜矩之道也。"⑤

正是由于以血缘亲情为核心的家族关系是儒家伦理秩序的基石或轴心,因此,在施行仁爱的顺序上,便以"亲亲"为起点进而向外扩充,这就是由近及远、从亲到疏、推己及人的实践方式。上引《论语》"君子务本,本立而道生。孝弟也者,其为仁之本与!"⑥一句中,如何理解"本"字是个关键。如果沿着"是什么"的思路,将句中的"本"理解为"何谓仁"这种形而上学意义的"本质",于是将儒家仁爱的本质或实质归结为"孝悌"或"亲亲",是不合适的。如果沿着"怎么做"的思路,也就是在时间先后的意义上理解"何以为仁施爱",则更为合适,也更符合儒家在"时中"和"践履"中把握问题的思路。这样,孝悌为"本"就意味着仁爱的"施为""首要"在于孝悌,"基础"在于孝悌,"开始"在于孝悌。要"立足"于亲亲,先从亲亲孝悌开始,然后再向外拓展。刘宝楠对这句话的注释很恰切:"本,基也。基立而后可大成。先能事父兄,然后仁道可大成。"⑦朱熹也讲,"为仁"说的是"行仁",如何为仁行仁呢?根本在于"孝弟",孝悌做好了,仁道也就得以确立了。程子说得更加明确:"故为仁以孝弟为本。论性,则以仁为孝弟之本。……谓行仁自孝弟始,孝弟是仁之一事。谓之行仁之本则可,谓是仁之本则不可。盖仁是性也,孝弟是用也,性中只有个仁、义、礼智四者而已,曷偿有孝弟来。"⑧可见,当孔孟将孝悌视为仁爱之本的时候,意思不是指谓仁之为仁的本质在孝悌,而是指谓行仁施仁的根基在孝悌,这个根基就

① ［宋］朱熹:《四书章句集注》,"中庸章句",第30页。

② 参见［宋］朱熹:《四书章句集注》,"中庸章句",第30页。

③ ［宋］朱熹:《四书章句集注》,"大学章句",第6页。

④ ［宋］朱熹:《四书章句集注》,"大学章句",第10页。

⑤ ［宋］朱熹:《四书章句集注》,"大学章句",第11页。

⑥ 《论语·学而第一》。

⑦ ［清］刘宝楠:《论语正义》,见《诸子集成》,上海,上海书店,1986,第4页。

⑧ ［宋］朱熹:《四书章句集注》,"论语集注",第50页。

是基点、原点、起点的意思,亦即基始或始基的意思。质言之,对于儒家来说,仁爱为本体,孝悌为发用;若要施行仁爱,需从亲亲孝悌开始。

上述可知,若将儒家仁爱归结为亲亲仁爱是不得要旨的,也是一种误读和误解。这里暂时放下仁爱是一种基于亲亲又超越亲亲的普遍之爱而容后再论,我们尚需先来深入其里对亲亲仁爱做出进一步的辨析。儒家的亲亲仁爱观念基于自然人情,最合乎人性的天然取向;又自觉超越自然人情的偏狭所限,以仁来范导亲亲之情使之提升为真正的爱,即仁爱。什么叫用仁来范导? 就是指在言行践履中用最能体现仁的中道礼仪来规范亲亲之情,而正是在这家族血缘亲情处非常鲜明地体现着儒家思想的伦理特色。

在孔子看来,每个人的生命受之于父母的给予,成长受之于父母的教养,世上最大的恩情是父母的养育之恩,因而也需要每个人以终生来回报这份最大的爱的恩情。何以回报? 就是要奉行以仁爱为本的"孝道"。孔子说:"父在,观其志;父没,观其行;三年无改于父之道,可谓孝矣。"①父母在世要尊敬顺从而不自专独断,父母不在要恭心敬守三年丧礼。若能三年遵守先父之道而不改之,可称得上孝了。如果说父道可改却未改,正说明了那份有所不忍的"孝子之心",根本是出自对父的亲亲之爱。面对宰予安于衣食,质疑守丧三年之礼太久,孔子批评道:"予之不仁也! 子生三年,然后免于父母之怀。夫三年之丧,天下之通丧也。予也有三年之爱于其父母乎?"②这里我们可以发现,"孝"作为亲亲仁爱的实现要循礼而行,在世侍奉讲究顺从或尊敬,去世侍奉讲究恭守丧礼。只有这样,才能称得上"孝"。对于子游问孝,孔子回答得非常清楚:"今之孝者,是谓能养。至于犬马,皆能有养;不敬,何以别乎?"③这一回答最能体现儒家的亲亲仁爱的伦理品质。仅仅是能够赡养父母远未及孝道,因为连犬马都能做到养育自己的后代,人与禽兽之别不在于"养"而在于"敬",唯有敬,才能越出自然本能的情感。这便是仁对于爱的引导,使之提升为仁爱。同样,父母育儿也不仅仅是养之,还要教之。强调礼仪节文,品德修养,人伦教化。所谓子不教,父之过。完全出于自然亲情的溺爱是一种偏爱,也是不负责任的爱。爱是有分寸的,合乎中道才是恰当的。这也是为什么孔子说"唯仁者能好人,能恶人"④的道理。如果说儒家传统是一种基于血缘亲情之上的德性伦理,那么,通过亲亲仁爱可以得到充分的彰显。反过来说,儒家注重的血缘亲情之仁爱不仅是一种来源于天生情感的爱,而且是一种同时也超出了天生情感的具有伦理意

① 《论语·学而第一》。
② 《论语·阳货第十七》。
③ 《论语·为政第二》。
④ 《论语·里仁第四》。

义的爱。概言之,是一种将天然亲情之爱与自觉承担伦理责任结为一体的仁爱。

接下来我们必须进一步阐明的是,这种基于自然亲亲之情又超越自然亲亲之情的伦理之爱并不是一种完全局限在家庭之内的爱,而是一种始于家庭之爱又超越家庭之爱的普遍之爱,是普遍的爱和普遍的责任相结合的普遍仁爱。从孔子提出"仁者爱人"①到孟子讲"仁者爱人,有礼者敬人"②,这里所爱所敬之人绝非仅仅限于家庭之内的亲人,而是敬爱及于所有的人。孔子讲"唯仁者能好人,能恶人"③,也是在讲唯有仁者能够爱得无私心,爱得有公正,爱得恰如其分而正当,这种公正又无私的正当之爱显然不可能是仅仅针对家人的爱。相反,如果在施爱的行为上偏袒或偏私自家人,怠慢或拒斥其他人,恰恰是仁者所不为的。仁者的爱是将不同的人类个体联结起来的仁爱,对于这样的仁爱,孟子甚至进一步表述为:"仁者无不爱也。"④无不爱的仁爱不仅使人和人,而且使人和所有的存在联系成一个和谐的整体。董仲舒阐发孔孟时更是明确地将之解释为:"仁之法,在爱人,不在爱我。义之法,在正我,不在正人。我不自正,虽能正人,弗予为义;人不被其爱,虽厚自爱,不予为仁。……质于爱民以下,以下至于鸟兽昆虫,莫不爱,不爱,奚足为仁? 仁者,爱人之名也。"⑤朱熹则将仁规定为"心之德"与"爱之则",视"仁心"为"天地之生物之心""人之爱人利人之心"。这都表明仁爱乃是一种普遍之爱,既爱人又爱天地,既有益人类又养育万物,故仁爱之心既是人心也是天地之心。

特别值得注意的是,儒家是一个突显功夫论的传统,最为注重的是如何能够在现实生活中去具体地实践和落实上述仁爱。对于儒家来说,仁爱虽然在形而上的意义上是普遍的,但在具体实施当中却是有先后次序的。由于仁爱的具体实施对象不同,仁爱的相应属性便有具体差异,实施起来也就需要按一定的顺序来进行,这就是由亲而疏、由近及远、推己及人的方式。儒家主张把亲亲之爱作为施行仁爱的立足点和基始处,这点在儒家看来是非常重要的。孟子认为,人生来就有不忍的仁爱之心,"孩提之童无不知爱其亲者"⑥就证明了这一点。所以,实施仁爱从"亲亲"开始是最适合人性人情的天然秩序。当程子将《论语》中"孝弟也者,其为仁之本与"解释为"行仁自孝弟始"之后,也论证了相关理由,即"仁主于爱,爱莫大于爱

---

① 《论语·颜渊第十二》。
② 《孟子·离娄下》。
③ 《论语·里仁第四》。
④ 《孟子·尽心上》。
⑤ [汉]董仲舒:《春秋繁露·仁义法 第二十九》,张世亮、钟肇鹏、周桂钿译注,北京,中华书局,2012,第 314-316 页。
⑥ 《孟子·尽心上》。

亲"①,故而行施仁爱从亲亲孝悌开始最合乎自然人伦之情,是最恰切和最实际的次序。

孟子有一段话最易受到质疑:"知者无不知也,当务之为急。仁者无不爱也,急亲贤之为务。尧、舜之知而不遍物,急先务也;尧、舜之仁不遍爱人,急亲贤也。"②对这段话的理解应该放在孔孟思想的全局下把握。我们不能做这样的假定:有亲人及他人都需要仁爱救助,救助谁呢? 儒家一定是要救助亲人。这样的假定是不合适的,因为孔子还赞许"杀身以成仁"③,孟子则崇尚"舍生而取义"④,在成仁和取义里,理应内在地包含着舍去自身和自身所爱之意。一般而言,儒家处世抱有一种非常理智、中和、成熟的精神态度,这使其在面对各种人间事务时讲究慎思权衡,审时度势,提倡现实稳妥、循序渐进的适中的方式和路径。所以,对于孟子话中"不遍爱人"和"急亲贤"不宜做简单化理解,其旨在于表明,真正的智与仁是要在实行过程中分清轻重缓急,务最急的,急最先的,顾最当顾的,然后再依次料理其他,这样才能把事情做到最好最成功。如果不去探求最迫切需要探求的最重要的事务,即使遍知人所知,也无益于事;如果仁爱不能先及于最当及的亲贤,即使有更广大的仁民爱物之心,也不能最好最有效地实现。其实,对于儒家的观念来说,真正想辨明的道理是:如果一个人连自己的父母和兄弟都做不到以仁爱待之,更遑论去仁爱地对待他人;因为爱亲人是最自然的人伦情感,若连顺乎天性的仁爱都行不出来,又何以期待将这种仁爱延及他人。所以,儒家非常强调行施仁爱从亲亲孝悌开始的顺序。

在这方面,孟子还对普遍仁爱和具体对象发生关联时呈现的三种不同表达做了细致的区分,这就是"亲亲""仁民""爱物",由之更为仁爱行施由亲始而外展提供了理由。他说:"君子之于物也,爱之而弗仁;于民也,仁之而弗亲。亲亲而仁民,仁民而爱物。"⑤儒家的仁爱既是一种最高的本体论意义上的普遍之爱,也是一种伦理学意义上的普遍之爱。作为普遍之爱,可以说仁爱遍及一切对象。但是,对于父兄而言,这种仁爱的特点在"亲",虽然亲亲里包含着仁的范导而表现为伦理之孝悌;对于他人而言,这种仁爱的特点在"仁",突出了人人之间行施仁爱的道德意义,虽然仁德里也包含着情意却非亲情;对于外物而言,这种仁爱的特点在"爱",意在善加料理万物,善待、善取和善用外物,却既不同于施诸亲人的孝悌之道,也不

---

① 参见[宋]朱熹:《四书章句集注》,"论语集注",第50页。
② 《孟子·尽心上》。
③ 《论语·卫灵公》:"志士仁人,无求生以害仁,有杀身以成仁。"
④ 《孟子·告子》:"生亦我所欲也,义亦我所欲也,二者不可得兼,舍生而取义者也。"
⑤ 《孟子·尽心上》。

同于施诸人类的仁义之行。但无论哪种,可以说又都包含着护爱、关爱之意,承担着某种作为人的道义责任。不仅如此,不仅在亲疏远近上有亲亲、仁民、爱物之间的差异,即使是在处理一般人人之间的关系上,由于问题的性质和状况不同,仁爱的落实和应对也不宜于一刀切,而是要有所区别。当孔子面对"以德报怨,何如?"的提问时,"子曰:'何以报德? 以直报怨,以德报德。'"①在孔子看来,报怨和报德应该采取不同的方式,人之有德于我,我以德回报;人之有怨于我,我出于至公无私的态度要给予恰当的、应当的回应,而不宜于将两者混为一谈。这里可以发现注重现世生活的伦常秩序的儒家在处理社会人事上有着成熟而详致的伦理考量。

在充分思虑到仁爱实施的具体差异的基础上,儒家虽然十分注重行仁从孝悌始,但从来没有将仁爱局限在家庭内部,而是主张将仁爱进一步向外扩展开来。因此,亲亲—仁民—爱物既体现着仁爱施行的差异,也体现着推行和扩展仁爱的顺序。以爱亲人为起点,将心比心,设身处地,再将爱推展到他人身上,民胞物与,直至天地。就在这个推己及人、由近而远的仁爱施行活动中,也就进入了天人一体的至高境界,这个境界也是仁人境界或仁爱境界。在孔子看来,生活在仁爱境界中的人,以仁为一切社会行为的准则,"能行五者于天下",即"恭、宽、信、敏、惠。恭则不侮,宽则得众,信则人任焉,敏则有功,惠则足以使人"②。能行恭、宽、信、敏、惠者,于天下无所不适。这也可以使人超出家庭亲亲的限度,在普遍的仁爱里与所有人结为兄弟,处在人人和谐的关系中。当司马牛忧伤自己"人皆有兄弟,我独亡"的时候,子夏对他说,夫子讲:"死生有命,富贵在天。君子敬而无失,与人恭而有礼。四海之内,皆兄弟也。君子何患乎无兄弟也?"③在此,兄弟已然不再限于血缘之亲,仁爱广泛地存在于人人之间。只要守仁行仁,便有爱在人间;世人都可以像兄弟一样,所谓天下一家。孟子也认为,生活在仁爱境界的人是真正的仁者,"仁者以其所爱及其所不爱,不仁者以其所不爱及其所爱"④。正是因为仁者的仁爱推己及人遍施一切,使得四方为友,上下融通,人类一家,所以能够"仁人无敌于天下"。

(五)检审:关于孟墨之争的问题

显然,儒家的仁爱既是一种普遍的爱,又是一种具有践行次序的爱。通常人们惯于将这样的爱称为"有差等的爱",如果是在施行顺序上和仁爱的不同类型上言之是可以的,如果将之理解为儒家仁爱在本质上不是普遍的爱则是不恰当的。这

① 《论语·宪问第十四》。
② 《论语·阳货第十七》。
③ 《论语·颜渊第十二》。
④ 《孟子·尽心下》。

种理解似乎更是由于孟子攻击墨子的"兼爱"而获得了某种证明。因此我们下面有必要再对这场争论稍做检审,以更加明晰儒家的仁爱观念。

墨子学说的核心概念是一个"兼"字。"子墨子言:'视人之国若视其国,视人之家若视其家,视人之身若视其身。'"①就是说,人我不分彼此,视人之身、家、国,若己之身、家、国。这就是"兼",与"别"相对立。"兼"展开为一个核心思想就是"兼相爱"。墨子说:"爱众众世,与爱寡世相若,兼爱之有相若。爱尚世与后世,一若今之世。"②"爱人待周爱人,而后为爱人。不爱人不待周不爱人,不失周爱,因为不爱人矣。"③只有遍爱一切人,才叫爱人;不遍爱一切人,即使有所爱,也不叫爱人。兼爱才是爱,不兼爱就是不爱。对于墨子而言,兼爱是为了交利,只有兼爱,才能交利。只有交利,才可天下利。只有天下利,才可天下治。所以墨子以"兼相爱交相利"为人类行为和人类生活的准则和目的,爱和利是统一不分的,爱和利是以"交互性"为前提的,兼爱交利也就是互爱互利。在墨子看来,天下大乱正是由于人们分别人我,各人爱己爱我,不能爱人爱他,因而也就不能互爱而互利。若问"天下爱人而利人者,别与? 兼与? 即必曰兼也"④。

对于墨子来说,爱也是一种仁,由于爱和利不分,仁和利也不分,因而墨子"以利说仁",仁德之事也便是天下互爱互利之事。"仁人之事者,必务求兴天下之利,除天下之害。今吾本原兼之所生,天下之大利者也;吾本原别之所生,天下之大害者也。是故子墨子曰:别非而兼是者,出乎若方也。"⑤兼可生天下大利,别可生天下大害。"若使天下兼相爱,爱人若爱其身,犹有不孝者乎? 视父兄与君若其身,恶施不孝? 犹有不慈者乎? 视子弟与臣若其身,恶施不慈? 故不慈不孝亡。……若使天下兼相爱,国与国不相攻,家与家不相乱,盗贼无有,君臣父子皆能孝慈。若此则天下治。"⑥视人如己,爱人如己,无所分别,如此行兼,固是直接利人,实也间接利己。如果人人爱他人而不是爱自己,结果就是人我皆受兼爱之利。是故"夫爱人者,人必从而爱之;利人者,人必从而利之。恶人者,人必从而恶之;害人者,人必从而害之"⑦。可见,"爱人不外己,己在所爱之中。己在所爱,爱加于己"⑧。

墨子也讲"义",同样是"以利说义"。《墨经》里说:"义,利也",义之事就是为

---

① 《墨子·兼爱中》。
② 《墨子·大取》。
③ 《墨子·小取》。
④ 《墨子·兼爱下》。
⑤ 《墨子·兼爱下》。
⑥ 《墨子·兼爱上》。
⑦ 《墨子·兼爱中》。
⑧ 《墨子·大取》。

天下利,天下利就是最大的义。墨子一生为利天下而栖栖遑遑,奔走救世,庄子说他"日夜不休,以自苦为极"①。孟子也说"墨子兼爱,摩顶放踵利天下,为之"②。可以说,墨子无别的兼爱观一方面在墨者身上体现着一种救济天下、不分远近、不分等级、泛爱一切人的博爱精神,另一方面兼爱论又是以交利论为目的诉求的。

正是这样一种兼爱交利的思想遭到了孟子尖锐的抨击。从实施之道来讲,孟子认为,仁爱要依据中道而行,任何偏执一端、牺牲其他的做法都是错误的。墨子的兼爱便采取了一种极端利他主义的路径,就像"杨子取为我,拔一毛而利天下,不为也"③是一种极端利己主义一样,都是偏激的、荒诞的。孟子批评杨墨都是"所恶执一者,为其贼道也,举一而废百也"④。与此同时,孟子还强调,即使取中用中,也不能"恶执",而是要"执中有权",根据具体情况有所"变易"。否则,"执中无权,犹执一也"⑤。这也提醒我们在理解儒家行仁从孝悌始的思想时,不能绝对化和简单化为在任何情况下都要先考虑"孝"字,而是在"行孝"时同样也要考虑一个"权"字,这样才能以最恰当的方式实现最佳的仁爱状态。比如古人重孝,但禹、稷治水却三过家门不入而能传为佳话;反过来说,"禹、稷三过其门而不入,苟不当其可,则与墨子无异"⑥。这表明仁爱的施行之道要讲究恰切适度的中庸,拒绝走绝对化的极端。故而,从施行顺序来讲,孟子认为墨子无别的兼爱完全忽略了人们对于家庭的基本责任,否定了家庭之爱是实现人类之爱的最基本的步骤;不承认对父母的爱是仁爱的起点,也就毁坏了爱的基础;将对父母的爱完全等同于对他人的爱,是与人性的自然规律和伦理法则相对立的,这样的仁爱在现实实践中是行不通的。所以孟子激烈地攻击:"杨氏为我,是无君也;墨氏兼爱,是无父也。无父无君,是禽兽也。"⑦

孟子攻击墨子的兼爱,更为深层的理论原因在于,从仁爱的性质和目的来讲,兼爱是一种和儒家仁爱相悖的功利主义的价值观念。墨家兼爱离不开交利,兼爱是为了交利,这在儒家的仁爱观念里不能成立。虽然儒家也肯定践行仁爱的方式是相互的,父对子当慈,子对父当孝,但这并不等于说仁爱必须是或只能是相互的。作为仁爱的发动来讲,它是由己不由人,求诸内而非求诸外的,孔子说"为仁由己",孟子说"由仁义行,而非行仁义"都表明这一点。如果爱人而不被人爱,按着墨子的

---

① 《庄子·天下》。
② 《孟子·尽心上》。
③ 《孟子·尽心上》。
④ 《孟子·尽心上》。
⑤ 《孟子·尽心上》。
⑥ 参见[宋]朱熹:《四书章句集注》,"孟子集注",第335页。
⑦ 《孟子·滕文公下》。

思路,就会发生冲突而天下大乱,所以要坚持互爱,互爱才能互利。而孟子认为,"行有不得者,皆反求诸己",检查自身是否对人尽到了仁爱,若"其身正而天下归之",若"人人亲其亲、长其长而天下平"。① 所以,仁爱观念不能以交互性为前提,也不能以功利性为目的。每个人都应该从纯粹仁爱的动机出发,否则,行施仁爱就可能由于怀着回报之心而走向仁爱的反面。比如一个儿子孝顺父母是因为相信能从父母那里换来慈爱,然一旦确认得不到回报,就有可能不再孝顺父母。按照儒家的思路,无论外部境况如何,修仁爱之德,做仁爱之人都是自返求己、再推己及人的事情。所以孟子说:"仁者如射,射者正己而后发。发而不中,不怨胜己者,反求诸己而已矣。"②

不仅是个人修身齐家,即便是治国平天下,同样也需要以仁爱而不是功利为原则。孟子和梁惠王的对话生动地体现出这一点。"孟子见梁惠王。王曰:'叟不远千里而来,亦将有以利吾国乎?'孟子对曰:'王何必曰利?亦有仁义而已矣'。"③故而孟子力倡以仁爱为基础的"仁政"。"先王有不忍人之心,斯有不忍人之政矣。以不忍人之心,行不忍人之政,治天下可运之掌上。"④在孟子看来,治民以仁爱之心则可以得民心,得民心者得天下。治民以利或以暴,可得国却无法得民心,不得民心则不得天下。故言:"不仁而得国者,有之矣;不仁而得天下,未之有也。"⑤若能扩展"不忍人之心",将"不忍"达至"所忍",则"仁不可胜用也"⑥,也就是所谓仁者无敌于天下了。这里可以明显地看到,儒家政治理想是完全基于仁爱心性之上的圣人之治,即一种天下观,从根本上异于基督教源于罪性的世俗政治观念,即一种国家观。⑦

---

① 引言皆出自《孟子·离娄上》。

② 《孟子·公孙丑上》。

③ 《孟子·梁惠王上》。

④ 《孟子·公孙丑上》。

⑤ 《孟子·尽心下》。

⑥ 《孟子·尽心下》。

⑦ 正因如此,儒家的政治理想真正说来是"天下观"而非"国家观"。按照儒家的思路来看,得一"国"可以得一"位"得一"爵",合为"爵位",此乃"人爵"。君王作为一国之主,可以拥有最高的"人爵"。通过力和利都可以得一国得一爵。然而,圣人得"天下"是得"人"得"心",即"人心"。得人心即得天心,因为天听自我民听,天视自我民视。得天心也就得将天命完成在身。得天命完成在身,便得以抱仁守仁,这就是得享"天爵"。得天下即得天爵,得天爵不能以利和力得之,只能以仁爱得之。如果说天下观是一种大一统的观念,那么,这与体现"权力"诉求的集权统治之类的政治概念不可同日而语。相反,恰恰是要与权力或功利运作保持距离,与普遍人性的洞见相关,与人类大同世界的理想信念相关。换句话说,儒家的天下观念不同于近代以来的纯粹国家概念,而是将政治教化、伦理道德、宗教信仰统一在一起的生存理想,是关于人类共同体自由和谐生活的追求和期望。在这个意义上,倒是可以与基督教试图超越罪性的世俗国度而走向神圣的爱的国度之间进行对话,虽然一个在天上,一个在地上。

上述可知,孟墨之间最根本的区别在于:

一是仁爱和利的分与合。孟子将仁爱和利分离,以道德说仁爱;墨子将仁爱和利结合,以利说仁爱。墨子的利主要不是指个人小利,而是指天下大利。即便是这样,孟子也认为仁爱天下并不等于物利天下。相反,以仁爱行施天下讲究的是教化民心,濡养民德,伦常礼教,言行文明,旨不在于以利益取悦于民,此也不可长久。这是一种纯粹理想主义的仁爱观,显然也只能是一种普遍的仁爱观,而墨子的兼爱作为一种普遍之爱,则是一种取向现实主义诉求的仁爱观。

二是施行仁爱的秩序。墨子的兼爱无疑是主张不分别,泛爱众,但在实际施行时也述及"伦列",即爱的"厚薄"问题,这是中国先哲普遍关注现实生活实践的体现。墨子言:"义可厚,厚之;义可薄,薄之。谓伦列。德行、君上、老长、亲戚,此皆所厚也。为长厚,不为幼薄。亲厚,厚;亲薄,薄。亲至,薄不至。"①兼爱要对一切人无所不爱,但在施行上有所分别,强调不是按照"私"而是按照"义"的标准,当厚则厚,当薄则薄。对于有德行之人、君上和年老之人及亲戚之爱要特别加厚;但厚长者不意味着薄幼者;近亲稍厚,远亲稍薄;厚爱可达至极,薄则不能至极。这就是所谓"伦列之爱"。可以发现,墨子是将人按照客观属性分为不同的类别组合以安排施爱的秩序,孟子则是依据宗法人伦的亲疏远近,以推己及人的方式安排仁爱施行的先后顺序。如果说前者大体上是立足于社会治理的公德角度来立论,那么后者则基本上可以说是立足于个人修养的私德角度来立论。应该说,在儒家代表的中国传统思想资源里公德视角是需要充分开发的,而且从爱的角度来讲,墨家超越宗法人伦次第框架的兼爱或普爱观念,也是特别值得关注和阐扬的另一条有价值的思想脉络。

但无论儒墨之间有何区别,我们并不能从孟子以亲亲人伦为起点、进而外推以其所爱及其所不爱的秩序里,得出儒家的仁爱观并非普遍之爱而仅仅是亲情之爱的结论。即便将由近及远的外推方式称为"差等之爱",也不能理解为爱自家人要比爱他人更爱,对自家人要比对他人更仁慈。其真意在于,将仁爱施诸不同对象时在属性和类型上各不相同,但是,无论哪种类型的爱,有一条顺乎人性的通则将它们贯穿起来:只有能够对亲人施以仁爱,才可能期待对他人施以仁爱;只有能够老吾老、幼吾幼,才能够期待老人之老、幼人之幼;只有老吾老及人之老,幼无幼及人之幼,才称得上是真正的仁爱境界。反过来说,我们无法相信一个虐待自己父母兄弟的人,会善待他人的父母兄弟。所以,仁爱之德的修养之道和实施之序便是从自身出发,从近处开始,由己及人。对此,潘光旦以十分肯定的口吻赞道:"自亲子之

---

① 《墨子·大取》。

爱,兄弟之爱,推而为戚族之爱,邦人之爱,由近而远,由亲而疏:此同情心发展之自然程序也。……孟子亲亲仁民,仁民爱物二语,实为千古不可磨灭之论。……不能老其老,而欲其老人之老;不能幼其幼,而欲其幼人之幼,天下宁有是理耶?"①

　　如果我们跳出孟墨之争予以第三者的反观,可以发现一个值得玩味的现象:墨家主张不分彼此的兼爱本是一种理想主义的诉求,由于和交利结合在一起,恰恰落在了互爱互利的现实主义关怀上;孟子主张由近及远的仁爱本是基于自然人伦的现实次序,由于坚持仁与利的相分,却恰恰进入了一种理想主义的诉求。如所周知,先秦时代儒墨道三分天下,后来则独尊儒家。从墨子代表的墨家和孟子代表的儒家在思想史上的此消彼长,可以对中国传统文化的精神特质窥见一斑。

　　综上所述,儒家仁爱一方面出自人性达至天地,反映着从人到天的实践性的超越品格和超越路径;另一方面出自天命,领受在身,存为人性,显诸人心,守之成人,失之丧人,反映着从天到人的存在性的超越品格和超越路径。这表明儒家的仁爱集天人合一观念、道德形而上学观念和普遍的实践观念于一身,具有亦人文亦宗教的性质,与基督教绝对超越的神性之爱并非完全隔绝。但是,儒家仁爱顺乎自然人性和人伦的方向,确立亲亲—仁民—爱物的施行顺序,与基督教神爱截断自然人性向度,打破尘世一切伦理界限,重新确立由爱神到爱人的秩序,具有十分重大的差异。然而,基督教神爱虽然在本体论秩序中是绝对无差别的,但在现实顺序里也表现出某种"优先性"倾向。透过耶稣基督的爱可以发现,他最先关注的是那些中心之外的边缘人、底层人、残缺人和遭唾弃的人,是主流之外的弱势群体,而疏离和抨击的则是居于社会中心的主流阶层,多次说道:"虚伪的经学家和法利赛人哪,你们有祸了!"(《马太福音》23:13)却优先给予罪人以救恩:"我来不是要召义人,而是要召罪人。"(《马可福音》2:17)而这又完全取决于爱神先于爱人的根本顺序:"人到我这里来,若不爱我胜过爱自己的父母,妻子,儿女,弟兄,姐妹,和他自己的性命,就不配作我的门徒。"(《路加福音》14:26)

　　所以说,耶稣以否定的、极端的、优先眷顾罪人的方式,要求超越人性的自然限度,直抵无差别之爱的神圣境界,这是一条从上到下、从神到人的爱之路。儒家以肯定的、中和的、仁爱先从亲亲始的方式,顺着自然人性推己及人、由人及物,直抵天人之际的仁爱境界,这是一条从下往上、从人到天的爱之路。无论是急亲贤还是急罪人,二者最终的目标都是要超越人的自身限度,或者达到人与神的和谐,或者达到人与天的合一。这表明,任一传统的核心理念都具有完备性和绝对性,但在现实实践中又都会表现出种种具体性和差异性。

---

　　① 潘光旦:《潘光旦文集》,第一卷,北京,北京大学出版社,1993,第136页。

第五章

基督教的永生盼望与儒家的不朽追求

　　人是一个时间中的存在者,每一个个体生命在时间里展开和完成,也在时间里流逝和终结,死亡是人在此世跳不出的生存大限,于是,关于时间或生命有限性的意识将人抛到了存在的反面——虚无的挑战面前。是存在还是虚无,是生还是死,这一严酷的提问使"永恒"愿景的期待展露出来,这就是"希望"。希望是一个在宗教性生存伦理的视域中打开的、由终极信念支撑的形而上学生存论话语,一个宗教哲学的话语。它基于人是一个有限的感性存在者,又取决于人是一个试图超越有限性的自由存在者。正是在关于自我的自由意志中,死亡意识提前出场,而与此同时,超越死亡,拒绝虚无的永恒希望,也在自由意志中一并开启。在此,基督教和儒家既有着共同的永恒性取向,又有着相当深刻的差异。前者可称之为关于永生的盼望,后者可称之为关于不朽的追求。

第一节　永生的盼望——基督教的终末论

　　对于基督教来说,从上帝创世的绝对信仰开始,到始祖擅用自由意志违背上帝禁令而负上原罪的人性论设定,再到信仰十字架救赎走上一条称义重生的超越之路,活出爱神爱人的生活样式和生命形态,最终的目标就是要进入天国获得永恒拯救,这就是永生的盼望。"永生"作为终极信念反过来既构成了有限人生所以要在尘世过一种圣洁美善的生活的动力,也为有死的生命提供了一种克服死亡的永恒希望。永恒希望是来世得救和天国永生的终极福祉,其典型的神学表达就是基督教的"终末论"或者"末世论"。关于这一理论对基督教拯救信仰的意义,特洛尔奇指出:"如果人们将尘世之内的拯救看成是完成的拯救,拯救信仰便成为空话和自欺欺人之谈。所以,末世论从一开始便对拯救信仰具有本质性的意义。"①

一、死亡与复活: 传统终末论的基本思想观念

从字面来讲,"终末论"(Eschatology)是一种关于最后的事情的学说。最后的事情是有关世界和人类历史终局的事情,是有关死及死后生命的事情,亦是有关未来天国的事情,所以也称"末世论",集中体现为末日审判和死而复活的观念。基督教不仅有创世的观念,也有末世的观念。人类世界的历史有开头也有结尾,有起始也有终末。终末之时是上帝再次降临人间的时刻,耶稣基督宣告的上帝国和许诺的复活与永生,将通过最后神圣的审判得以实现。这是上帝的最终目的,也是人类的最终归宿。

(一) 从《旧约》到《新约》的终末论线索

从《旧约》到《新约》,我们看到终末论有一个逐渐发展的思想线索。在《旧约》里已经包含着"终末"的观念,如"弥赛亚的到来""雅威的日子""审判的日子""上帝之国""新耶路撒冷""新天新地",表达的都是以色列民族期待着上帝拯救的到来。只是关于拯救的终末期待并不突显来世,也不憧憬彼岸天国和死后生命,更不包含"末世"观念,主要是一种在"现世"发生的最后拯救的期待。在先知的预言中,上帝给逃出埃及的以色列人应许的那个美好未来,属于此岸的现实世界,是一个地上的乐园和国度,是一片"流着奶和蜜的土地",民族不再受奴役,子孙多如海滩上的沙子,社会公平正义,人们安居乐业。进入"巴比伦之囚"的时代后,关于地上乐园的期盼更加强烈,也更加受到严酷的挑战。在波斯文化,尤其是希腊文化的影响下,先知们在未来期待的问题上开始关注灵魂的层面,于是出现了"复活"的观念。比如先知以西结宣布,他得到了上帝的话语启示:"人子啊! 这些骸骨就是以色列全

---

① [德]特洛尔奇:《基督教理论与现代》,刘小枫编,朱雁冰等译,香港,汉语基督教文化研究所,1998,第 200~201 页。

家；他们常说：'我们的骸骨枯干了，我们的盼望消失了；我们都灭亡了。'因此，你要说预言，对他们说：'主耶和华这样说：我的子民哪！我要打开你们的坟墓，把你们从坟墓中领上来，带你们回以色列地去。我的子民哪！我打开你们的坟墓，把你们从坟墓中领上来的时候，你们就知道我是耶和华。我要把我的灵放在你们里面，你们就活过来；我要把你们安顿在你们的土地上，你们就知道我耶和华说了，就必实行。这是主耶和华的宣告。'"（《以西结书》37：11～14）这里我们看到，即使是"复活"了的以色列人，上帝给他们的应许依然还是领他们回到那地上的故园去，而不是往来生或彼岸的天堂去。可以说，复活的观念是与复国、返乡的观念联系在一起的。

从《旧约》演变到《新约》出现了新的终末论观念，这就是对拯救的期待开始从地上转向天上，对现实历史中的以色列民族的解救期待，转变为期待一种完全超出这个世界历史的人类全新的命运。这是一场亘古未有的决战，将有种种灾难和异象预兆着世界末日的到来，上帝必将战胜邪恶，打开新天新地，《启示录》里便有这一终末场景的描画。耶稣基督的福音是终末论的原型理念，他宣扬了天国的声音，宣布了上帝国的到来，宣告末日审判，应许复活拯救。我们可从福音书里摘取一些段落来看：

耶稣经受了魔鬼的试探以后就开始传道："天国近了，你们应当悔改。"（《马太福音》4：17）"我告诉你们，你们的义若不胜过经学家和法利赛人的义，就必不能进天国。"（《马太福音》5：20）

呼招门徒时耶稣说道："我实实在在告诉你们，你们要看见天开了，神的众使者在人子的身上，上去下来。"（《约翰福音》1：51）

面对法利赛人尼哥德慕的疑虑，耶稣提示："我对你们讲地上的事，你们尚且不信，如果讲天上的事，怎能相信呢？除了那从天上降下来的人子，没有人升过天。"（《约翰福音》3：12～13）

耶稣对那些逼迫他的犹太人说："我实实在在告诉你们，那听见我的话又信那差我来的，就有永生，不被定罪，而是已经出死入生了。我实实在在告诉你们，时候将到，现在就是了，死人要听见神儿子的声音，听见的人就要活了。就如父是生命的源头，照样他也使子成为生命的源头，并且把执行审判的权柄赐给他，因为他是人子。你们不要把这事看作稀奇，因为时候将到，那时所有在坟墓里的都要听见他的声音，并且都要出来；行善的复活得生命，作恶的复活被定罪。"（《约翰福音》5：24～29）

耶稣还说："我从天上降下来，不是要行自己的意思，而是要行那差我来者的旨意。那差我来者的旨意就是：他所赐给我的人，我连一个也不失落，并且在末日我要使他们复活。因为我父的旨意，是要使所有看见了子而信的人有永生，并且在末日我要使他们复活。"（《约翰福音》6：38～40）

　　当耶稣在橄榄山上对门徒讲到世界末日要发生灾变,之后他将要充满神的大能和荣耀驾云而降临,揭开全新的天地时说:"我实实在在告诉你们,这一切都必会发生,然后这世代才会过去。天地都要过去,但我的话绝不会废去。"(《马可福音》13:30~31)"你们什么时候看见这些事发生,也应该知道,神的国近了。"(《路加福音》21:31)

　　《新约》里耶稣基督的宣告和应许构成了基督教终末论的思想基础,尤其是进一步经过保罗对耶稣基督十字架上的受死、复活和再临的意义诠释之后,上帝国的到来、世界末日的审判和拯救、死而复活与永生的盼望,无一不是借着耶稣基督的救赎而来的,由此构成了基督教终末论的典型特征。下面我们对终末论内蕴的基本思想观念及其意义做一番讨论,这里取其两个核心观念:一个是历史末世论,一个是死亡与复活论。

(二)末世历史观:神圣史的一环

　　基督教的终末论是一种末世论,包含了一种非常独特的历史观。如果我们仅仅从人类历史自身来看,也就是从世俗史来看,基督教的历史观是一个有开端也有终结、有创世也有末世的线性发展观。自亚当犯罪被逐出伊甸园,人类在尘世的历史便开始了。这是以罪为开端的人类史,也将以罪的结束为终点。于是,背负着罪的人类历史是一个不断向前延伸直到终点的时间进程,这个终点是一个决定性的时刻:上帝降临人间,耶稣基督进行末日审判;人类世俗史终结,天国神圣史开启。基督教这一直线前进的历史观奠定了西方历史进步论的基础,在后来科学进化论的强力支持和推动下,构成了近代以来影响世界的人类历史进步论。

　　然而,近代历史进步论恰恰是以解构神学目的论为前提的。如果我们从人和上帝的关系这一整体神学框架来看,从上帝创世,到人类堕落,再到最终拯救,基督教抱持的是一个包含人类史在内的神圣史的总体观念,这个观念恰恰不是"直线"的而是"圆圈"的。仅仅是直线的人类史,既是没有"目的"的,也是没有"根基"的,最终将坠入虚无的深渊。只有开头和结尾、起点和终点合一的圆圈式观念,才可能提供一种形而上学宗教性的生存基础。只有一切由此开始,以此为据,又最终回返于此,以此为归,上帝才可能是人和万物的来源和目的。反过来,只有在从上帝始到上帝终的神学形而上学框架内来把握,基督教的历史观才能获得恰当的定位。这意味着,仅把基督教的历史观解读为一种线性观念是不够的,它不过是从上帝开始到重返上帝的总体神圣史的一环,必须将线性而相对的人类史放在圆圈而绝对的神圣史中来把握,才能呈现基督教末世论历史观的性质和意义。就人类历史本身来讲虽然是一段直线,是暂时的而非最终的,但因其置身于神圣史当中而拥有确定的根据和绝对的目的。事实上,只有近代以来的科学主义视野下的历史进步论才是完全线性的观念,不可避免地隐含着某种由相对到虚无的危险。这也是为什么一些现代思想家,如尼采、海德格尔等人将现代性的根本症结归为虚无主义的重要原因,也是古代亚里士多德关于"无限后退不可能"而要有一个终极因的形而上学即神学的逻辑根源。

由此可知,末世观念对于基督教来讲是作为目标而通往的终点,也是作为目的而先在的起点,更是开启了一种终极价值的期待,即神圣大门的敞开之路。人类历史镶嵌在其中得以定位,于是,历史的起源和目标、历史的意义和价值、历史的动力和道路等一系列问题,进入了基督教历史神学的视野。正是在基督教末世论的神学框架中,历史如何可能的问题才被打开。在西方思想史上,历史意识同自由意志的问题一样,既是在基督教信仰遭到挑战的处境下开辟出来的,也是在《圣经》信仰的基础上获得领悟和解答的,尤其是通过奥古斯丁这位伟大的神学家发掘和完成的。

在《上帝之城》这部历史神学巨著中,奥古斯丁以《圣经》为根据,在末世论的框架里,一方面讨论了罗马这一"地上之城"毁灭的原因不是因为不信诸神而信上帝。事实上,诸神无德无能,既无法保护罗马免受厄运,也不能带给罗马以现世福乐,更不可能给人们以永恒的生命。另一方面指出,只有唯一绝对而全能的创造主上帝才能在世界终结处给人打开一个绝对的未来,这就是死后得救进入永生的希望。在此世暂时的生命和彼世永恒的生命之间存在着无法比拟的差距,那是两个完全不同的世界。未来永生的希望是今生一切希望的断裂和终了,也是现世一切希望的根据和归宿。它是绝对的希望,只有以绝对的希望为根据,才能真正理解和判断现世希望的意义和价值;只有以绝对的希望为归宿,现世希望受到任何摧毁才都不至于陷入绝望。人的生命不仅仅是今生今世的,人也不应该仅仅为今生今世活着,他的一切现世追求都应该接受绝对希望的参照和评审。就此而言,罗马城的陷落和今世的厄运在上帝许诺的"永恒福祉"的背景下,是能够和应该在"忍耐"和"宽恕"下面承担起来的。只有这样,也才有希望打破以恶对恶的恶性循环的历史,走向真正自由的善和公义的未来世界。

因此,面对罗马的遭遇和基督教内外的质疑,奥古斯丁给出的回答是:"至高至真的上帝之全家有他自己的安慰,这种安慰不会骗人,而是包含着一种更加确定的不依赖于世事变迁的希望。他们不会拒斥短暂今生的规范,从中他们可以学到永恒的生活;他们也不会由于经历此生而感到悲哀,因为他们把尘世的善物用作寓所而不为所困,尘世的疾苦则能证明和锻炼他们。那些人(异教徒)在审讯他们的时候讽刺说,当灾难降临时,'你的神在哪里呢?'我们可以反问,当他们由于没有崇拜他们的神灵,或者坚持他们必须崇拜神灵,因而受到各种灾难的疾苦时,他们的神灵又在哪里呢? 基督之家会做出这样的回答:我们的上帝无所不在,他在任何地方,他不会局限在任何地方。他可以在场而不被察觉,他不需要移动就可离去;当上帝将我们暴露给敌人的时候,既可证明我们的完善,又可矫正我们的缺陷;作为对我们耐心忍受现世痛苦的回报,他会为我们保留永恒的奖赏。"①在此,承担苦恶的尘世是因作为进入未来希望的神圣史的一个必要阶段而获得了终极支持。

(三) 永生盼望:死亡、罪罚与复活

自从亚当犯罪被逐出伊甸园,无法再吃生命树上的果子,人就承受了有死的命运,死被视为一种对罪的惩罚。经过保罗的阐释和宣讲,亚当的罪被明确为第一罪,死亡便是这第一罪带来的恶果。从此,人类的命运被禁锢在罪与死亡之手。保罗是这样说的:"正好像罪借着一个人入了世界,死又是从罪来的,所以死就临到全人类,因为人人都犯了罪。没有律法以前,罪已经在世界上了;不过,没有律法的时候,罪也不算罪。可是,从亚当到摩西,死就掌权了,甚至那些不像亚当那样犯罪的人,也在死的权下。"(《罗马书》5:12~14)

由罪而来的"死"显然已经不是一种纯粹的自然事件,而是一种意志的事件。就人而言,这是意志自由选择犯罪的结果;就神而言,这是对人的意志违背上帝意志的惩罚。而古老的律法作为对犯罪的惩罚,不过是在神圣的第一罪罚"死亡"之后的产物;一切违背律法之罪都不过是以原罪之罚"死亡"为前提的。于是,死亡这一关涉人的生命有限性而构成对生命存在的根本挑战的严峻问题,在基督教的神学语境中得到了最大的关注。如何理解死亡,如何克服死亡,这个问题经过奥古斯丁的深刻阐发形成了基督教神学对后世影响深远的关于死亡的正统理论。

我们先来看奥古斯丁关于"两次死亡"的说法:"灵魂之所以被称为不朽的,是因为它从不停止生活与感知(虽然可能是悲惨的生活与感知)。而肉体之所以被称为会死的,是因为它会失去一切生命,并且不能依赖于自己而活着。当上帝离弃灵魂,灵魂之死就出现;而当灵魂离开身体,肉体之死就出现。所以,当被上帝离弃的灵魂离开了肉体,那么二者之死,也即整个人的死亡就发生了。因为灵魂离开上帝就不再有生命,而肉体离开灵魂也不再有生命。最后,接着整个人的这种死亡

① [古罗马]奥古斯丁:《上帝之城》上册,1:29,王晓朝译,香港,道风书社,2004,第44~45页。

的,是被称作第二次死亡的那种死亡。"①如果说第一次死亡是灵魂和肉体的分离,即整个人的死亡,那么,第二次死亡比第一次更悲惨,是所有恶中最坏的。"因为第二次死亡不是由于灵魂与肉体的分离,而是由于灵魂与肉体在永久的惩罚中结合。与人们的当前状况相反,在这种状态下,人不会处于死前或死后,而是始终处于死亡之中,由于这个原因人决不会是活着的,也决不会是死去的,而是处于无穷无尽的死之中。在死亡本身不死的地方,在此最坏的意义上,人决不会处于死亡之中。"②

从对两次死亡的描述可知,第一次死亡是通常话语中的死亡,这次死亡之后还有希望,那就是在末日审判时死而复活,得到上帝的恩典和恕罪,在天国与神永远同在,享永福,得永生的希望;第二次死亡是神圣话语中的死亡,这是一种彻底的死亡,最后的死亡,再也没有希望的死亡。在末日审判时虽然死而复活,灵魂和肉体重新结合在一起,但是却被审判定罪受到永罚,在地狱和神永远分离,承受永死的命运。灵肉无法分离,却为上帝永远离弃,永远沦陷在无尽无休的黑暗之中,与希望隔绝,受永恒之罚。这种永活就是永死。

两次死亡的说法都表明了一点,死是一种背离上帝之罪的惩罚。故而奥古斯丁说,死亡的起源就来自第一罪。③ 人类俗世生活的历史是从罪开始的,每个人的死亡也是由罪获致的。无论是尘世历史之始,还是尘世生命之死,都是作为惩罚才出现的,而最大的惩罚莫过于死亡。死是罪的标志,有罪的地方就有死;不犯罪就没有死,赦免了罪就克服了死。在这种理解中,显然死亡不是个自然事件,而是个意志事件。正因如此,才有末日审判时死而复活,在拯救的恩典中得享永生的终极可能。正因如此,也就给了人类努力避免第二次死亡,获得最后拯救而永生的未来希望。实际上按照基督教的信仰来说,耶稣基督的临世就是为了让罪中有死之人重新开始,通过今世信仰耶稣追随耶稣获得灵里的重生,及至末日死而复活最终得享永生而摆脱永死。这意味着,人对自己的死亡不是无能为力的,而是能够有所作为的。既可以亵渎神圣,恣意妄作,最终陷落永死之手,也可以为了摆脱永远的死亡而持守信望爱,从善如流,最终获得神圣的拯救。从宗教哲学的视野来看这一问题,则意味着人们能够或是逃避和无视死亡而沉沦世间以致最终被死亡吞没,或是

---

①　[古罗马]奥古斯丁:《上帝之城》,德译本,下册,13:2,(Vom Gottesstaat. Wilhelm Thimme,1955),引文出自黄裕生根据这个德译本而做的中译,见黄裕生:《宗教与哲学的相遇——奥古斯丁与托马斯·阿奎那的基督教哲学研究》,南京,江苏人民出版社,2007,第143～144页。对照王晓朝根据英译本所做的中译相关段落(见《上帝之城》中册第169页),两者意思有所不同,可能是德译本和英译本的差异所致,这里采用黄裕生依据德译本的中译。

②　[古罗马]奥古斯丁:《上帝之城》,中册,13:11,王晓朝译,第182页。

③　参见[古罗马]奥古斯丁:《上帝之城》,中册,13:11,王晓朝译,第184页。

怀着终极关切而承担死亡从而打开一条通往未来的绝对视线,以此反观和定位当下的生活,从而取得超越生命存在当下性的深广和高远。可见,在基督教信仰层面开启的死亡与复活的观念直接影响着人们对于生命的理解和态度。

人类的尘世生活因罪而起,生活在尘世中的人也因罪而死。不了解罪与死,就不了解人类世界的生存本性。就此而言,不知死,焉知生,不同于儒家未知生,焉知死的观念。同时,灵肉分离之死并不是人的最终结局;末日的死而复活与死而后生,又打开了生命存在的终极可能性,构成了每个人永远保持自身同一性的永恒盼望。就此而言,死而复活的观念是饶有兴味的。一般都承认,在西方思想史上个体观念是很突显的,其实这一观念的深刻根源是在基督教里。如果说在希腊城邦主义的生存伦理体系中已经包含着个体观念,但它的自我同一性身份是和作为城邦的一员分不开的,而在基督教信仰生存系统中,每个人拥有独一无二的个体身份,他在根本上不是作为某个组织或群体、某个城邦与国家、某个阶层或等级的一分子,而是作为一个立身在绝对上帝面前的独特的生命自我,虽然他们也在上帝面前彼此组成一个信仰的团契。这个在上帝面前的生命自我,其最佳存在状态是灵魂和肉体的完整统一。死后灵魂离开了身体,个体的完整遭到损坏,却在末日审判和死而复活时重新恢复了二者的合一,得以继续保持一个此世和彼世一贯的生命自我。可以认为,死而复活的说法通过信仰的表达方式依然隐含了一种关于独一无二、自身同一的个体观念。

这一观念是一种灵肉合一的个体观念,它体现着基督教创世论中上帝用属世泥土和属灵气息造人的基本范型,表明基督教对肉体的态度是肯定的接纳的,而非否定的弃绝的。奥古斯丁说:"尽管怀疑死者公义、虔诚的灵魂在宁静之处安息的想法是亵渎的,但它们若能活在一个健康的身体里会更好。"[①]这一观念显然既不同于佛教弃绝肉身、灵魂转世的轮回观念,也不同于柏拉图主义将灵魂与肉身的分离看作是摆脱肉体束缚而获得真理和善的幸福境界的观念。相反,肉身生命的有死性恰恰是因罪而受惩罚的痛苦结果,而灵肉合一的生命原本是亚当在伊甸园里可能永活的生命所绽开的自由而幸福的存在形态。如果说死而复活后灵肉再次合一永不分离而被赐永生,那便是绝对的幸福即永福;相反,如果复活后的灵肉合一不能受赐永福而永生,而是被判永罚而永死,那么这最终的惩罚和受死,由于肉体的参与,则使得灵和肉都整个地沦入绝望的深渊和绝对的黑暗,而更加成为绝对的痛苦。

可见,正是由于将死亡和罪罚联系起来理解,才有了永生的盼望;不仅盼望灵

---

① [古罗马]奥古斯丁:《上帝之城》,中册,13:19,王晓朝译,第193页。

肉分离的死亡之后的复活,更是盼望复活之后得到永恒的生命而与死亡永远隔绝。由此,基督教确立了以信、望、爱为神圣美德的现世生存伦理,并在这个追求过程中实现人间的正直和公义。

二、由未来开启现在:现代末世希望的多维面向

以末日审判、死而复活及地狱永罪、永罚、永死,或者天国永恩、永福、永生为核心的传统基督教终末论信仰,在近代以来受到了科学理性主义的巨大挑战和否定。以实证和逻辑为尺度的现代文化体系无法与之发生对接,世界末日论、罪罚死亡观、死而复活论、天堂地狱说均和现代生命科学、宇宙物理科学、社会人文科学观念无法相容,也和人们日常生活世界的切身经验无法协调,更难以经受逻辑的推理和检验。现代人的生活世界基本上是当下的、功用的、实证的,或者计算的、技术的、操作的,或者肉身的、感性的、本能的、冲动的,或者也可以是心灵的、想象的、艺术的、沉思的、德性的;但是,所有这一切的特质都在于它们是此世性和此身性的,断绝了通往死后、来生、彼世之路。面对现代人的知识状况、生活状况和社会历史状况,如何重新解释和阐发传统教义,使之能够继续为现代世界的生存伦理提供终极性的宗教支持,一批现代神学家做出了卓越而富有成就的探索,其共同特征无不在于将末世福音与现实处境紧密结合在一起而进行神学重释。

下面先将目光投注于利奇尔和饶申布什及其反向运思的巴特,然后关注矫正巴特偏向的存在主义神学家麦奎利,最后讨论对正统进行再重构的莫尔特曼。通过择取和阐发他们的一些思想要点和基本特征,以期多维展示现代终末论的永生盼望。

(一)此岸或是彼岸:利奇尔、饶申布什与巴特的上帝国

从《新约》来看,耶稣宣告的上帝国是在现世还是在彼世,是有关现在的还是将来的,并不存在一个完全确定、绝对分明、非此即彼的答案。基督教传统神学的解释无疑将之视为一个彼岸的将来的世界,然而,利奇尔的自由主义神学和饶申布什的社会福音神学则强调上帝国的此岸性,可以通过人类的积极努力予以实现。

利奇尔认为,上帝国就是人类社会道德实践的目标,耶稣在世的拯救活动就是上帝道德意志的实现。耶稣既是上帝国里"人性的原型",也是在个人生活中第一个实现了上帝国之终极目标的人。他说,耶稣是"世间上帝国的创立者","在他的自我目标中,上帝以一种原初的方式实现并表现了他自己永恒的自我目标"。[①] 如

---

①　[德]利奇尔:《基督教关于称义与和解的教义》,转引自[美]利文斯顿:《现代基督教思想》上卷,何光沪译,第 501 页。

果是这样,追随基督的信徒们就应该为这一世间上帝国而努力奋斗,这意味着它是一项社会性的工作。基督教追求的目标与其说是个人的灵魂得救,不如说是一个更宏大的社会理想。作为一种理想目标它属于超越现世的将来的事情,却要在每一步的社会的道德改造中去实现,就此而言它又完全是现世的当下的事情。这一实现上帝国的人类道德实践建立在爱上帝和爱邻人的基础上。

饶申布什进一步发挥了利奇尔的思想,将"上帝国教义"视为最重要的教义,将上帝国的福音明确地称为"社会福音"。在他看来,上帝国是一个以基督的爱和正义为原则结合而成的人类大团契,是一个集体的概念,一个社会的指望,包括了宗教以及经济、政治等全部人类生活,关心的是整个社会得救而非个人得救。上帝国的实现就是在地上建立起基督精神统治下的生活方式和社会秩序,集体拥有大部分财产,组织民主,公平分配,使全人类都能过上幸福的生活。由于将天国福音解释为社会福音,故而并不赞成传统的末世论关于末日审判和肉身复活的观点,而是重提基督教关于在地上实现基督和圣徒共同进行正义统治的"千禧年"观念。他说:"千禧年的希望,就形式而论是粗劣的,但其实质却是完全正确的。……那社会生活理想,即基督的律法在社会生活中流行,它的流行的结果带来和平、正义和人类生活的荣耀繁茂,却是基督教的理想。'属灵的生活'得救而经济生活却没有得救的未来展望,非但不是基督化的,而且是愚蠢的。如果人类在过去曾给千禧年的希望染上了浓厚的血气色彩,让我们把这一色彩抛弃,把那奢华和纵欲的理想留给现在资本主义社会秩序下的人们。我们对于任何千禧年的主要兴趣是希望有一个社会秩序,在这当中,人类中最小的一个的价值和自由,都能得到尊重及保护,人的互爱在社会经济资源为全体共有上面被表现出来,人类属灵的美好高过一切重视物质之群的私有利润的利益。我们希望人类有这样的社会秩序,一如我们希望自己能够升天那样。"①正是在这个意义上,他自称是一个"基督教社会主义者",但同时又以爱的社会改造还是恨的暴力革命为分水岭,强调自己与马克思主义的区别。

不过,从饶申布什的社会福音理想来看,除了实现理想的手段是对立的,其理想目标和马克思的社会主义确有几分共同之处。从大的时代背景来看,它们都带有 19 世纪或现代早期历史进步论的乐观主义特征。只不过,前者是以肯定的方式将基督教的天国理想从正面诠释为社会理想,试图以爱和公义的基督精神将大地改造成为一个幸福正义的乐园,但毕竟同时还保持着超越现实的福音信仰之维;后者则以否定的方式将基督教的天国理想给予彻底颠覆,斥之为虚妄和无知的幻想,当作是人民精神安慰的鸦片,然而却同样试图实现一个地上的天国,虽然与前

---

① [美]饶申布什:《饶申布什社会福音集》,赵真颂译,第 479 页。

者之间无疑存在着重大的差异,却是犹如基督教末世论的另一个颠转了的世俗版本。[①]

无论是马克思的否定性批判,还是从利奇尔到饶申布什的积极阐发,关于末世论信仰的颠覆或重构都反映出乐观主义时代人类对自己解放自己充满信心,但是,随后却受到了两次世界大战的严酷打击。正是在这种背景下,巴特批评社会福音神学将人等同于上帝、用人道代替神道的根本错误,重新强调上帝的国是在无时间性的天上,不可能拉到时间性的社会历史之中,它与人类世界的关系是一种纵向垂直的关系,无论人类历史如何向前发展,都不可能通往上帝的国度,两者完全是异质性的。耶稣基督作为从上面垂直进入的圣道,只是在一个切面上经过人类历史,并不等于已经成为人类历史,这是超出我们理解力的一个神圣奥秘。但是,我们只有在对基督之道的追随和信仰中,才能领受天国福音;只有在接受福音的启示中,才能看出历史的意义在历史之外;只有在当下对天国的每时每刻的仰望中,也才能获得神圣的启示。由之,巴特将上帝国重新理解为彼世的,强调与基督之间的关联是唯一之路,重又确立了新正统观念。

可是,将天国与尘世、神圣救赎历史和世俗人类历史完全分割开来,总是不可避免地面临着由于人神全异而如何沟通交流的难题,完全跳脱现实世界的终末论有可能沦为一种仅仅是面对和维持现状的精神安慰。所以,巴特的观点也受到了激烈的批评。以布尔特曼、蒂利希、麦奎利为代表的存在主义神学关于终末论的重构可以说是对巴特的再一次矫正。下面仅以麦奎利为例。

(二)末世的生存论意义:麦奎利的实现论和未来论

按照麦奎利的观点,"存在"乃是永远在创新的活力的源泉,一切"存在者"都是存在的显现。上帝就是这不断在创新的存在本身,也称"神圣存在"或"使在"。人是一个特殊的存在者,一个向着未来可能性而开放的"去存在者",但他和其他一切存在者一样都是有限的和有死的。然而,宇宙总体自身却在上帝生生不息的永恒创造之流中是永存的。末世论并不必然意味着,世界在时间上有终点;创世论也不必然意味着,世界在时间上有起点。

麦奎利说:"创造的教义不必被看为是意味着世界有一个时间上的开端。同样地,末世的教义也并不必然意味着世界在时间上的完结。在神学上,创造的教义

[①]　关于马克思和基督教末世论的关联所做的进一步阐发,可参阅田薇:《末世论信念和宗教批判:马克思与基督教关联的双重面相——从洛维特审理近代启蒙历史观的神学前提谈起》,见《信念与道德——宗教伦理的视域》,第112~127页。

被理解成意味着人与世界依赖于神圣存在,而且,被造物的这种状况与一直存在着一个世界这种可能性并不矛盾。类似地,神学上,末世教义的意思是,人与世界命定的归宿是神圣存在,而且将在上帝当中得到它们的极致与完成,但这又与世界会永远长存的可能性毫不矛盾。的确,如果应当把存在视为既是稳定又是运动的(假如它被视为神圣存在因而也是上帝的话,我们就必须这样来看它),那么,就很难看出世界怎么竟会有终结。"①简言之,创世的观念意味着上帝是人和世界的存在源泉;末世的观念意味着上帝是人和世界的存在归宿。在麦奎利看来,没有必要将一种末世论的彼岸的上帝国的出现和这个此岸世界的终结联系在一起,将"末世"理解为一种在遥远未来的某一天将要发生的"超自然的干预",或者"上帝国的突然闯入"不过表达了一种神话观念,完全排除了末世论的生存论意义,即人类生存实在中的"紧迫感和责任感"。实际上,末世论究竟意味着什么,在基督教的早期历史上就是一个需要解释的问题,在现代更需要做出解释。

麦奎利提出了末世论解释的生存论路径,即把末世论意义的已经实现论和未来期待论结合起来。"已经实现"是在"个人化"的意义上成立的,它有着福音书的根据。在《约翰福音》里有种种说法描述个人因信奉耶稣基督而发生的生命转折和更新,诸如"灵里重生"(3:5~8)、"有永生""出死入生"(5:24)、再临的"圣灵"以及"现在是这世界受审判的时候"(12:31),等等。这些都指向在个人身上得以"实现"的末世论意义,也就是当下实实在在的生存论意义,意味着在一种鲜活的生存实在中把握到了"永恒的生命"。关于末世论意义的解释不能忽略这一维度,以避免使其完全变成为某种关于遥远的彼岸未来的神话想象。但是,末世论的确还包含着"未来期待"的维度,它恰恰基于神圣存在连续不断地倾泻出自身的存在,使得世界永远充满生命活力而不会有时间上的终结的创造论,它指示着超出个人限度的更广阔的范围内关于未来的盼望,关涉到从一个团体到整个宇宙的最终命运。从宇宙甚至人类的角度来讲,末世论的未来期望之维还远远没有实现。②

不过,有一个问题还需要澄清,末世的生存论意义即所谓已经实现论,虽然在个人化的角度得以成立,但是并不意味着已经彻底解决了人的死亡问题。因为无论是出死入生,还是与圣灵同在,甚至谈论永生,都不过是指由于信仰基督而在此世实现的灵魂自身的自我新生和自我超越,绝不意味着今生就不死了。而且,即使死亡使我们敞开了清晰的生存论意识——我们的所有可能性都是在"死亡面前"展开的,死亡作为"末世"的东西为生存带来了在其他情况下不可能产生的"责任感和

---

① ［英］麦奎利:《基督教神学原理》,何光沪译,第465~466页。
② 参见［英］麦奎利:《基督教神学原理》,何光沪译,第462~468页。

严肃性",以致促成"自我的创造性",但正如麦奎利指出的,"死亡可以用肯定的和创造性的方式来理解,它们却丝毫没有消除死亡现象的否定性或含混性。假如死亡表明了我们的很多关切的空虚无用,它难道没有使它们全都变得愚蠢荒唐吗?我们难道不是被驱向了某种虚无主义吗?在其中,每一种人类愿望的价值都被贬低到这样的地步,以至于竟然正如萨特所暗示的,孤独的醉汉的生活与伟大的政治家的生活都同样毫无意义。这种关于人的实存的荒谬性的断言,使我们通过对照而理解到,面对这种情境,宗教的态度意味着什么"①。

意味着什么呢?意味着接受生存事实并透彻地了解到,在人的被给定的有限性资源和我们的相关要求之间存在着"鸿沟"的状态下去寻求"意义"——生存的意义。这意义存在于更广阔的背景中,那是超越了人的生存实在的神圣存在的背景。我们正是从神圣存在那里,从我们有限存在的贫乏资源之外获得了支援和补充,我们的生存才拥有了意义。这种宗教态度就是"信仰",它不只是一种"信念",而是一种包含着接受和献身的生存态度。这种信仰的态度不是外在的,而是来自人的有限性的"生存结构本身",来自我们内在的对自我生存的完整意义的要求和追求。就此而言,个人对死亡的超越也必然包含末世论的未来向度。就是说,虽然每个人的尘世命运都是死亡,"然而,我们对上帝的信仰与希望,并不限于这世间和空间的境界之内。不仅从一代到一代,而且从无穷到无穷"②。这就必然关涉到传统的末世论观念——永生的盼望,麦奎利称之为"最基本的末世论观念"。如何理解这一观念呢?

按照麦奎利的看法,他否认一个永不毁灭的灵魂实体的观点,并不认同一个脱离了形体而继续存在的灵魂的主张,因为一个无形的实存概念是很难想象的。关于一个无形的灵魂实体永远存续的"不朽",不过是一种晦暗不明的"准实存",犹如想象中的那种阴间地府般的实存,这种观念是无法接受的。永生不是这种意义上的不朽,必须从自我对"现在"的超越方式中来理解。随着自我的不断发展,一个人越来越能挣脱自己的当下境遇和瞬间欲望的束缚,体会到一种统一的生存实在,将过去、现在、未来合为一体,在自身内形成了对于"永恒命运"的理解和追求,再不满足于无常易逝的东西。就此而言,他已经在"一尝永生"了。然而,"永生的充分意义"显然远远超乎纯粹相继性的人类体验,"永生处于自我的极限上"。"自我的极限就是基督的品格,基督把自我的一切可能都引向了完成。但是基督由于彻底的自我献身,已被接纳进入神性;或者换个说法,他是一个言成肉身者,在其中人性

---

① ［英］麦奎利:《基督教神学原理》,何光沪译,第106页。
② ［英］麦奎利:《基督教神学原理》,何光沪译,第467页。

与神性已经汇合。要达到'永生',就是要被接受为神子,与基督一起进入上帝的生命。"①显然,永生是指作为一个人将自我的全部可能性给予完善的实现,但这一实现绝不意味着自我中心地把自己变成神,而是将自身投入到更为广阔的存在运动中,投入到上帝的创造中,与此同时也就是让上帝进入我们之中,运动创造在我们之中,我们的全部生命都被"恩典"所渗透,因而得以提升到"上帝的生命"。基督就是这一永生的原型,也启示着每个人和整个人类的命运。这一理解与末日审判、死而复活、得救永生的传统观念相去甚远。

与之相连,麦奎利也对审判、天堂、地狱、炼狱、上帝国这些末世论观念的意义进行了重释。在他看来,审判与恩典相对构成了上帝的神意工作。"神意"就是上帝在消弭风险中建立和促进受造物的行动。在这一过程中,"审判"可视为一种筛选,邪恶的歪曲被导向失败,趋向存在的倾向得到促进。审判和恩典是一个行动的两个方面,"最终的审判"不过是指"化恶为善、治疗伤者、使被毁灭或被摧残者复元,这是相信有一个正义的上帝或者相信存在是仁慈的这种信念不可避免的结果"。② 因此,麦奎利坚持"普救论",反对"永世惩罚论"。在这一理解基础上,"天堂"也不是一种"酬报",而是由信、望、爱引导的"生命的完成"。天堂只是一个"象征",意味着"存在的完满";是实存者被带入"永生"时"趋向的成果";是达到了与基督类似的生命,与上帝类似的生命;也是人类生存的目标。"如果说天堂是存在的圆满和人类实存的上限,那么地狱就可以视为存在的丧失和下限。存在的丧失未必意味着灭绝,但却包括每一种从本真的人格实存的堕落,包括每一种对实现真正的存在可能性的背离。因此,正像其他的末世论观念一样,地狱可以表示一种目前的现象,可以不同程度地在此时此地体验到。说地狱是一种'惩罚',正如说天堂是一种'酬报'一样,是不能令人满意的。"③如果天堂和地狱是去接近的"限度"而非处身其中的"终极状况",如果我们拒绝在正义与邪恶、拣选和弃绝之间划定僵死不变的界限,而以不断运动的方式设想末世论,如果我们抱着整个被造世界都将普遍得救的希望,那么"炼狱"就是一种合适的"中间状态"的信念,是为了达到和基督的生命相似而和他一同受苦,天堂、地狱、炼狱并非截然分开而是一种连续状态。

对于"上帝国"这一末世论的最高观念,麦奎利认为,个人和世界的命运只有在这一不可测度的更广阔的存在结构里才能获得定位。上帝国是一切存在物"在存在中并通过爱而彼此联合的联邦";由于这"爱"是神圣的"使在的爱",能够保存所

---

① ［英］麦奎利:《基督教神学原理》,何光沪译,第475页。
② ［英］麦奎利:《基督教神学原理》,何光沪译,第477页。
③ ［英］麦奎利:《基督教神学原理》,何光沪译,第479页。

有存在物各自的独特性,因而这个联邦是一个包含"多样性的联邦",并因而是一个充满价值的"统一体",远远在一切无差别的统一之上。对于这样一个上帝国的理解,将 19 世纪自由主义道德进化论的天国观和 20 世纪强调超历史性和戏剧性的天国观结合起来是合适的。一方面,天国的实现是需要人类的参与合作的,天国需要在这个世界上成长;另一方面,进化论的人本主义也是需要排除的,只有上帝才是天国的创造者,只有恩典才能实现它。用麦奎利的话总结如下:

> 设想天国能实现在地上,这是愚蠢的乌托邦的想法,虽然在另一方面,努力奋斗促成它的逐步实现并不愚蠢,因为,基督教的盼望鼓舞我们相信,这真正是宇宙的"圆极"。然而,它的实现(我们已看到这永远不会是终极的实现)只能出现于存在的更浩大的综合之中,集合过去、现在和未来,在不断扩展的背景中完善一切事物。这一点,我们只能朦朦胧胧地理解到,但是,上帝恩典的启示,以及对实存和存在的反思,两方面合在一起向我们保证,这是一个合乎理性的希望,是值得我们全力以赴,为之献身的。①

(三)末世即未来即开端:莫尔特曼的希望重构

作为现代希望神学的最大代表,莫尔特曼对传统的终末论做出了更富创造性的解释,这一解释既包含了崭新的因素,也包含了对于原初信息的再次开显。从某种意义上来看,如果说麦奎利的存在主义神学对于末世论的传统话语是在解神话,是在解构的基础上进行重构,那么莫尔特曼却是在重返古老教义的基础上使传统终末论获得新生。莫尔特曼一方面从"希望"的视野中解读终末论,开辟了希望神学的构想,另一方面在希望神学的基础上构建了一个宏大整全的终末论体系。可以说,现代基督教的末世论生存伦理在莫尔特曼打开的多维希望里获得了崭新的面貌。

我们先来讨论莫尔特曼关于终末论的"希望"视线。在传统终末论里,死亡是个体人生的终结,最后审判是对人类历史的终极解答,世界末日是万物的彻底毁灭,死而复活及其永生或永死是终末的结局。所以终末论就是关于最终的事情的学说,像一本书的"附录"一样放在基督教教义的"末尾",含混不清,离题太远,将未来完全推到永恒的彼岸,失去了对于时间中的历史的激励和批判意义,排除了基督教信仰赖以安身立命的未来盼望。可是,依照莫尔特曼的看法,"末世论意味着关于基督教的希望学说,它包括希望的对象和由希望的对象所引起的盼望。基督教

---

① [英]麦奎利:《基督教神学原理》,何光沪译,第 483 页。

彻头彻尾（而绝非附加的）是末世论的，是希望。是向前看、向前运动，因而是对当前进行革命和改造。末世论不是基督教的一个要素，而是基督教信仰本身的中介，是基督教信仰中万事万物据以定音的基调，是在所期待的新的一天黎明中普照万物的晨辉。基督教信仰从被钉死在十字架上的基督的复活中得到生命力并追求基督所应许的普遍未来。末世论是弥赛亚所激起的苦难和激情，因此末世论绝不仅仅是基督教学说的一部分。相反，末世论世界观是所有基督教宣道的特点，是每个基督徒存在和整个教会的特点。因此在基督教神学中只有一个真正的问题：未来的问题"①。

这意味着，末世不是终结，而是开始，是新的开始，为什么呢？因为末世是在基督复活里的应许，应许就是未来，未来就是希望，我们就在希望中开始前行，在希望中与上帝相遇。上帝是以未来为其存在本性的上帝，它不在世界之内，也不在世界之外，而是永远在我们的前面，给予我们对未来的盼望。这未来，这应许，这希望，都不是作为终局而存在的，而是作为开端而存在的。上帝正是在终局里隐藏了开始，正是从终局出发才有真正的创造。终末论不是神学的"编后记"，而应当是它的"卷首语"。关于个人、历史、宇宙、上帝的全部神学之思都应该根据终末也就是未来这一希望的目标而进行，万事万物都应该根据终末也就是未来这一希望的目标而定位。只有从终末从未来从希望出发的神学，才会对现实世界具有革命的和批判的作用。终末神学是未来神学，是希望神学，因而也是革命神学，是政治神学，是实践神学。可以发现，终末论在传统神学中作为一种与此世断裂而指向彼岸世界的理论，经过莫尔特曼的创造性解释，转换成为一种从未来希望出发而反过来指向现实世界发挥革命功能的政治实践神学。

然而，神学何以能够谈论还没有出现的未来呢？难道不会陷入独断，不会陷入乌托邦吗？作为现代神学家，莫尔特曼对此具有完全自觉的意识，因而做了进一步澄清，由之明确了神学只能走一条希望的路径。他说，末世论 Eschatologie 这个术语其实是错误的，怎么能够有关于未来的逻各斯呢！希腊术语的逻各斯指向永远的现在，是关于真正实在的表述，就此而言，不可能有关于未来的逻各斯。那么，基督教的末世论当以何种方式谈论未来呢？它不能从历史中的某种经验事实出发去宣告现实发展的未来可能，因为从某种经验事实出发不可能有创造性的崭新未来的宣告，它所谈论的只能是耶稣基督及其未来，也就是承认耶稣复活的现实性及其关于复活者未来的宣告。因此，第一，"所有关系到未来的陈述是否基于耶稣基督

---

① ［德］莫尔特曼：《希望神学》，见《20世纪西方宗教哲学文选》下，刘小枫主编，杨德友、董友等译，第1775页。

的位格和历史,是把末世论精神同乌托邦精神区别开来的试金石"①。基督教讲的未来或希望都是建立在十字架上的受难和复活这一神圣事件及其信仰的基础上,耶稣基督的复活指示着未来,应许着未来,我们从他那里获得了希望。第二,基督教关于未来的陈述只能是应许的方式,是希望的方式,而既不能是希腊逻各斯的方式,也不能是经验命题的方式,相反,是使新经验得以可能的条件。正因如此,它才具有批判现实的功能,促使当下现实不断地面向新应许和新盼望而得到改造。

总之,"基督教的希望是复活的希望,它在对所保证、所给予的作为与罪对立的公义、与死对立的生命、与苦难对立的荣耀、与纷争对立的和平的未来盼望中证明自己是真理"②。这个希望必然是"信仰的希望",因为希望不过是由坚定地信仰上帝的许诺而来的期盼。信仰相信上帝是真实的,希望则等待着这一真理的彰显;信仰相信永恒的生命已经给予我们,希望则期待着总有一天它会显示出来。信仰是希望的基础,希望使信仰富有生命。这样的希望不是乌托邦,因为它并不为"没有位置"的事物而奋斗,而是为"尚未有但却能够有位置"的事物而奋斗。③

现在我们进一步讨论终末论在希望的视线中展开的思想全景。基于复活而打开的希望视野使得天、地、人、神等全部存在都开启了未来。在传统终末论里,个人之死能否在末日审判时获得终极拯救历来是关注的焦点,而人类历史的救赎、自然宇宙的救赎则处于关注的边缘,至于上帝的未来基本属于尚未打开的思想视线。莫尔特曼将各种支离的终末思想整合在一起,提出了系统的终末论,这就是建立在基督受难和复活基础上的个人终末论、历史终末论、宇宙终末论和上帝终末论。透过这一宏大的运思,处处可以发现最为遥远的神学信念与最为切近的现实关怀完全交融在一起。

1. 个人终末论指向复活和永生的盼望

在莫尔特曼看来,死亡和复活都是生命中的大事,要像对待生一样郑重对待死。不过伊壁鸠鲁(Epikur)说:"死亡对于我们是无足轻重的,因为当我们存在时,死亡对于我们还没有来;而当死亡时,我们已经不存在了。因此死对于生者和死者都不相干。"④既然如此,思考甚或忧虑死亡是很愚蠢的。这种生死两判的观念要人排除死亡恐惧,只管过好今世的幸福人生。对此莫尔特曼指出,死和生并不

---

① ［德］莫尔特曼:《希望神学》,见《20世纪西方宗教哲学文选》下,刘小枫主编,杨德友、董友等译,第1776页。

② ［德］莫尔特曼:《希望神学》,见《20世纪西方宗教哲学文选》下,刘小枫主编,杨德友、董友等译,第1777页。

③ 参见［德］莫尔特曼:《希望神学》,见《20世纪西方宗教哲学文选》下,刘小枫主编,杨德友、董友等译,第1777~1781页。

④ ［古希腊］伊壁鸠鲁:《致美诺寇的信》,见《西方伦理学名著选辑》上,周辅成编,北京,商务印书馆,1987,第100页。

是隔绝的,而是互相影响的。我们从亲人的死亡中体验着死带来的悲痛,从作为生命终结的死亡意识中把握到个人生命的有限性,对死亡的恐惧也会使生命遭到扭曲。正是从对死亡的种种领悟中,我们获得了既不能轻视今生,也不能否认来生的见识和态度。源于基督十字架上的受难和复活而开启的未来视线或希望视线,使得死亡得以被视为人的灵的转化、人的生命样式的转化,甚至人的生命史的转化,以至有死的生命透过死可以转化为不死的生命。① 源于基督受死复活开启的希望视线,莫尔特曼还主张基督死亡时成了死人的弟兄,基督复活时将死人和活人一同带往上帝国圆满终结的路上,"死人并没有和上帝隔离",死人和活人一起都"在基督里"组成一个爱的团契,生死之间绝非常人想象的"阴阳两判"。②

在这种似乎神秘而超验的观念里蕴含着深刻的现实观照,为了将之彰显出来,我们引用与之有着相同旨趣的实践—政治神学家默茨的观点作为一种迂回的支援,可以和莫尔特曼的观点相得益彰。默茨在《历史与社会中的信仰》一书里,将关于"受难的记忆与叙述"看作是神学的主题,认为由受难记忆而传扬的复活记忆意味着:死者、败者和被遗忘者所具有的意义尚未得到报偿,历史的意义绝非仅仅存在于幸存者、有作为者和成者的身上。应该永远正视人类的受难,也只有在耶稣被钉十字架与死者同在的受难记忆中,解救史的"自由解放"的意义才能彰显出来。这是对既往苦难的尊重,也是对希望的尊重。在解救史的光芒照耀下,既产生了与未来世代的"向前的共同一致",也产生了与已经死去的沉默者和被遗忘者之间的"向后的共同一致",形成了在上帝面前的一切人的主体之在。③ 这使得当下的现实生活世界成为一种与过去和未来联结在一起的深远厚重的人类共同体,而在这个共同体中,所有的生命,无论离去还是在场的,因着上帝的视线,都在永远的珍重里保有生命本身的尊严和席位。

如果说生死之间在基督的受难和复活里消弭了阴阳两隔,那么对于每个人而言,死而复活也就是肉身复活该如何理解呢?又怎么看待关于罪罚的死亡观念?莫尔特曼认为,灵魂不死是一种看法,"身体的复活"则是一种"盼望";后者意味着相信一个使无变有、赐人生命、使死人复活的上帝,期待死亡被吞灭而得"永远的生命"。在此,复活的盼望并不是关于遥远的死后状况的"臆测",而是在肯定生命和投入生命的爱里才能触及这一盼望。在爱里活出生命,并去肯定一个走向死亡的

---

① 依据这种观点,莫尔特曼高度评价东方转世思想中人和其他生物生命一体化的观念,但却坚持基督教的复活—恩典论使得转世思想中的"因果报应法则"失效。因果报应法则是内在于世界的、基于自身作为的法则,它和创造中的上帝无法相容,上帝的崭新创造就是因果报应的世间法则的中断;它和恩典的上帝也不相容,上帝的爱才是最终的判决。可参阅[德]莫尔特曼:《来临中的上帝——基督教的终末论》,曾念粤译,第147页。

② 参见[德]莫尔特曼:《来临中的上帝——基督教的终末论》,曾念粤译,第133~135页。

③ 关于默茨更进一步深入的论述,可参阅田薇:《苦难·解救·信念——默茨政治神学的核心意旨》,见《信念与道德——宗教伦理的视域》,第128~143页。

生命,因为我们盼望着上帝将在死亡中找到我们并唤醒和聚集我们。于是,我将在此完全地生活、完全地死亡并在彼处完全地复活。① 显然,莫尔特曼对于死而复活的观念持有完全肯定的态度。通过重释圣经观念及其传统教义,通过讨论现代神学的一些相关观点,他对传统和现代做出了某种创造性的综合,从古老教义里发掘出崭新的意义。

为了更好地在一幅思想关联的版图上把握莫尔特曼,我们不妨再追随他做一点观念史的梳理。依照他的看法,在《旧约》以色列人的传统中并列着两种截然不同的观点:死亡是生命的自然终点和死亡是被诅咒而脱离与上帝的契合,只是在先知书里有关恐怖末日论的边缘地带,才谈到了上帝要使死亡复活,使义人永生的期盼。一直到了《新约》,保罗根据基督的死和复活以及灵里生命的经历,才对死亡与复活进行了详细的反省,在亚当—基督的大脉络里将死亡理解为对人的罪的惩罚,讲"罪的工价乃是死"(《罗马书》6:23),而基督将人从罪恶的权势中释放出来,是使罪人称义的主,也是盼望中的战胜死亡、使死人复活的主。而在约翰神学里,死亡是这个败坏世界的标记,生命和复活则是基督带到世界上来的"崭新事物"。依据《圣经》形成的关于死亡和复活的传统教义,都坚持罪罚的死亡观和肉身复活观。公元418年迦太基会议反对佩拉纠而宣告:"凡是主张,第一个人亚当被造成会死的人,以至于不论他有没有犯罪,他的身体将会死去,换言之,他不是因为犯罪,而是因为自然的必然性,而离开他的身体,当受咒诅。"②奥古斯丁也将身体的死亡和永远的死亡都归之于罪。在他看来,亚当在乐园里拥有一种可能的不死性——"可能不死";人却因着罪而失去了这个可能的不死性而陷入了真正的必死性——"不能不死";涤罪的恩典给被拣选者带来真正的和不再失去的不死性——"不会死",这是永恒的生命。总之,死是罪的代价,释放罪俘、战胜死亡、死而复活都要靠基督救赎的恩典。

然而,在现代日益发展的科学知识背景下,不少神学家已经放弃或者不再完全认同死亡是罪罚以及肉身复活的观念了,而是将身体死亡从罪、审判和惩罚当中释放出来,将之看作一个自然死亡事件。施莱尔马赫在《基督教信仰》中将人和自然两个方面区分开来,指出基督教教义只涉及人的内在的自我意识和上帝意识,不涉及世界的性质。它讨论的不是死亡与恶本身,而是死亡恐惧感和罪恶感。事实上,死亡本身既不是恶也不是上帝的惩罚,而是人这种有限生物在时间上的界限。可是,当内在自我的上帝意识受到罪的搅扰,便会把自然的死亡主观地体验为恶和惩

---

① 参见[德]莫尔特曼:《来临中的上帝——基督教的终末论》,曾念粤译,第86～88页。
② 转引自[德]莫尔特曼:《来临中的上帝——基督教的终末论》,曾念粤译,第110页。

罚而产生恐惧感。基督的拯救就是对这种罪感和死亡恐惧感的克服,而不是对死亡本身的克服。死亡不是因着罪而产生,而是因着罪而成为控制人的灵魂的力量;我们不是因着死亡的缘故而成为奴隶,而是由于惧怕死亡而成为奴隶。基督的救赎并不是使身体不死的救赎,而是得到福乐的宗教—道德的救赎;它只涉及宗教—道德的生命,而不涉及自然的秩序。凡是被赦罪的且相信救赎者的,他经历的死既非恶也非罚,不过是一种自然死亡而已。施莱尔马赫的观点得到新教自由派神学的发扬,更为清楚地区分了灵魂的死、永远的死和身体的死,前两种死是"人"的死,是与上帝契合的中断和失落,与宗教—道德的原因即罪罚相关;后一种死是"自然"的死,与罪罚无关。因此,有关不死的灵魂得赎并得到福乐的教义必须取代身体复活的盼望,而身体按照自然的方式回到大地。①

巴特作为新教自由派神学的批评者和新正统神学的建立者,却以自己的方式和施莱尔马赫的见解相契合。巴特在《教会教义学》中谈到了自然的死亡和非自然的死亡。他认为,死亡本身并不是审判,也不是上帝审判的记号,只是有限存在的界限,且属于人的本性。就像出生是人从无到有的一步,死亡则是人从有到无的一步,完全是自然的事情。与这种"自然死亡"不同,"非自然死亡"是"实质的死",也就是"罪人的死",是罪人将死亡看作是咒诅而惧怕并将之体验为惩罚。没有基督的救赎,死亡本身和实质的死将同时发生,而在基督救赎的信仰中"实质的死"就被释放为"自然的死"。这个释放是获得"永生的释放",这个从非自然的死而来的释放意味着连人也被释放成"自然死亡"。此岸的身体归于了自然之死,有限的生命却在基督的救赎下被带进了彼岸上帝永恒的生命里。②

显然,施莱尔马赫与巴特都把死亡本身看作是一个自然事件,基督的救赎因而也就是宗教—伦理意义的救赎,这种理解非常符合现代人的知识和经验。可是莫尔特曼却认为,他们的观点对"自然"是极其不公平的。按照他的理解,从一方面来说,死亡仅仅对人而言也可以被称为"罪的工价",人的罪有不利于自己的罪和不利于他人的罪,这些都导致死亡,包括"罪人的死亡"。死亡透过人的罪不断地被带进人之外的受造世界,地球的生态性死亡正是因着人而产生的。但就死亡本身来讲的确是一种"自然死亡",源于存在于时间中的受造物的有限性和脆弱性。自然之死和罪人之死并无因果性,但有相关性,自然的脆弱性犹如罪的导火线。然而,从另一方面来说,我们承认自然死亡却不能终结于自然死亡。正因我们终有一天会走向自然死亡的事实,我们才和一切叹息劳苦的受造团契一起等待着"身体得赎"。

---

①   参见[德]莫尔特曼:《来临中的上帝——基督教的终末论》,曾念粤译,第112~114页。

②   参见[德]莫尔特曼:《来临中的上帝——基督教的终末论》,曾念粤译,第114页。

"自然的"同样是需要"救赎的",而非理所当然的、必须忍受的命运。在神学上以"自然的"标示那种受造的状态,就是指既不是最初的,也不是最终的。它表明受造物处于时间中,就好比在冬天里可以期待万物焕发生机的春天一样,我们的自然死亡将我们带进这块大地,我们和这块大地一起等候着复活和永恒生命来临的春天,崭新的创造将是一切受造物的前程。

因此,不论是施莱尔马赫还是巴特,都认为将人和自然相区分的观点对一切自然受造物的存在而言是不公平的。"它表达了现代世界中摧毁自然的人类中心论。具有位格的人类乃是地球这个自然体系的参与者,而且也是自然界的生物。现代将救恩的期待窄化到宗教伦理的位格性上,这对人以外的世界乃是致命的灾难性宣告。古代教会的'肉身救赎论'就它的宇宙性层面而言较为完备。今天,它必须应用于生态的救赎论上,那么就能将现代从它致命的局限性和冲突中解救出来。"①在现代观念和思想语境下关于基督的复活与救赎的意义重释,带来了肉身的复活与救赎的新意,整个宇宙自然也期待着再一次的复活和拯救。因此,莫尔特曼提出了基督为救赎而死的三个意义面向:第一,基督为我们有罪的活人而死,带来上帝的赦免;第二,基督也为死人而死,将上帝的团契带给他们;第三,"基督为所有活物而死,为了使万有与他复合,并且使它们被永生充满。如果他的死没有这个宇宙的面向,那么我们对罪和死的认识只是以人类为中心。基督从死里复活不仅是罪人得着救恩的证实,而且也是肉身和大地改变的开始"②。基督复活带来的拯救观念远远超出了人的向度,它不仅是宗教伦理意义上罪的生命形态的拯救,而且是宇宙所有自然生命形态的拯救。一切都在等待着复活和永恒的生命,永生的盼望是一切生命的盼望。对拯救意义的重释为现代生命伦理和生态伦理提供了神学依据,也是现代生态神学的一种建构路径。

在此莫尔特曼将复活救赎和永恒盼望向所有的生命开放。按照这种理解,"救恩"应该是一种"全面"的救恩,不能把基督徒的盼望理解为"排他性的"或"独特性的"。相反,它应该是对"胜过死亡的生命"所具有的"包容性和普遍性的盼望"。这种盼望不仅适用于基督徒,也适用于"所有的生命"。如果说基督的"福音"只涉及信徒,而上帝的"律法"却临到所有的人,这将是一个最无法令人满意的答案。③拯救的伟大目的在于使一切受造者都回归到神性的生活中,终极拯救不是通过罪的审判将人永远打入地狱为终点,而是通过伟大的爱的救赎将人提升到与神同在的

①　[德]莫尔特曼:《来临中的上帝——基督教的终末论》,曾念粤译,第118~119页。
②　[德]莫尔特曼:《来临中的上帝——基督教的终末论》,曾念粤译,第119页。
③　参见[德]莫尔特曼:《来临中的上帝——基督教的终末论》,曾念粤译,第140~141页。

新天地。只有这种神性的拯救,才能真正给每个人的生活提供终极支撑。

由此莫尔特曼进一步走向整个人类历史终末论和宇宙自然终末论。在他的理解中,针对永生的个人盼望引导人们走出个人性的体验,而进入了人和人的社会历史领域以及人和自然的一体化领域,因为人类是社会性生物也是自然性生物。这使得永生既是个体人生的生命,也是整个人类历史的生命,还是一切生物的生命。个人永生的盼望是在上帝国里实现的,离不开人类历史的经历,而人类历史又必须依赖宇宙自然的体系才能存活。于是,没有宇宙自然终末论,就没有历史终末论,也就没有个人终末论。终末论的永生盼望普遍地指向个人、历史和自然。

2. 历史终末论是对恐怖终末论和弥赛亚终末论、全赦论和末日审判双重结局论的辩证综合

在莫尔特曼看来,所有关于世界历史的神学终末论都产生于政治的经验和意图,终末论神学概念是神学化的政治概念。反过来,即使是现代关于历史的概念是超政治的,可历史本身却是政治性的,而所有现代的政治概念都不过是世俗化的神学概念。[①] 因此,无论是以世界的终局毁灭和上帝审判为核心的恐怖历史终末论,还是以"上帝国"为目标的弥赛亚历史终末论,都是政治性的终末论。从政治的角度来看,恐怖历史终末论迫于受苦受难的现实而希望这个世界的现行主导体系遭遇全面的崩溃和毁灭,敌对上帝的一切恶魔势力遭到彻底的打击和失败。弥赛亚历史终末论则盼望着历史终结前在地上建立基督公义统治的"千年国度",它是进入"上帝国"的预备期或过渡期,驱使着狂热的殉道者们为之献身,激发了向万民传福音的教会宣教意识,也激励了要成为世界强权的基督教帝国的野心。宗教的、教会的、政治的弥赛亚主义都产生于这个理念,它有着最大的吸引力,也带来了众多灾难,反映了基督教关于历史发展目标的一种期盼。

在综合二者的基础上,莫尔特曼指出,必须将弥赛亚终末论完全奠基在基督再临、十字架的牺牲和复活之上,这样才能摈弃夸胜和强权,使千禧年的盼望真正在这个老旧的、罪恶的、暂时的世界上开启一条通往崭新的、永恒的未来之路,并赐予基督徒奔向前程的希望和动力。同时,必须容纳恐怖末日论的灾难意识和终结观念,因为只有这样才能够在希望中保持警醒而不至陷入盲目乐观主义,更因为只有在这个旧世界的尽头,才有新世界的开端;只有对罪的审判,才有上帝国的出现;只有末时的阵痛,才有宇宙的再生。[②] 但是,也要摈弃惊恐焦虑和彻底绝望的悲观

---

① 关于近代以来的西方历史—政治哲学观念与基督教神学之间的关系,卡尔·洛维特做过非常深刻的阐述,莫尔特曼也引鉴了他的观点,参见[德]洛维特:《世界历史与救赎历史——历史哲学的神学前提》,李秋零、田薇译,北京,生活·读书·新知三联书店,2002;上海,上海人民出版社,2006。

② 参见[德]莫尔特曼:《来临中的上帝——基督教的终末论》,曾念粤译,第276页。

主义,只看到世界的浩劫和尽头,却看不到终局处正是上帝创造新世界的开始。相反,要在恐怖中看到拯救的希望。总之,走出灾难的弥赛亚盼望和感受到灾难恐怖的末日论是互相联系在一起的,这种历史终末论可被称为辩证统一的"弥赛亚—恐怖末日的终末论",以恐怖末日论为开端,以弥赛亚末日论为终点。

不仅如此,莫尔特曼的历史终末论也是全赦论和末日审判双重结局论的辩证综合。在教会传统教义中,关于"最后的审判"通常持有的终极观念是罪人被推进"永罚"的地狱和义人被带到"永福"的天堂之"双重结局论"。莫尔特曼问道:"'审判的双重结局'存在吗:信徒进入天上的福乐,不信的人受地狱的折磨?或者,到最后一切皆得赎,一切皆得救,一切事物进入崭新的创造?这后面隐藏了一个有关上帝本性的问题:创造者上帝和他的受造一起进入生命、死亡和复活?或者,审判者上帝为了要宣判人无罪或是咒诅人,因此才和他的受造区隔,完全不参与他们?热爱其受造的上帝如何能够咒诅那些邪恶的、毁坏的和罪恶的受造和受造本身?"[1]

可见,是双重结局论还是全赦论的问题,在根本上关涉到如何理解上帝的本性问题。如果上帝是创造者,那么他和他的受造难道不是一起进入生命、死亡和复活的吗?如果上帝是审判者,难道他仅仅是站在他的受造对面无动于衷地对有罪或无罪做出终极宣判吗?如果上帝对他的受造充满了爱,那么对罪恶的受造又怎么能够永远咒诅呢?如果不给予咒诅,那么又如何显示他的公义呢?如果耶稣是审判者,那么他难道是按照不同于他启示的爱仇敌的原则的另一种公义进行审判吗?最后审判的终极目的究竟是什么呢?如果最后审判只是上帝对于罪人和义人的最后大清算,那么最后审判就是最终的结局和目的;或者是为了把上帝的公义向所有人显明出来,并在公义的基础上创造出新世界的永久和平,那么最后审判就不是最终的结局和目的?对于这一连串的神学问题,莫尔特曼进行了详致的讨论,我们在这里不再细加追踪,而是将他的结论性观点做一个概括性的总结。

莫尔特曼认为,虽然教会的主流传统一直摈弃全赦论而主张双重结局论,但实际上在双重结局论和全赦论之间并不存在根本性冲突,二者皆可以在《圣经》里找到确切的依据,他通过重新解释将二者辩证统一起来。一方面,他继续肯定了善者永生和恶者永死的终末审判的双重结局,这是上帝公义的彰明;但是另一方面,他认为这种结局既不是希腊哲学意义上的那种绝对无时间的永恒,也不是终末审判的最后目的和最终结局,最后目的和最终结局乃是全赦论之"万有的回归"。万有回归上帝才是在爱里创造的上帝和他所爱的一切受造团契的终极目标,也才是上帝创造一切的意义。在这个终末目的下,审判的双重结局具有末世的暂时性,"是

---

① ［德］莫尔特曼:《来临中的上帝——基督教的终末论》,曾念粤译,第287页。

最后之前的",意义在于分判善恶,拨乱反正,最后的终点全在于上帝的话:"看啊,我使一切都变成新的。"(《启示录》21:5)因此莫尔特曼写道:"'结局'应该是他的国度和万有的崭新创造。正如最先产生的不是罪恶,而是最初对受造的祝福,那么最后的也应该不是审判,而是对于上帝的义居住其中的这种崭新创造的最后祝福。"①不仅在所有人中期盼着永恒的救赎,而且在崭新创造中期盼着万有的回归。

从根本上讲,这一切都取决于上帝是一个真正在爱中的创造的上帝。上帝爱的恩典胜过一切愤怒,在基督的审判里的公义不是以善报善、以恶报恶之"惩罚的义"或"复仇的义";他爱的是罪人,恨的是人的罪;上帝的审判将罪恶和人分开,以公义评断罪恶,以恩典开释罪人,并使人获得爱和自由决断的力量。上帝的创造胜过一切毁灭和死亡,永生将是所有受造彻底解放和终极得救的盼望。双重结局论和特殊救恩论必须作为一个环节而有助于万有回归论和普遍救恩论。就是说,最后审判不是终局而是开始,它的目标是万有回归以建立永恒的上帝国。② 于是,莫尔特曼的结论是:

> 传扬"最后审判"的终末意义是救赎的上帝国。审判乃是永恒国度朝向历史的那一面。所有的罪恶、一切的恶毒、任何的暴力和这个残暴的、受苦的世界中一切不义都要在审判中被评断和毁灭,因为上帝做出正确的判决。所有的罪人、恶人和残暴的凶手、杀人犯和撒旦之子、魔鬼和堕落的天使将在最后审判中得到释放,并且从他们致死的毁灭中透过转变而被拯救成为他们真正被造的样式,因为上帝是信实的,并且不让他曾经创造过并赞许过的遭受遗弃或失落的命运。"最后审判"不是惊恐,而是向人传扬基督真理中的最奇妙的真理。知道这一点是无尽喜乐的泉源:凶手不仅不能一直向受害者夸胜,并且他们在永恒中不能一直是受害者的凶手。万有回归的终末教义具有审判和上帝国的两面,前者伸张正义,而后者唤起新生命。③

我们看到,莫尔特曼的重释可谓一种沁人心脾、富有创造力的思想洞见,在全新的视野中再次回归到古老的基督教义。终末的审判是一切"罪恶"的永罚和永死,终末的救恩是所有"罪人"的永福和永生。由最初的创造到最终的再造,都体现着上帝是一位真正创造的爱的上帝,彻底打破了基督教一直面临的"上帝叫义人或

---

① [德]莫尔特曼:《来临中的上帝——基督教的终末论》,曾念粤译,第288页。
② 参见[德]莫尔特曼:《来临中的上帝——基督教的终末论》,曾念粤译,第295~296、303~304页。
③ [德]莫尔特曼:《来临中的上帝——基督教的终末论》,曾念粤译,第310页。

信者进天堂,叫罪人或不信者下地狱,那上帝的全爱究竟何在"的尖锐挑战。无疑,这是作为一种信念而被给出的一种绝对的希望。

3. 宇宙终末论是指在万有的回归和普遍的救恩里,大地自然和宇宙万物也进入了"新天新地"

从终末论的创造本源来讲,上帝是创造的上帝也是救赎的上帝,他不仅创造人类也救赎人类,而且创造万物也救赎万物。他要将创造的人类和自然都带到永恒的国度和圆满的终结。从终末论的面向来讲,个人得救的终末论必须扩展为宇宙终末论,因为人是灵肉合一的生物,不仅灵魂得救,肉身也要得救。可是,人的肉身是自然的,身体死亡后回到大地上的坟墓,而肉身复活是和大地自然的复活联系在一起的。没有新天新地的创造,就没有肉身复活。有了新天新地,人的新的肉身性才有可能。同理,由于整个人类历史的存在都要依赖于整个自然体系而进行,因此其终末救赎也离不开宇宙的终末救赎。这意味着终末论必然要有宇宙的面向,个人终末论和人类历史终末论与宇宙终末论之间具有不可分割的统一关系。莫尔特曼立足于创造和救赎的辩证统一论述了宇宙终末论。

莫尔特曼指出,在传统的创造观念里,创造从一开始就是完美的状态,人的罪将它破坏了,于是上帝的恩典要使它脱离败坏而恢复如初,可谓返回旧观或已在的宇宙终末论。莫尔特曼则坚持"'起初的'创造是上帝的历史,它一直要到'万有的崭新创造'和上帝在受造中全面内住时才到达它的目标",可谓开辟新貌或新生的宇宙终末论。[①] 在他看来,如果救赎的终点回到起点,那么一定会在永恒中重复下一次堕落和下一个救赎的循环,无止无休。因此,必然需要恩典更多更大的价值,才能胜过罪的事实性和可能性。于是,盼望不仅指向起初创造的恢复,而且指向最后的圆满终结。终结远远超过开端,起初的创造作为开端是"未圆满的",最后的终结作为崭新的创造是"圆满的"。当上帝在无中创世,这创造不是在时间中,而是时间随着创造而开始,这意味着创造是变动的、开放的、内部不完美的;跟时间一并开始的创造不是永恒的创造,而是"朝向将来"的创造,并在将来中变成"永恒的创造"。这就是创造的"圆满终结",是"新天新地"的开辟,也就是宇宙终末论的指向:自然万物都获得了永恒的救赎和新生,一切的受造在上帝的"安息"中找到永远的福乐;而上帝就"内住"在他的创造物里,上帝的"圣洁"和"荣耀"充满万有。[②] 于是,最后就到达了上帝终末论。

---

① ［德］莫尔特曼:《来临中的上帝——基督教的终末论》,曾念粤译,第 315 页。
② 参见［德］莫尔特曼:《来临中的上帝——基督教的终末论》,曾念粤译,第 317～319、381～383 页。

4. 上帝终末论指向上帝自身圆满终结的荣耀

基督教教义学的最后一个题目是关于"上帝得荣耀"：由于人类一切福分的源头是上帝，因而人类最高的目标是荣耀上帝；而上帝在使自己得荣耀的同时，也使万有得荣耀。那么，莫尔特曼问道："在上帝得荣耀中是否也有一种上帝的终末论，以至于上帝在他得荣耀中达到他的目标并且在他的目标中达到他本身？"①这是在传统神学中没有明确提出和解答的问题。为此，莫尔特曼选取"上帝的自我荣耀"和"上帝的自我实现"这两个典型观念，在对其进行批评检审的基础上，吸收借鉴了怀特海（A. N. Whitehead）过程神学的思想元素，最终将上帝的荣耀推向上帝的终末，确立起荣耀之美乐的上帝终末论。

"上帝的自我荣耀"是传统神学采取的一种思路，强调上帝的绝对主权和自我满足，上帝在万有中得到的一切荣耀都是上帝的自我荣耀。上帝透过自身而存在，上帝本身便完美，上帝可以自我满足，不需要到世界寻求满足。但是这种传统思想面临着一个僵局：如果世界对于上帝没有任何意义，那么上帝为什么创造，创造一切岂非多余？上帝得荣耀的最高目标岂非被取消？为此巴特提供的解答方案是：上帝在"本质上"原是可以自我满足和自我荣耀的，因为他内在是完美的、充实的；可是他在"意志上"是自由的、善的、爱的，他出于"涌流的爱"走出自己去创造世界，故上帝创造世界是因为上帝爱世界。对此，莫尔特曼评论说，这意味着上帝由本质上的自足自爱转向了意志上的无私创造之爱。在自爱的意识中上帝自足而不需要任何人，在无私之爱的意识中上帝无法自足而需要一切。这是上帝里的两种本性吗？这究竟是意味着上帝的自爱根本无法使他满足，反而要全世界的掌声呢，还是意味着他是自我荣耀的，仅仅是出于恩典而接受他者的敬意呢？无论哪种，这一上帝得荣耀的思路里都没有上帝终末论指向，因为上帝能为自己盼望和寻找的根本不存在。"上帝的自我实现"是黑格尔在《宗教哲学》中采用的一条思路，表达的是其"绝对精神自我展开"的哲学观念。莫尔特曼认为，在黑格尔关于绝对者的三段论式的想法中，一个神性的主体贯穿了"父的国度""子的国度"和"圣灵的国度"，在这里同样无法想象以基督受难和复活为轴心的上帝终末论。② 对于莫尔特曼来说，尤论是上帝的自我荣耀还是自我实现都归之于上帝本身，可是，上帝也完全可以透过上帝和世界、上帝和人之间而得荣耀，也只有在这里才会有上帝的终末论。

于是，莫尔特曼借鉴了怀特海过程神学关于上帝的"原初本性"和"后果本性"的概念。在"原初本性"中，上帝是一切可能性的主体，规定一切却不受任何事物运

---

① ［德］莫尔特曼：《来临中的上帝——基督教的终末论》，曾念粤译，第387页。
② 参见［德］莫尔特曼：《来临中的上帝——基督教的终末论》，曾念粤译，第387～395页。

动的影响；在"后果本性"中，上帝以自己的方式感受到事物并和事物处在反应、保护和拯救的关联中。就第一个本性而言，上帝创造了世界；就第二个本性而言，世界创造了上帝，因为世界给他打上了烙印，时空中的所有事件都永远留在了上帝的后果本性里，成为不死而永存的。一切都保存在上帝的记忆中。莫尔特曼正是从这里出发走向了上帝终末论。他说："就后果本性而言，真实的过程事实上使上帝变得越来越丰富。如果上帝让世界对他发生影响，那么他对世界的经历便与日俱增，而且他的后果本性将愈加宽广和丰盛。假如那天真实的过程达到了圆满终结，那么就上帝的后果本性而言，他也达到了圆满终结。如果他达到了圆满终结，那么就他的后果本性而言，就变得比起初时更加宽广和丰盛。"①莫尔特曼坚持认为，这一思想有《圣经》的根据。因为约翰和保罗的圆满终结都大过开始，开始是创造，终结是国度；开始时上帝在自己里面，终末时上帝是万物中的万有。上帝透过他的历史赢得他的国度，在此他安息在万有中，万有活在他之中。如果我们将之称作"荣耀"，那么在这荣耀里，万有作为上帝记忆里的"客观不死性"而永存在上帝里，上帝也同时永恒地内住在万有里，这就是上帝与万有一同进入圆满终结的上帝终末论。在这种荣耀的上帝终末论里，上帝与人和世界之间"交互荣耀"，它的根基便是三一神学关于"父—子—灵"交互荣耀的"上帝盼望"。

　　莫尔特曼的这一上帝终末论最后终结在神性生命的满溢和永恒的喜乐欢宴里，这就是美的圆满。上帝的荣耀不是展现在自我荣耀里，而是展现在千光万彩的受造里。在永恒的国度里，一切生命在上帝的丰满里，也就是在基督的复活里，都得到了"改变"而成为"喜乐的生命"，生命不仅被经历而且被表达为一首赞美诗，天地万有欢呼雀跃，人类与上帝宛如举行一场盛大的"婚宴"。这是一场"永恒喜乐之宴"，整个受造团契向上帝唱出"颂歌"，欢呼上帝的丰满，而"宇宙的笑是上帝的喜悦"，这也正是上帝得荣耀，一场美乐的荣耀。至此，我们好像听到了贝多芬的那首大合唱《欢乐颂》，还有巴尔塔萨的神学大戏剧。

　　莫尔特曼气势恢宏的终末论开启了多重面向的未来运思，表达了基督教那个伟大的永恒盼望。由于他的创造性重释，使得死而复活、来世永生、末日审判这些为现代世界难以接受的传统信条获得了新的理论视野及其意义，作为终极信念继续为现世的生存伦理提供超越性的精神支持。可以说，终末论是基督教生存伦理终极关切的表达。到"上帝终末论"我们发现重新回到了本书第一章讨论基督教的开篇"上帝观"。上帝既是最初的也是最终的，基督教提供的是一种以上帝为超验根基、以上帝为终极目标的生存伦理，永生的盼望只因上帝存在的信仰而发生，最后也只能由上帝的信仰而成全。下面我们用另一位现代神学家阿尔特豪斯（Paul

---

①　［德］莫尔特曼：《来临中的上帝——基督教的终末论》，曾念粤译，第397页。

Althaus)的一段话作为本节的结束："在世上人类每一个对抗不幸和罪恶所得到的胜利都是零碎的。谁来给我们破解死亡的咒语？谁来克服每一时代都重复出现的残暴和邪恶？这些捆绑我们的锁链靠人力是解不开的。实际上，人类今天没有、明天也不会有根本瓦解罪恶的力量。唯有生活的上帝的创行才具有这等力量。他终有一天会粉碎历史的大厦，重新在生活和真理天国的光荣中把它重建。只有在那个时候，人类的渴望才能得到实现。"①

第二节　不朽的追求——儒家的在世关怀

如果说永恒的希望对于基督教传统而言，是从死亡、毁灭、虚无的深切而强烈、鲜明而自觉的意识和探讨中敞开的话题，并由此凭借着对上帝创造和基督复活的信仰，产生了彼世战胜死亡、天国得享永生的盼望，从而获得现世生存意义的终极支撑，那么，对于儒家传统而言情形显得迥然不同。孔子"未知生，焉知死"的悬置态度与之形成鲜明的对照和反差，在"悬置"里，死和死后无论是在死亡意识的理性反思上，还是在死后信仰的超越追求上，基本属于一个未被打开的领域。西方的哲学和神学对于死亡问题孜孜求索，无论是舍勒的向死而生和海德格尔的向死而在，还是麦奎利和莫尔特曼等人的天堂、地狱、末日、审判、死亡与复活，都形成了一套又一套的理论，可谓是"未知死，焉知生"的一种"死而后生"的直面和反观。可是，儒家对于死亡及死后的事情倾向于保持沉默不愿多言，并以之为智者应该持守的态度，因此我们很少能从经典文本尤其是"四书"里找到关于死及死后的高谈阔论。② 儒家在"思"或"知"的层面上重生不重死，但在"践"或"行"的层面上则又十

---

① ［德］阿尔特豪斯：《从基督宗教的观点看历史的意义和目的》，见《20 世纪西方宗教哲学文选》下卷，刘小枫主编，杨德友、董友等译，第 1516～1517 页。

② 关于死亡问题，自孔子以降直到宋代理学基本上秉承了孔子"未知生，焉知死"的悬置态度。但近年来随着儒家宗教性问题探索的深入展开，已有研究成果揭明，到中晚明时期，阳明心学的焦点意识已是"生死关切"。许多阳明学者不再将生死问题视为佛老两家专属，而视之为儒家终极关切的内在向度。比如王阳明的高足王畿（号龙溪）就认为，究明生死已经成为儒家圣人之学的根本方面，"若非究明生死来去根因，纵使文章盖世，才望超群，勋业格天，缘数到来，转眼便成空华，身心性命了无干涉，亦何益也？"（［明］王畿：《王龙溪先生全集》卷十五《自松问答》）。而深得王龙溪精神的周汝登则更加明言应该自觉反思生死这一根本问题："生死不明，而谓能通眼前耳目见闻之事，无有是理；生死不了，而谓能忘眼前利害得失之动者，亦无有是理。故于死生之说而讳言之者，其亦不思而已矣。"（［明］周汝登：《东越证学路》卷三《武林会语》）。故而管志道批评宋儒失于生死关注："其蔽在不能原始反终而知死生之说，遂并二家出世之宗而遏之，则行门何所归？孔子所谓知至知终之学岂其如是？"（［明］管志道：《续问辨牍》卷二《答赵太常石梁丈书》）。中晚期的阳明学者之所以关注生死的重要原因之一是儒佛交融的结果，至于如何回应佛教挑战及其在生死解脱之道上的儒佛之别，对此，可详阅彭国翔：《儒家传统——宗教与人文主义之间》"儒家的生死关切——以阳明学为例"一节，北京，北京大学出版社，2007，第 123～140 页。鉴于本节所论主要是先秦儒家，尤其是以"四书"为本，故而对后世儒家研究特举一例在此，为的是扩展儒家解读的视野，以避免本节以偏概全之嫌。不过，总体说来，儒家重视在世人生而轻视死后何在，应是没有什么问题的。

分注重丧葬祭礼。那么这说明什么呢？抑或是，从根本上讲，儒家是否持有永恒希望的观念呢？有没有超越死亡进入不朽的追求呢？在本书的视野中这一问题的答案是肯定的，因为儒家伦理作为一种宗教性的生存伦理，必然包含这一终极关切的维度，只是它的内涵独具自身特质，关键是如何进行意义的解释和阐发。应该说，这并非一个单向度的问题，很难径直说明白，需要我们在对儒家基本思想特质的把握中予以澄清和解释，下面尝试这一探讨。

一、一而不分的人生世界：从活着出发的生存立场

普遍地说，任何人都会有死亡意识，而且或隐或显地也会有"我希望能把这一生活成什么样"的念头，逻辑上这都是以先在的死亡意识为前提的。但是，这是否意味着对死亡有"问题意识"，是否将生死作为中心关注，是否将生命放在和死亡的同构里去思考就不一定了。事实上，常人思维恰恰是直接从"生"出发去面对和处理人生，全心全意地经营、料理和投入此世的生活，而将"死"看作是人生尽头发生的一件事。就此而言，儒家采取的姿态确乎是常人的姿态，不是把死亡或虚无通过自觉的反思从而作为严酷的问题推到人的面前，而是在淡化和搁置这个问题的自觉意识中，将心智和精力用在当下活着的一生一世。按照这一思路，既然人活一世，犹如草木一秋，都是天地自然之间不可逃脱的必然节律，那么追究死和死后的世界便是一件徒劳无益的事情，既不可知，也不可为。在"君子有所为有所不为"的道德理想主义态度里，探究死亡和死后的世界大体属于"有所不为"之列。当知当为之事不在生前死后、前世来世，而在今生此世的生命之内。从"活着"出发，好好修养和成就这一辈子的人生，到生命终了之时能够死而无憾，没有虚度人生，就是每个人完成的一份天命了。这种人生态度就是"乐天知命"或"恭天顺命"，不失为一种明智和成熟。

然而，从活着出发、处理活着的事情，难道就不面临死亡的挑战吗？如果我们对死亡和彼世有所洞悉，岂不是更能支持短暂的今世并让我们的人生充满来世的希望吗？在此，死亡并没有作为一种问题意识突显出来，根本原因是由于儒家坚持一而不分的人生世界之思维方式和生存信念。

（一）此世人生的在场与经验理性的彰显

一般而论，关于此岸与彼岸、尘世与天国、今生与来世、天堂与地狱这些二元分化的宗教观念在儒家思想中并不存在，一如不存在现象和本体、经验和超验、灵魂和肉体、形上和形下这些二元分立的哲学观念一样。一体不二、合二为一的整体直观而非二元逻辑的思维模式和生存模式是儒家不同于基督教，亦是中国文化不同

于西方文化的基本特征。如果说，基督教在两个世界、两种人生的前提下，为了以永恒的一个来支撑暂时的另一个，或者说，为了超越暂时的一个而进入永恒的另一个，那么，孜孜以求和盼望追随这永恒的一个即死后的世界，也就成为必然的了。可是对于儒家来说，既然坚持一而不分的人生世界，也就没有必要殚精竭虑地追问和痴迷于"这个人生世界"之外的事情了，最智慧的做法当是"务生"而非"务死"，操持"今世"而非"来世"。

这种从活着出发的生存立场及其重视今生今世的人生态度，从哲学的视角来解读，彰显出儒家传统所蕴含的那种"实用经验理性"的精神性格。从思想史来解读，这一性格早在传统思想的奠基时代就已经种上了根苗。我们在第一章里就已经谈到，夏商周从巫觋文化到祭祀文化再到礼仪文化的演进，就已经在前儒阶段表现出一种"由神到人"的"理性而现实"的思想趋向。它直接决定了孔子及先秦诸子的中心旨趣不在"彼世超越的神性之维"，而在"现世经验的人性之维"，所以充分确立发扬了"人文道德实践意识"，而疏离淡化了"神圣宗教信仰"。梁漱溟称之为中国文化的"早熟"，实用经验理性的确立可以视为这一早熟的果子。这也使得从商周巫术文化中解放出来的先秦理性，在儒家及各家纷纷授徒著书立说，以寻求大变动时代的社会政治前景和出路的现实关怀之下，既没有走上希腊哲学那样的闲暇从容和抽象思辨之路，也没有沉入印度佛教那样的厌弃人世和追求解脱之路，当然也没有朝向基督教那样的关于绝对神圣者上帝的超越信仰之路，而是执着于人间世道的实用性探求，无论是社会政治谋划还是人伦道德实践，无不建立在对历史和现实的经验审视之上。对此李泽厚认为，以氏族血缘为人际关系纽带的社会伦理和人事实际占据了思想考虑的中心位置，而长期农业小生产积淀的经验论思维正好和实用理性相得益彰。[①] 实用的和道德的、经验的和现实的、理性的和此世的，种种因素整合在儒家关于今生今世、一生一世的理解认知和身体力行里，这种实用经验理性的精神性格，也就是中国传统文化的典型精神性格，也就是为行而知、以知入行的实践理性。

这种实践理性不同于康德的意趣。儒家实践理性的性格是务实的，务实不崇尚抽象思辨而倾向经验总结；儒家实践理性的性格是现实的，现实只需要实践智慧的今世谋划，无需设定彼世的灵魂不朽和上帝存在；儒家实践理性的性格是道德的，道德追求是自力和自足的，既不仰仗超自然超人类的神圣拯救，也不需要上帝来保证将来的德福一致，鹄的就是在修齐治平的人生实践里成德成人成贤成圣。反过来说，在经验的、现实的、实用的、道德的理性认知和实践力行的模式下，也就

---

① 参见李泽厚：《中国古代思想史论》，北京，人民出版社，1986，第 304 页。

不可能劈开或分出与这一个完全不同的另一个超验的本体的世界和彼岸的来世的人生。

因而，儒家关于生死的态度必然是不重问死而重问生，疏离阴间鬼魂之说，却勤勉世上人间之事。这从孔子和弟子有关鬼神之事和死后之事的对话中可以显露一二。"季路问事鬼神。子曰：'未能事人，焉能事鬼？'敢问死。曰：'未知生，焉知死？'"①那什么是"知"呢？这是另一个弟子樊迟的困惑。而孔子的回答恰恰是，所谓"知"就是对于鬼神要尊敬又要保持距离，既不宜太过勤紧和亲近，也不宜每每惑于迷于那些不可知的事，而是要将世间人生之事当作第一要务，专心致力于人际人伦之道方是正理。这就是《论语》中记载的："樊迟问知。子曰：'务民之义，敬鬼神而远之，可谓知矣。'"②

（二）惜时与顺死：自然从容的生死观

一而不分的生存立场与实用理性的精神性格，使得儒家很少去追求一个纯粹的灵魂的精神王国或彼岸天国，也很少陷入那种灵肉对抗和灵魂分裂的痛苦当中，既没有且不需要经历肉体的折磨，也没有且不需要经历如陀思妥耶斯基那样的灵魂拷问。相反，儒家非常执着于此生此世的生命历程，现实而切身地保持并追求着世间的成就，爱惜时间，珍重人生。正因如此，对于岁月穿梭、盛衰枯荣、年华流逝以致人生情志何以得酬，常常会生发出感伤的情怀。如曹操《短歌行》："对酒当歌，人生几何？譬如朝露，去日苦多……明明如月，何时可掇？忧从中来，不可断绝……山不厌高，水不厌深。周公吐哺，天下归心。"又如阳明学者焦竑也有《送别》诗："庭前有芳树，灼灼敷春荣。秋霜中夜陨，枝条忽已零。我有同怀子，疏忽如流星。生者日已乖，死者日已泯。徘徊顾四海，谁能喻中情？"

不过，虽然出于热爱生命而感伤生命的短暂，但是儒家主张不必过分哀伤，对死亡也不必太过虑及，因为个人的生死在天地之间并不是一个孤立的现象。人事变迁、历史更迭、春夏秋冬、斗转星移，"变易"是宇宙"常道"。既然只有一生，那么最应该做的事情就是好好把握住它以免虚度了光阴。因此，面对有限的生命，儒家既不像希腊人为灵魂得以摆脱肉体进入真理和善的幸福而满足，也不像基督教那样表现出强烈的天国永生的盼望，自然也就没有俄罗斯文化那种浓重沉郁的生死悲情，而是在从容淡然、理智中庸的生死态度中，教导人们要在此世过好这一生，勤奋努力，务实修德，扩充完善人生，发挥生命的光和热，实现自己的愿望和价值，以

---

① 《论语·先进第十一》。
② 《论语·雍也第六》。

免生命终了之时留下无穷遗憾。就像许多诗歌里吟唱的那样,"明日复明日,明日何其多?我生待明日,万事成蹉跎"①。人生流逝不返,犹如"百川东到海,何时复西归?少壮不努力,老大徒伤悲"②。也就会明白何以有诗慨叹:"相看皆白首,不学待何时?于己苟无得,此生空浪驰。"③生命只有一次,若不能勤学力行,有所成就,则枉活一场。若能积极入世,修齐治平,实现平生志愿,便能坦然心安地走向生命的尽头。所以"子在川上,曰:'逝者如斯夫!不舍昼夜。'"④

　　因此,在儒家的意识中,死亡并没有成为一件多么可怕而绝望的事情,更没有作为一种毁灭人生的虚无而被残酷地推在面前。相反,个人由无生到有生,又由有生到死亡,一如自然界的万物一样,这些都是很自然的事情,尽管去坦然地面对和接受即可。在这方面,儒道两家的态度大同小异。儒家基于尽人事听天命的立场,道家基于自然主义立场,都主张不必悦生而恶死,甚至于还"以死为息"。《论语》记述:"曾子有疾,召门弟子曰:'启予足!启予手!诗云:'战战兢兢,如临深渊,如履薄冰。'而今而后,吾知免夫!小子!'"⑤活着,谨慎勉力;死了,也就不必如此劳作而安息了。换言之,生活中谨慎勉力固然可喜可乐,死后能免除之亦可为安为息。对于儒家来说,不以死为意,只要得正命而死即为顺吉,所谓寿终正寝。

　　庄子是对生死论述最详的一个,因道儒对待死亡的态度相近,这里不妨借鉴一二以从侧面透显儒家的观念。庄子说:"夫大块载我以形,劳我以生,佚我以老,息我以死。故善吾生者,乃所以善吾死也。"⑥生是劳作,死是安息,若能生任自然,则能死于安然。庄子妻死,鼓盆而歌,来吊唁的惠子质疑这么做是否太过分了。他说:"不然。是其始死也,我独何能无慨然!察其始,而本无生,非徒无生也,而本无形,非徒无形也,而本无气。杂乎芒芴之间,变而有气,气变而有形,形变而有生。今又变而之死,是相与为春秋冬夏四时行也。人且偃然寝于巨室,而我嗷嗷然随而哭之,自以为不通乎命,故止也。"⑦在庄子看来,若通晓"命"的话,便该顺乎生死有无之"变"。原本无生而有生,今之死再由有生返无生,不过是和四季更替相与而已,犹如睡在巨大的房子里,又有何悲!《易传》有言:"原始反终,故知死生之说。"推原事物的初始并返求事物的终结,就能知道生死之律不过本于天地自然之道。

---

①　[清]钱鹤滩:《鹤滩集·明日歌》。

②　[宋]郭茂倩:《乐府诗集》,可见商礼群编选:《古代民歌一百首》,上海,上海古籍出版社,1979,第33页。

③　[明]王畿:《王龙溪先生全集》卷十八《会城南精舍和徐存斋少师四首》之一。

④　《论语·子罕第九》。

⑤　《论语·泰伯第八》。

⑥　《庄子·大宗师》。

⑦　《庄子·至乐》。

所以庄子的结论是："明乎坦涂，故生而不悦，死而不祸，知终始之不可故也。"①"若死生为徒，吾又何患？故万物一也。"②这是一种非常超脱的人生态度和天人一体的境界。

后世儒家基本上坚持了先儒的死亡观念和态度，如汉代扬子讲："有生者必有死，有始者必有终，自然之道也。"③宋明理学家张载说："存，吾顺事；没，吾宁也。"④活着就积极有所作为，到死时安然无所畏惧。王阳明则说："人于生死念头，本从生身命根上带来，故不易去。若于此处见得破，透得过，此心全体方是流行无碍，方是尽性知命之学。"⑤能够透视生死根本，才能得见本心豁然开朗，才是真学问真功夫。而王船山的生死观更可以看做是儒家观念的总结："天地之生也，则人以为贵。草木任生，而不恤其死；禽兽患死，而不知哀死。人知哀死，而不必患死。哀以延天地之生，患以废天地之化。故哀与患，人禽之大别也。"⑥就是说，生则有死乃是大化日新，不得不然。因此，对于死的态度和认知是应当"哀死"而不必"患死"。"哀死"是因为珍惜其"生"而怜悯其"断"，"患死"则以死为恐惧的灾祸，就未免不知推陈出新的常理了。儒道相比之下，儒家抱持一种尽人事听天命的中庸态度。就死而言，哀死不患死。儒家对"丧礼"的重视可谓"哀死"的体现，哀悼和追忆生命的中断和流逝，因而我们在《论语》中看到孔子在临丧之际食不甘味，哀悼吊哭而不歌⑦；也在《中庸》里读到"事死如事生，事亡如事存，孝之至也"⑧的教导。就生而言，生活一天，就要做一天当做的事情，珍惜在世的日子，努力知晓和力行今生事务，不必虑及将来毕至的死亡之事。而在道家更为超脱从容的态度下，死不必患之也不必哀之，生也不必努力人为，而是要无为而无不为，完全基于道法自然的立场。

如果说，对于基督教而言，死亡不是一件可怕的事情是因为有上帝信仰和永生的盼望，那么，对于儒家而言，死亡也不是一件摧毁人的可怕事情则是因为生死乃自然之道。人从天地自然而来，又回归自然天地而去，天人合一，人与自然一体。

---

① 《庄子·秋水》。

② 《庄子·知北游》。

③ [汉]扬雄：《法言·君子》，转引自张岱年：《中国哲学大纲》，南京，江苏教育出版社，2005，第436页。

④ [宋]张载：《正蒙·乾称》，转引自张岱年：《中国哲学大纲》，第436页。

⑤ [宋]王阳明：《传习录》卷下，见陈荣捷：《王阳明〈传习录〉详注集评》，重庆，重庆出版社，2017，第271～272页。

⑥ [清]王船山：《周易外传》卷二，转引自张岱年：《中国哲学大纲》，第437页。

⑦ 参见《论语·述而第七》："子食于有丧者之侧，未尝饱也。子于是日哭，则不歌。"

⑧ [宋]朱熹：《四书章句集注》，"中庸章句"，第29页。

了悟了这一点,即可坦然面对死亡。一如程子释孔子之言时所说:"昼夜者,死生之道也。"①然而,何以能够做到像对待昼夜交替那样坦然以对呢?这就需要修身养性的功夫。对于儒家的生存伦理来说,君子操持在我的"自力"人格始终是轴心,通过自己的道德修养而实现自我完善和自我提升,达到一个仁人或圣人的存在境界,其中就包含着对待死亡而拥有的那种从容以对的人生态度,这也表现为孔子所讲的"仁者不忧"②和"君子不忧不惧"③的精神情怀和生命品性。反过来说,通过这种积极人为修身养性的功夫,一旦真正了悟了"死生有命,富贵在天"的玄机或真谛,也就可以抵至恭天顺命和乐天知命的天人合一。

在铺陈了儒家上述基本思想性格之后,我们进一步的问题是:在坦然面对死亡而致力于今生今世的人伦事务当中,在搁置了来世信念或死后之问的前提下,是否还有超出当下的某种永恒希望和不朽追求呢?如果说有,那又是一种什么样的精神观念呢?

二、不朽的观念:历史记忆—血脉相传—天人合一

儒家从活着出发关注和投入现世人生,展开一个直到死亡为止的"如何活着"的生命历程,孔子提倡"知生"和"事人"就包含着如何安排与料理这一生活和生命历程。不过,"如何活着"只是现世人生的一个层面,还有一个层面就是"为什么活着",这就是人生意义问题。与"如何活着"相比,儒家更注重"为什么活着"。孔子有言:"朝闻道,夕死可矣。"④既表明了一种面对死亡从容坦然、无所畏惧的态度,更表明了一种在世间活着还有高出活着的意义和价值。正是这种意义和价值使得死并不可怕,也不足惜,最重要的是能"死得其所"。一如孟子所云:"尽其道而死者,正命也。"⑤只要顺受正命,尽道而死,死得其所,那就是生命价值的实现和人生意义的成全,正所谓人固有一死,或重于泰山,或轻于鸿毛,不同的选择可使一世的人生迥然不同。

也正是在这里,在高出活着本身的人生意义里,在为什么活着里,产生了超越当下生活和生命的不朽追求和永恒希望。这是一种意义的追求,一种价值的期许,只是这种意义追求和价值期许虽然超出了个人性,却依然是在这个人生世界里而不在这个人生世界外。就是说,是从"生"的视角而不是"死"的视角求取"活"的永

---

① ［宋］朱熹:《四书章句集注》,"论语集注",第119页。
② 《论语·子罕第九》。
③ 《论语·颜渊第十二》。
④ 《论语·里仁第四》。
⑤ 《孟子·尽心上》。

恒意义和不朽价值。它是在超出个人生死的意义上获得的与人类同在、与日月同辉的不朽性和永恒性。显然，这完全不同于基督教末世论所彰显的那种突破尘世逻辑、死而复活、天国永生的希望图景。

（一）功德言：在历史记忆中不朽

儒家的"不朽"意味着今世的作为不会随着个人的死亡而消失，超越了个人短暂的一生，在身后留下了传世的历史性影响。就此而言，个人的生命获得了不朽的意义和永恒的价值。这种不朽在实质上是一种因不可磨灭的历史贡献而获得的"其德不朽"或"其道永存"的意义，也可称之为"精神不朽"。

关于不朽最典型的说法是"三不朽"，最早出现在《春秋左传》里："太上有立德，其次有立功，其次有立言，虽久不废，此之谓不朽。"①东汉徐干在《中论》里也有关于不朽的近似说法："古人有言，死而不朽。其身殁矣，其道犹存，故谓之不朽。夫形体固自朽弊消亡之物，寿与不寿，不过数十岁；德义立与不立，差数千岁，岂可同日言也哉？"②由此两说可见，立德、立功、立言之"三不朽"与身殁而道存之"道不朽"，实际包含了来自两个层面的不朽含义：一是由形而下的层面而来的不朽，如"立功"。立功者凭着自己在世期间建立的丰功伟业，在自己离世之后而得以声名不落，人们通过他的功业而记诵他。二是由形而上的层面而来的不朽，如立德和立言。立德者因其伟大的人格品质和高尚的德行操守而垂范后人百代不衰；立言者通过著书立说阐扬圣贤之道，使得文明道统千秋教化得以相传，自己也就随着道统的延续而永存在历史的长河之中。总之，通过"三立"的历史性贡献，永远进入历史的记忆中而获得不朽。

对于儒家理想来说，三不朽不是分开的，而是统一在一起的。在儒家为己之学和知行合一的传统中，真正的立言者也是立德者，而真正为后世传诵敬仰的立功者同时也是有德者；而立功、立德与立言无一不要以道而立之。道之不朽才是真正的不朽，才是三不朽的实质意义。否则，言之不可能教化万代，功也不可能垂之千古，德也无法真正地流传百世。张载的一段话最能代表这种不朽的内涵："为天地立心，为生民立命，为往圣继绝学，为万世开太平。"③

据说，最早论及三不朽的《左传》是春秋末年左丘明为孔子《春秋》作传，但一直存在疑义。不过《左传》被列为儒家十三经之一，其思想与孔子思想之间无疑存在

---

① 《左传·襄公二十四年》。
② ［东汉］徐干：《中论·夭寿篇》，转引自张岱年：《中国哲学大纲》，第437页。
③ ［宋］张载：《语录》，转引自张岱年：《中国哲学大纲》，第317页。

着一致性。孔子虽未讲出"不朽"一语，但有不朽的观念。在《论语》中可以读到孔子言："齐景公有马千驷，死之日，民无德而称焉。伯夷、叔齐饿于首阳之下，民到于今称之。其斯之谓与？"①又言："管仲相桓公，霸诸侯，一匡天下，民到于今受其赐。微管仲，吾其被发左衽矣！其若匹夫匹妇之为谅也，自经于沟渎而莫知之也！"②管仲以制度礼仪辅助桓公治理国家、教化文明之"立功"，虽死却能垂世而不朽；相较之下，山沟里的匹夫匹妇死则死已而无人知晓。商人伯夷、叔齐耻食周粟，采薇而食，饿死在首阳山，求仁得仁，其忠义人格为后世称德，可算死而不朽了；相较之下，齐景公虽有权势地位，却死后无德可称，死了也就朽了。故而，"君子疾没世而名不称焉"③。人过留名，雁过留声。人的生命只能留住一世，唯名声才能流芳百代。此为君子所求。但名却又非仅仅是个名而已，而是有功德言之实。无名能留下，意味着乏善可陈。"故君子学以为己，不求人知。然没世而名不称焉，则无为善之实可知矣"④。所以，孔子"称名"非"为名"，相反，"君子病无能焉，不病人之不己知也。"⑤只要德才兼备，修齐治平，惠泽及于后世，身后自然有名留传，影响不绝，虽死实如不死而犹生。由是之故，君子之卒为息不为休，曰终不曰死。所谓息与终，大概即含有不朽之意。君子之卒不过是停止了活动而已，但其活动的影响则未尝断绝，历千百世而万民仍受其赐，身虽死人永存，正所谓活在人们的心中永垂不朽。

故而，孟子言道："君子有终身之忧，无一朝之患也。乃若所忧则有之：舜人也，我亦人也。舜为法于天下，可传于后世，我由未免为乡人也，是则可忧也。忧之如何？如舜而已矣。"⑥君子没有朝日之常忧，却怀终身之大忧；忧什么？就是能否像圣王舜那样法天下而传后世。这也就是死而不朽了。所以孟子还说："君子创业垂统，为可继也。"⑦至汉初韩婴则将由德义而来的不朽意义与天地日月并举："王子比干杀身以成其忠，柳下惠杀身以成其信，伯夷、叔齐杀身以成其廉。此三子者，皆天下之通士也，岂不爱其身哉？为夫义之不立，名之不显，则士耻之。故终身以遂其行。由是观之，卑贱贫穷，非士之耻也。……三者存乎身，名传于世，与日月并而息。天不能杀，地不能生，当桀纣之世，不知能污也。然则非恶生而乐死

---

① 《论语·季氏第十六》。
② 《论语·宪问第十四》。
③ 《论语·卫灵公第十五》。
④ ［宋］朱熹：《四书章句集注》，"论语集注"，第 155 页。
⑤ 《论语·卫灵公第十五》。
⑥ 《孟子·离娄下》。
⑦ 《孟子·梁惠王下》。

也。"①通过立功、立德、立言而流芳百代，永垂不朽，这是儒家君子圣贤的追求，是理想人格的成就，最为典型地体现出儒家取向道德卓越的人生姿态，印证着"天行健，君子以自强不息"及"地势坤，君子以厚德载物"。天之刚健万物资始，地之柔顺万物资生，二者皆为君子效仿的至德。因此，"不朽"既被理解为垂于古今，与历史长存，又被解释为与天地同在，与日月同辉，表明了儒家坚持与社会历史统一、与天地自然一体的在世人文立场和博远历史情怀。

上述可见，儒家关于人的理解不是以个体为本始来把握的，而是在关系中展开的。生命的不朽性不在于个体性，或者说，个人生命的不朽性不是指向如何保持"自身同一性"意义上的个体永在，而是如何能在社会历史的"记忆"中长存不逝，像日月光辉一样长明不灭，完全不同于基督教灵肉合一的自身生命之死而复活的永生观念。后者完全奠基在纯粹的宗教信仰之上，前者牢牢立足于人文历史的现实之中。一个不朽在于个人的"作为"留给万世的"影响"，另一个不朽在于个人的"身位"有待来世的"永在"。作为和影响是"关系性"的，而非个体性的，故而自身虽已不在，却可存在于他人和后人的记忆里；身位和永在是"个体性"的，也是实体性的，故而个体的永生根本不可能在他人的记忆里，而是自身实在的出场。换言之，儒家的永恒不朽是在世性的，因为其影响留在此世是可能的；基督教的永生是彼世性的，因为个体的永活在此世是不可能的。此世和彼世的分野是如此清晰，儒家与基督教的人生观念及其终极关切的差异，也可由此可见一斑。

(二) 父子孙：在血脉相传里长存

儒家的不朽观念还有着最为平实而基本的关怀，可谓是在子孙后代身上的生命延续。如果说"三不朽"追求的立功、立德和立言是为君子的卓越人生观，是通过道德人格的自我修养和自我完善以达至天地和历史，是在高端处的自我超越，那么，对于普通民众来说实为可望却又难及的事情，然则他们何以也能突破个人死亡的限度而分享不朽的生命呢？这就关涉到子子孙孙无穷尽的大家族观念，这一观念完全相应于儒家以宗法血亲为轴心由近及远的社会人伦系统。

在以"事亲"或"孝悌"为仁之基础的儒家体系里，"不孝有三，无后为大"②。延续生命一方面是通过生育子孙的生命延伸了个人自己的生命，从而个我虽死而血脉经由后人可继；另一方面，延伸个人生命恰恰又不是仅仅为了个人，比个人更重要的是家族生命的延续。在这个家族脉络里，每一个个人都是一个"环节"，本身不

---

① 《韩诗外传》，转引自张岱年：《中国哲学大纲》，第 439 页。
② 《孟子·离娄上》。

具有完全独立的意义定位。因此,所谓不朽,重心不在于个人生命的延伸,而在于整体生命的连续。在此,个人的存在依然是通过他人生命的存在而实现的。如果说三不朽是通过与天地日月社会历史的融合而实现道德人格的长存,那么子孙万代的延续不断则是通过自然生育而实现的宗族血脉相传。如果说前者是在精神道德的维度上彰显不朽的意义,那我们却不能把后者完全归结为仅仅是在肉体生命不绝的意义上彰显不朽。实际上,宗族血缘的相传一方面是自然生命的延续,另一方面它还肩负着家族的灵魂即"家魂"的传承,诸如家学家教、家训家风、家德家政等一套家学渊源和家族伦理的传递和延续,依然贯穿着精神道德维度上的不朽之义。所以子孙不绝的关怀包含着自然和伦理两个向度。对于追求三不朽的君子来说,宗族血统的薪火传承同样也是一个基本关怀。

在此,无论是立功立德立言之不朽,还是宗族血脉不绝相传之不朽,都具有道德人文性的意义,也都是在社会人生的舞台上通过现实性的途径实现的,无论是以有形无形的贡献为途径,还是以子子孙孙代代相传为途径。这种不朽所表达的依然是在此世人生的前提下的终极关怀,其旨趣完全不同于基督教。在基督教里,爱父母胜过爱神的不配作耶稣的门徒,来世的永生是自己死后的生命在彼岸的复活,而不是把自己死后的影响留在他人的记忆里;而永生的获得完全依赖神圣的拯救,既不取决于个人此生的道德努力,更不与此世宗族血脉的生命连续有什么相关。人的尺度和自然的尺度都从属于神的尺度,今生今世的最高意义和终极归宿在超逾此世的彼世。相反,儒家追求的不朽就在今世,成全就在今生。没有今生的作为就没有不朽的传世;没有今生养育的子孙,就没有在世香火的不断。能否不朽完全取决于今生的状况如何,而与来生祸福无关;成就不朽也仅仅是在此世的长存,而非又一次获取彼世的生命;甚至有没有来生都是一件未知和未定,而且也没有必要去探知的事情,只有这一生一世才是生命的安居地和完成地。

因此,一则来讲,从孔子"敬鬼神而远之"的说法来看,儒家对于死后的世界基本上持着一种模棱两可的理智而审慎的态度。既不断然否定其存在,更不狂热地迷信它;既保持一种敬虔之心,又不显现出过于亲近之举。二则来讲,这种态度的实质并不在于真正关注死后的世界如何,而在于注重和关心对于逝者的追忆悼念及其对今人今世的影响,这点突出表现在儒家对于"祭礼"的充分重视上。《礼记》有言:"礼有五经,莫重于祭。"[①]祭是有礼仪秩序的,依《左传》"神不歆非类,民不祀非族"。皇帝祭天,诸侯祭山川,儒者士大夫祭君师,百姓祭祖先,此正是"天地君亲

---

① 《礼记·祭统》。

师"的关怀系统。其中,祖先祭拜是儒家祭拜的基本层次和中心内容,祭礼和宗法人伦秩序紧密联系在一起,国有太庙,族有宗祠,家有祖龛。《孝经》里谈到"士"之孝的重要一条就是在父母死后须"守其祭祀"①。孔子在回答樊迟问孝的时候也说:"生,事之以礼;死,葬之以礼,祭之以礼。"②祭祀之礼鲜明体现着儒家伦理传统的宗教性。

　　将守持祭礼视为孝的内容,这与儒家关于传宗接代延续家世香火的"不朽"关怀是完全贯通一致的。祖祖—父父—子子—孙孙前后相继而构成宗族谱系,既包含对于后代生命的孕育教养,也包含对于在世父母的敬养侍奉,还包含对于过世祖先的追忆祭拜,这世代相连的一切都体现着儒家以"孝悌"为基础的宗法人伦,也集中体现着儒家是一个注重时间中的历史连续性的思想传统。敬养父母为孝,不绝后代为孝,祭拜祖先也为孝。过世、在世、将世的贯通相继,既要着落在"将世",没有将世的一代又一代,宗族谱系必将中断,无法垂而不朽,故而不孝有三,无后为大;也要着落在"当世",如果在世不守孝悌伦理,必将陷人伦秩序于禽兽不文而背祖离宗;还要着落在"过世","夫孝者:善继人之志,善述人之事者也"③。继承先人遗志,传扬先人功德,行施祭拜祖先之礼,唤先人活在今人心中,这是对祖先的追忆和感恩,也是在维系和加固宗族命脉的根基。因此,在祭拜的时候,孔子主张"祭如在,祭神如神在。……'吾不与祭,如不祭'"④的诚心诚意和全心全意的敬虔态度。《中庸》也云:"事死如事生,事亡如事存,孝之至也。"⑤

　　对于儒家而言,恪守祭祀之礼首先是体现着为人子嗣的孝悌伦理,感怀先人的荫德;其次是为了祈求先祖保佑现世生活,后继有人,家业兴旺发达;最终归结为这种祭拜行为承载的现世教化意义和社会政治伦理功能,所谓"神道设教","祭者,孝之本也"⑥,"慎终追远,民德归厚矣"⑦。这一切特点使儒家的子孙相传及其祖先崇拜所表达的不朽关怀紧紧围绕着在世生活而展开,既不追慕死后的天堂永福,也不追求与先人的神秘沟通,其终极关怀的向度是宗教性的,却又并不昭彰彼世的超验性,而是凸显此世长存的人文关怀,依然具有某种经验理性或实用理性的特质和性格。

　　这一点在儒家的圣贤崇拜中表露无遗,如《礼记》有言:"夫圣王之制祭祀也,

---

① 《孝经·士章》。
② 《论语·为政第二》。
③ ［宋］朱熹:《四书章句集注》,"中庸章句",第 28 页。
④ 《论语·八佾第三》。
⑤ ［宋］朱熹:《四书章句集注》,"中庸章句",第 28 页。
⑥ 《礼记·祭统》。
⑦ 《论语·学而第一》。

法施于民则祀之,以死勤事则祀之,以劳定国则祀之,能御大灾则祀之,能捍大患则祀之。"①只要是对国家社稷有功德有贡献的人,死后都可以作为神明而受到世代祭拜,被人永远纪念,这与三不朽的观念是一脉相承的。正所谓"死而不亡,与天地并久,日月并明,其惟圣贤乎!"②这也意味着,神圣和世俗之间并不存在绝对的界限,世俗的人事因着不朽的历史影响而完全可以具有神圣的意义并成为崇拜的对象。因此,所谓儒家的世俗性仅仅是在此世性上成立,并不能归结为不具神圣性。此世与彼世、世俗与神圣,这两对概念还不能完全画等号。

(三)天地人:在天人合一中永在

儒家的不朽关怀也可以透过天人合一、与万物一体的观念来领会,由此可以进一步发现其终极关切的亦人文亦宗教的性质。如果说三不朽借助于社会历史的途径,世世代代血脉相传借助于宗法人伦的途径,那么天人合一则具有超越的生存论性质及其审美意义。

儒家关于天人关系的自觉阐释开始于孟子,他认为天之根本内含于人之心性之中,一如《中庸》"天命之谓性"之义。宇宙本根乃人伦道德之源,人伦道德乃宇宙本根之流行。天道与人道、天命与人性一以贯之。故可"尽其心者,知其性也;知其性,则知天矣"③。在尽心、知性、知天的过程中也需要守其"诚"。"君子养心莫善于诚,致诚则无它事矣……天地为大矣,不诚则不能化万物;圣人为知矣,不诚则不能化万民。"④诚者天之道,思诚者人之道。进入思诚之境就能进入天人合一之境,不勉而中,不思而得,从容中道,成己成物,兼物我,合内外,赞天地之化育,参宇宙之流行。在这个意义上,人的存在也就抵达了永恒无限的自由自在的境界,这是一种终极境界,既越出了个体的有限性,也越出了社会人际关系的限度,进入了最高的宇宙天民(或天人)的存在状态。这是一种超越而终极的生存境界,因而是一种具有宗教性的生存境界;这是一种自由无碍圆满融通的存在状态,因而是一种物我双忘、主客消融、有无相通、生死一也的审美生存境界。这种境界打破了界限和区分,进入了浑然无缺、超凡脱俗、天地大美、永恒无限之境。

在这点上,道家的思想有着最为典型最为充分的表达,而儒家与之并无抵触,且宋代以来儒释道已然三教合流,因此,我们不妨再以庄子的相关论述为例来进一

---

① 《礼记·祭法》。
② [明]罗伦:《文集》,转引自张岱年:《中国哲学大纲》,第 440 页。
③ 《孟子·尽心上》。
④ [清]王先谦:《荀子集解》,"不苟篇第三",见《诸子集成》,第 28～29 页。

步呈现这一思想观念。[①]

庄子以无为而逍遥、游心于四海之外、与天地万物一体为人生最高境界。何以能至此？曰："坐忘"。"堕肢体，黜聪明，离形去知，同于大通，此谓坐忘"[②]；去知识，无思虑，遗形骸，至无我，忘却一切而入大通之境。一旦进入大通，便如"朝彻"而得"见独"，即如清旦初起，由黑暗骤见光明，洞识绝对之道。"见独而后能无古今，无古今而后能入于不死不生。"[③]忘世忘物及至忘己，大彻大悟，见之绝对，超乎时间，古今无界，生死无间，于是进入不死不生，不死不生即是不朽而永存。至此境界，与绝对之道合一，与天地一体，万物为一。

"天下莫大于秋毫之末，而泰山为小；莫寿乎殇子，而彭祖为夭。天地与我并生，而万物与我为一。"[④]一切无别，泰山非大，秋毫非小，彭祖非寿，殇子非夭，天地与我，可谓并生，万物与我，实非异体。于是，"官天地，府万物，直寓六骸，象耳目。一知之所知，而心未尝死者乎！"[⑤]以宇宙为我，不以小我为我，宰天地，藏万物，躯体为寓所，耳目为外象，通解万机，心虑不竭。如此物我合一，内外兼忘，无所对待，浑然一体，便能超乎小我之存亡与生死。

"若夫乘天地之正，而御六气之变，以游无穷者，彼且恶乎待哉？"[⑥]"若然者，乘云气，骑日月，而游乎四海之外。死生无变于己，而况利害之端乎？"[⑦]超乎世俗，不为物拘，不与物迁，游乎天地一气，逍遥乎辽远宏阔，与天地万物一体，死生无变于己，祸福得失更无所容心，这就是人生最高境界。"死与生与？天地并与？神明往与？……独与天地精神往来，而不敖倪于万物。不遣是非，以与世俗处。……上与造物者游，而下与外死生、无终始者为友。"[⑧]忘乎生死，消弭终始，与天地相并，与神明俱往，原天地之美，达万物之理，超脱世俗又不出世，神游天地又不却之万物，进入这一境界也就进入了至美至乐的境界，也就达至"真人"或"至人"了。所谓"夫得是，至美至乐也。得至美而游乎至乐，谓之至人"[⑨]。

"天地与我并生，万物与我为一"的思想无疑表达了一种永恒而审美的艺术生

---

①　尤其是考虑到基督教为另一方参照系，引证庄子的观点可以使相关问题的看法得到更好的表达，这有利于我们对儒家思想的阐明。毕竟儒耶在"整体"上代表的是中西两种不同的宗教性生存伦理，而儒道联合更能代表与基督教相对的中国文化整体传统及其特色。

②　《庄子·大宗师》。

③　《庄子·大宗师》。

④　《庄子·齐物论》。

⑤　《庄子·德充符》。

⑥　《庄子·逍遥游》。

⑦　《庄子·齐物论》。

⑧　《庄子·天下》。

⑨　《庄子·田子方》。

存境界,它使人生超越了生命的有限性而与宇宙合一,它超脱了生死两界带来的深渊而获得至乐,成全了一种终极关切视域中的至高生存。这也是为什么蔡元培提出"以美育代宗教"的根本原因,因为美育是一种世界观教育。但是,我在这里更愿意把这种超越生死的至高至乐的终极生存视为审美宗教性的表达,而不仅仅限于美的意义界域。基督教的生存讲究因进入天国与神同在而获得永恒福乐,天人合一的生存则因进入大美无疆永恒无限之境而获得至乐,都带有终极而超越的宗教性意义。只不过前者是在终末超世俗的彼世,后者则虽然超越世俗进入天地人的精神往来却依然是在此世。

　　不过,对于儒家来说,这至美至乐的永恒生存之境,还被阐释和强调为一种"大仁"之境,一种以"仁乐"为本体的天人合一的生存状态。宇宙自然本乃中性,超越情义。"天不为人之恶寒也辍冬,地不为人之恶辽远也辍广。"[①]正所谓"天地不仁,以万物为刍狗"[②]。这是荀子的天观和道家坚持的自然之道的立场。可是,儒家正统却赋予天地宇宙以"仁心"和仁德,强调"天地之大德曰生""生生之谓易""仁,天心也",将人的活着和万物的生育看作宇宙自然的大仁之心和大仁之德,一方面使宇宙自然泛道德化情感化,以"仁情"为体,另一方面宇宙的仁心情爱又反过来支撑起人活着。天地这般仁慈,生命如此美好,既不必舍弃生命而追求寂无,也不必颂扬苦痛皈依上帝,只需活在世间进入宇宙自然致天人合一,也就进入了一种"仁且乐"为本体的至美至善也至乐的生活境界,李泽厚称之为"用理性语言说出来的诗"。它是一种"理欲交融的实用理性和乐感文化";是一种天行健和天地之大德曰生的"有情宇宙观"和"人性原善论"的相依相托;是伦理本体和伦理秩序提升为宇宙本体和宇宙秩序,同时也是宇宙本体和宇宙秩序撑托着伦理本体和伦理秩序;既构成足可敬畏的天人合一的终极境域,也构成对于这种终极的天人交会之本体境界的最高经验或最高体认。因而,它是个体的情性的,又是悦神的至乐的,具有形而上学的皈依品格,是一种宗教性的天人交会所打开的仁乐情怀。既是心性的审美境界,又是仁爱的道德境界,还是与天地神明无限感通俱往之的宗教境界。

　　这种即伦理即艺术、亦人文亦宗教、也感性也超越、理欲交融浑然一体的生存体会和生存态度,使得儒家对于不朽的终极关怀不在人生世界之外去探寻,而是在一个世界一个人生的场域里去寻求生活的至高境界和人生的最后归宿。毫无疑问,这种境界和归宿是一种超越了生命有限性的永恒无限的自由生存之境,一种至善至美至乐的生存之境,其内核是维护人类总体生存的宗教性道德本体。儒家与

---

① ［清］王先谦:《荀子集解》,"天论篇第十七",见《诸子集成》,第208页。
② 《道德经·五章》。

基督教之间的同与异皆在于此。其同在于生存伦理的"根底"都是"宗教性"的,其异在于基督教是从彼世之神出发提供此世的终极支撑,儒家则是从此世天人之境寻求安身立命的终极归宿。

这里我们需要看到,终极生存之境显然是通过"游心"而实现的。在"心灵"的"超时间"或者可称之为"瞬间"中跃迁,突破当下时间性的限度,提升并抵至兼具艺术性—宗教性的"至乐"之永恒。而至乐之永恒乃是一种心境里的永恒、体验里的永恒,只能由诗言吟咏的永恒。但这心境之永恒并不能等于和归于虚幻的想象,而是通过心灵的超时间性体验,创生转化出真实而澄明的生存态度,就是在日常平凡的尘世生活里驻留和欢度偶然的生,从容又珍重,执着于它又超脱它,力行它又领悟它。反过来,借助于超时间的心灵体验之境,在一如往昔的平凡偶然的生存中,同时跃迁而内在地生存于天人合一、天人交会的终极之境。由之,永恒不朽,安身立命。

在此,内在而终极的天人合一体验所绽开的生存态度,开辟了现实而真实的生存世界和生命历程的超越性和无限性的意义,一如基督教终末论的拯救信仰开启了由死亡到复活的永生之路。

(四)检审:不朽的自然—历史之域

透过儒家和基督教可知,后者以绝对超越的神圣彼世来支持此世,借助绝对超越的他力打破今生今世的有限性及必死性的链条,其永生的盼望在人类历史终结处似乎显得非常顺当,但前提是有"上帝信仰"。儒家立足此世人生,有限活着的无限意义完全由人自己领悟天命而立,其实也是一个恭天顺命、乐天知命、倚天立命的过程。只是它可以超越任何具体的时代和人群,却不能超越过去、现在和未来的人类总体及其历史。因此,儒家的生存伦理具有非常成熟而深厚的人类历史意识,注重社会历史命运的沉浮盛衰、分合转承的历史经验,向来喜欢以史为鉴,反映着实用理性的精神性格。但是这种历史意识又并未困于孤立的人类中心主义的自身意识,而是和茫茫无边的宇宙意识贯通在一起,使得"前不见古人,后不见来者,念天地之悠悠,独怆然而泣下"的天地人际浑然一体,时间空间在古往今来的绵延中彼此叠合交融,构成了贯古今、通天人的世界观。

仔细检审之下,这里边萌发着双重效应的生存意识和生存体会:在这个天地人犹如首尾相连的无限循环的巨大圆圈里,既让人极目远眺感到自身置于一个完满无缺的整体里,又让人反身自顾生发出一种孤独又渺小的悲怆之情。一方面就前者(整体)而言,个人置身于子孙万代的宗法人伦以及整个人类社会的历史传承之中,而获得某种绵延不断的无限性依托;人类世界又置于宇宙自然大化流行之间,而获得天地人贯通在一起的某种永恒性的整体依托。这都使得儒家不朽的关怀虽然立足此世人生的观念,但由于这个观念是一种天人合一、社会历史观和天命宇宙观融构统一的观念,因此不再需要依托于一个外在超越的上帝来拯救。另一方面就后者(个体)而言,个人的存在总是有限的,人类在天地之间也总是在自身意识中成为一种与他物不同的独特种类,在没有神力只有人力、没有他力只有自力的情境下,不免生出李商隐"他生未卜此生休"或者陈子昂"独怆然而泣下"的孤独悲愁之叹。不过,这种悲叹往往不独是指向自身的,而是由自身出发同时引向天地苍茫浩渺无尽的某种带有悲美意义的存在论情怀,这也是儒家乐感文化的一个审美特征。

但从总体来讲,伴随这种天地悲愁审美的是儒家乐感文化的另一种更为本体性的道德特征,这就是"天行健,君子以自强不息"的刚毅品格。虽然此身此在只有今生今世,但仁者无忧无惧,在为天地立心、为生民立命、为往圣继绝学、为万世开太平的圣贤追求中,在世世代代的生命延续和宗族传承里,在修身养性以乐天知命,直至抵达天人合一的永恒仁乐之境,儒家致力于即有限寻无限,于世间求不朽。这是一条平实又高超的路、艰辛也卓绝的路,前提是道德自力与人格坚挺。只有依靠道德自觉,才能领悟天命在身的担负;只有依靠道德修养,才能体会契合天命的自在自得;也只有依靠道德人格的自我完善化努力,才能进入天地至仁至乐之境。此即是永恒不朽。于此,我们体会着一种在人类存在有限性界域里确立无限性意义的道德担当精神和悲美也坚韧的情怀。此亦正是儒家的性格。

不过,需要指出的一点是,站在人的个体性存在的角度来看,无论自身怎样融入社会历史和天地自然,无论生育多少后世子孙,属己的生命之死也不能不自我担当,不能不到此休矣。就此而言,通过立功立德立言、天人合一以及血脉相传的路径实现不朽的追求,在今生今世都具有相当的严峻性。不仅三不朽伟业和天人合一之境需要高超的圣贤人格才能担当,而且即使是子孙延续,个我的生命也不过是这一血脉传承中的一个因子而已。对此,虽然儒道都采取了某种可谓"达观"的态度,以高超的仁心与道心来悬置死亡和解构死亡,但对人生来讲,生与死的意义终究是不同的。生是对个体之我的正面肯定价值,死则是其负面的否定价值,根本上是"我"之存在与不存在的问题,是不可能普遍消解掉的。独一无二的个体生存意识越自觉越明确,存在与虚无的意识也就越凸显越强烈,生还是死的挑战也就越严重越无可逃遁,体现精英价值尺度的儒家观念也就越面临考验。

在此,反观基督教的观念不失为儒家的一种有益参照。事实上,西方文化无论是哲学的还是宗教的都凸显个体性意识,因而也凸显对于死亡问题的深度关注和反思。哲学家们将死亡看作是生存论哲学的根本性问题,揭示死亡意识的先在性及其精神超越性路径。神学家们坚持一条永恒恩典的福乐之路,天国的门是对所有人都敞开的未来之门,不必有圣贤人格、高超智慧和子孙万代,只需要虔诚地追随耶稣基督,在信仰中接纳神性的启示和真理,充满爱心地生活在这个世上,就可以获得来世永生的希望,由此突破了自然—历史的限度,打开了神圣价值之域,构成了此世平安喜乐的生活源泉以及承受一切痛苦乃至毁灭的终极支撑。这在高超的卓越的存在限度之外,为一切人,一切平凡的"常人"生存提供了一种终极力量。

然而,这需要信仰。基督教的他力信仰和儒家的自力道德一样都是一种超越性生存的勇气。信仰并追随超世间的神圣存在,走一条天国的路,没有突破理性和经验限度的意志力是无法达成的;同样,由内及外、参天赞地的高超境界,若不在世间付出伟大的修齐治平的道德努力,也是难以实现的。因此,无论哪条路,永恒的希望之路都是一条使人类生存在有限性境遇中又不受困于有限性的超越之路,也是宗教性生存伦理的终极关照。

结语

  我们从上帝和天命的终极设定、罪性和善性的先验人性、神爱和仁爱的生存情态、他力和自力的超越之路以及永生和不朽的永恒希望五个思想环节,从整体上将基督教和儒家作为宗教性生存伦理的两种形态来解读。在宗教性形而上学的层次上,以生存论的视角打通儒耶两家,跨越神圣伦理和世俗伦理的两分界限,确立了基督教和儒家作为共同的宗教性生存伦理的观念框架,由此揭示人类生存在底处的共通性;在这个框架下,又充分阐释了两种形态之间各自不同的理论观点和思想特征,由此表明在观念构造、思维模式和生活道路上的文化差异性。

  在此,关于基督教和儒家的研究,其内在诉求和最终目的是为了在他者参照下反思和重建我们自身的文化传统。一直以来学界在儒耶比较研究中产生的一个重要问题,就是关于中国的儒家之教究竟是不是宗教的问题,它不仅构成儒学界的一个前沿话题,也构成宗教学界的一个重要话题,根本上则是一个深入到宗教哲学之域的问题。它不仅关涉到何为宗教的学术问题,更在实质上关涉到中国人的文化传统里有没有信仰的问题。从已有的研究思路来看，或隐或显地，往往以基督教这一典型的建制性宗教为范式来裁判儒家，结果，持否定论的理由是：儒家既没有基督教那样的完全超越的人格神信仰，也缺乏基督教以教会为轴心的一整套组织建制，因而不是一种遵守神圣诫命的信仰生存体系，而是一种遵循理性良知的世俗道德体系。而持肯定观点的则努力论证儒家拥有相当于彼岸世界的天帝或神灵；也具有与政权组织合一的宗教组织，皇帝或天子同时担任最高俗职和祭天大典的最高祭司；也拥有一套祭祀的礼仪程序，皇帝祭天，诸侯祭山川，儒者士大夫祭君师，百姓祭祖先。因此儒家的圣王教化之教是政治之教也是宗教之教，儒家或儒教完全是一种宗教。①

　　我们在本书中关于儒家和基督教的研究，严格说来，从宏观构架上并非以基督教为参照系来研究儒家，也非以儒家为参照系来研究基督教，而是试图以一种新的解释路径来审视二者并力图超越儒家是不是宗教的争论。为此，我们通过梳理和解读现代西方一些有代表性的宗教理论，提取并确立了一个本质性概念——"宗教性"，并将宗教性定位在终极之维和超越之维；在此基础上又进一步确立了"宗教性生存伦理"的概念，使之成为一种以终极性为根据、以超越性为取向的人类普遍的价值生存秩序。它是一个融宗教性、生存性、伦理性为一体的存在论结构，深深植根于人类在有限性处境中朝向无限性生存的先天形而上学本性。② 由之，任何一种文化生存结构都具有某种终极而超越的宗教性，任何一种伦理价值传统也都是基于这种宗教性的特定生存伦理形态。这样一来，我们通过将宗教扭转为宗教性的概念，使得儒家是不是宗教的问题转换为儒家是否具有宗教性的问题。显然，关于"天"或"天命"的信念预设就是这种终极而超越的宗教性的根本表征，而以天命为根基的儒家传统秩序也就是"宗教性生存伦理"的一种特定形态。由此突破了世俗道德伦理与神圣宗教伦理的习常划分，使得儒家和基督教之间一直被设定的界限在深层次上不再有效，因为基督教传统不过是以"上帝"为信仰预设的另一种"宗教性生存伦理"的表达形态而已。天和天命由于具有终极而超越的性质而同样具有神圣性，而神圣的上帝由于道成肉身临在人间而同样分享世俗性，世俗和神圣不一定非要有绝对的界限不可。当然，这种理解绝不意味着抹杀儒耶之间的区别，这点在本书中已经得到充分的展现。

　　与此相连，在宗教社会学的视野中作为对儒家的一种挑战而凸显出来的宗教

---

① 有关这方面代表性的观点，可参阅李申：《儒学与儒教》，成都，四川大学出版社，2005。

② 对于宗教性与宗教性生存伦理在理论层面上进行更为系统的构思与阐释，是笔者目前承担的国家社会科学基金项目"宗教性视阈中的生存伦理"要着力解决的中心课题，这里所做的基督教和儒家的探讨，一方面是以一个尚未充分展开的宗教性生存伦理的理论观念为前提，另一方面则是为之奠立一个思想史和观念史的基础。

组织制度,在形而上学的宗教性视野中隐退,也就不再构成宗教的本质意义,使得儒家不再由于缺乏基督教那样的教会制度而被消解掉宗教性品质。事实上,基督教教会建制的专门化发展只是欧洲特殊历史条件下的产物,不能作为宗教的普遍化标准。① 更何况从一般性的关于信仰对象的崇拜和祭祀礼仪而言,儒家也绝不缺乏。关于儒家不存在人格神的信仰问题,如果我们立足于宗教性的视阈来看,信仰对象的终极性和超越性的意义是第一位的、决定性的;是否具有人格性,是否采取有神论的形式,则是第二层次的、次要的。如果只有基督教那样的有神论才是宗教,那么,佛教并不信仰人之外的神,也将因“无神”而被排除在宗教之外,显然这是难以接受和成立的结论。这都将我们必然地引到一个根本问题:到底什么是宗教?为了消解以西方为标准的宗教定义及其带来的种种问题,史密斯以“信仰”和“累积的传统”来取代宗教概念,而我们在此将终极而超越的宗教性视为宗教之为宗教的本质意义。于是,儒家因着天或天命的信念或信仰而具有宗教性。天命观既构成了儒家宗教性生存伦理的根基,也消解了儒家是否具有终极而超越的信仰的质疑。及至关于人性源自天命而善的先验论、欲仁得仁的自力论、以天地万物为一体的至仁论、与千秋万世共长在的不朽论,都具有宗教性的信念和追求。

可以说,儒家凸显的道德人文传统作为一种“教化传统”承载着一种绝对的“儒教精神”,这种儒教精神就是以“天命”临在的方式呈现在我们的历史中,儒教的人伦文化就是“天命”在中国人的生活脉络中的展开。② 人伦建构人的存在,人伦体现人之为人;而人之为人溯及天命。没有天命,人无以成其为人;没有天命,人伦也无以成其为人伦。因此,要将人伦归诸天命,方能理解人伦的真正意义。人伦也是天伦,天命观念是人伦观念的形而上根据。面对传统和现代,作为新儒家人物之一的贺麟也明确提醒道:“不要忽略了宗教价值、科学价值,而偏重狭义的道德价值,不要忽略了天(神)与物(自然)而偏重狭义的人。”③天地人正是儒家传统讲究的三才之道,一如《中庸》和《大学》所言,“欲知人不可以不知天”,“欲修身不可以不格物”。敬畏上天,感恩大地,既是儒家的本意和原道,也是现代世界自以为神、征伐自然、唯我独尊的人类应该吸取和继承的思想资源。

与此同时,基督教以上帝为绝对尺度,始终保持对人自身有限性的警惕,不失为儒家思想的一份参照。需要指出的是,基督教的上帝观在现代生存处境下经过

---

① 关于这一点,卢克曼做过具体而深入的考查和分析,参阅[德]卢克曼:《无形的宗教——现代社会中的宗教问题》,第四章“宗教的社会形式”,覃方明译,第39~60页。

② 对这一问题保持高度自觉的论著,可参阅唐文明:《近忧:文化政治与中国的未来》,“五伦观念的再检讨”“中国历史文化之精神生命与中国之政治前途”等章节,上海,华东师范大学出版社,2010,第67~92页。

③ 贺麟:《五伦观念的新检讨》,见《文化与人生》,北京,商务印书馆,1988,第53页。

重释而获得了崭新的意义,儒家的天命观同样也需要做出新的阐释,才能在现代世界重新焕发出生命力。同样,儒家的性善论如何面对人性恶的现实挑战,自力超越如何回应道德修养的常常失败,始于孝悌的仁爱又该怎样避免陷入亲亲之网,不朽追求在无可替代的个人死亡面前如何坚守得住,所有这一切都构成了儒家思想进行现代重构的任务。而基督教的罪性论和救赎论对于人性幽暗的洞察和意志力薄弱的体认,基于神爱的普遍之爱以及建立在上帝信仰之上的个人永生观,都可以为儒家提供诸多有价值的借鉴和补充。

参 考 文 献

[1] 阿伦特.精神生活·意志[M].姜志辉,译.南京:江苏教育出版社,2006.

[2] 奥古斯丁.忏悔录[M].周士良,译.北京:商务印书馆,1963.

[3] 奥古斯丁.论三位一体[M].周伟驰,译.上海:上海人民出版社,2005.

[4] 奥古斯丁.论自由意志[M].成官泯,译.上海:上海人民出版社,2010.

[5] 奥古斯丁.上帝之城[M].王晓朝,译.香港:道风书社,2003.

[6] 奥托.论"神圣"——对神圣观念中的非理性因素及其与理性之关系的研究[M].成穷,周邦宪,译.成都:四川人民出版社,1995.

[7] 保罗·利科.解释的冲突[M].莫伟民,译.北京:商务印书馆,2008.

[8] 北京大学哲学系外国哲学教研室编译.西方哲学原著选读:上卷[M].北京:商务印书馆,1983.

[9] 贝格尔.神圣的帷幕[M].高师宁,译.上海:上海人民出版社,1991.

[10] 贝格尔.天使的传言[M].高师宁,译.香港:汉语基督教文化研究所,1995.

[11] 别尔嘉耶夫.论人的使命·神与人的生存辩证法[M].张百春,译.上海:上海人民出版社,2007.

[12] 陈来.古代思想文化的世界——春秋时代的宗教、伦理与社会思想[M].北京:生活·读书·新知三联书店,2002.

[13] 陈来.古代宗教与伦理——儒家思想的根源[M].北京:生活·读书·新知三联书店,2009.

[14] 陈梦家.殷墟卜辞综述[M].北京:中华书局,1988.

[15] 陈明主编.原道[M].北京:团结出版社,1995.

[16] 陈荣捷.王阳明传习录详注集评[M].重庆:重庆出版社,2017.

[17] 丹尼尔·贝尔.资本主义的文化矛盾[M].赵一凡,蒲隆,任晓晋,译.上海:上海三联书店,1989.

[18] 道森.宗教与西方文化的兴起[M].长川某,译.成都:四川人民出版社,1989.

[19] 杜道生.论语新注新译[M].北京:中华书局,2011.

[20] 杜维明.中庸:论儒学宗教性[M].段德智,译.北京:生活·读书·新知三联书店,2013.

[21] 冯友兰.新原人[M].上海:商务印书馆,1946.

[22] 冯友兰.中国哲学简史[M].赵复三,译.北京:新世界出版社,2004.

[23] 冯友兰.中国哲学史[M].北京:商务印书馆,2012.

[24] 海德格尔.存在与时间[M].陈嘉映,王庆节,译.北京:生活·读书·新知三联书店,1999.

[25] 汉斯·昆.基督教大思想家[M].包利民,译.北京:社会科学文献出版社,2001.

[26] 何光沪.多元化的上帝观:20世纪西方宗教哲学概览(增订版)[M].北京:中国人民大学出版社,2010.

[27] 何光沪,许志伟主编.儒释道与基督教[M].北京:社会科学文献出版社,2001.

[28] 何光沪选编.蒂利希选集:上、下[M].上海:上海三联书店,1999.

[29] 胡道静,等.周易十讲[M].上海:上海人民出版社,2003.

[30]　胡伟希.中观哲学导论[M].北京：北京大学出版社,2016.

[31]　黄裕生.宗教与哲学的相遇——奥古斯丁与托马斯·阿奎那的基督教哲学研究[M].南京：江苏人民出版社,2008.

[32]　加尔文.基督教要义：上册[M].徐庆誉,审译.香港：基督教文艺出版社,2001.

[33]　焦循.孟子正义[M].上海：上海书店,1991.

[34]　卡尔·巴特.教会教义学：节选本[M].戈尔维策精选,何亚将,朱雁冰,译.北京：生活·读书·新知三联书店,1998.

[35]　卡尔·巴特.罗马书释义[M].魏育青,译.上海：华东师范大学出版社,2005.

[36]　卡尔·白舍克.基督宗教伦理学：第一卷[M].静也,常宏,等译.上海：上海三联书店,2002.

[37]　卡尔·洛维特.世界历史与救赎历史——历史哲学的神学前提[M].李秋零,田薇,译.上海：上海人民出版社,2006.

[38]　康德.纯然理性界限内的宗教[M].李秋零,译.北京：中国人民大学出版社,2007.

[39]　克尔凯郭尔.致死的疾病[M].张祥龙,王建军,译.北京：中国工人出版社,1997.

[40]　李申.儒学与儒教[M].成都：四川大学出版社,2005.

[41]　李申.中国儒教论[M].郑州：河南人民出版社,2004.

[42]　李泽厚.中国古代思想史论[M].北京：人民出版社,1986.

[43]　利文斯顿.现代基督教思想[M].何光沪,译.成都：四川人民出版社,1999.

[44]　梁漱溟.东西文化及其哲学[M].北京：商务印书馆,2000.

[45]　梁漱溟.中国文化要义[M].上海：学林出版社,1987.

[46]　刘宝楠.论语正义[M].上海：上海书店,1986.

[47]　刘时工.爱与正义：尼布尔基督教伦理思想研究[M].北京：中国社会科学出版社,2004.

[48]　刘小枫.个人信仰与文化理论[M].成都：四川人民出版社,1997.

[49]　刘小枫.走向十字架上的真——20世纪基督教神学引论[M].上海：上海三联书店,1995.

[50]　刘小枫选编.舍勒选集[M].上海：上海三联书店,1999.

[51]　刘小枫主编.20世纪西方宗教哲学文选[M].上海：上海三联书店,1991.

[52]　卢克曼.无形的宗教——现代社会中的宗教问题[M].覃方明,译.北京：中国人民大学出版社,2003.

[53]　罗义俊编.理性与生命——现代新儒学文萃(一)[M].上海：上海书店,1994.

[54]　马丁·布伯.我与你[M].陈维钢,译.北京：商务印书馆,2015.

[55]　马克·里拉.夭折的上帝——宗教、政治与现代西方[M].萧易,译.北京：新星出版社,2010.

[56]　马克斯·韦伯.儒教与道教[M].洪天富,译.南京：江苏人民出版社,2003.

[57]　马克斯·韦伯.新教伦理与资本主义精神[M].于晓、陈维钢,译.西安：陕西师范大学出版社,2006.

[58]　麦奎利.基督教神学原理[M].何光沪,译.香港：汉语基督教文化研究所,1998.

[59]　梅列日科夫斯基.宗教精神：路德与加尔文[M].杨德友,译.上海：学林出版社,1999.

[60]　莫尔特曼.创造中的上帝——生态的创造论[M].隗仁莲,等译.香港：汉语基督教文化研究所,1999.

[61]　莫尔特曼.来临中的上帝——基督教的终末论[M].曾念粤,译.香港：道风书社,2002.

[62]　莫尔特曼.盼望的伦理[M].王玉静,译.香港:道风书社,2015.

[63]　默茨.历史与社会中的信仰[M].朱燕冰,译.北京:生活·读书·新知三联书店,1996.

[64]　牟宗三.牟宗三新儒学论著辑要——道德理想主义的重建[M].郑家栋,编.北京:中国广播电视出版社,1992.

[65]　牟宗三.心体与性体[M].上海:上海古籍出版社,1999.

[66]　尼布尔.道德的人与不道德的社会[M].蒋庆,等译.贵阳:贵州人民出版社,1998.

[67]　尼布尔.基督教伦理学阐释[M].关胜渝,徐文博,译.台北:桂冠图书股份有限公司,1992.

[68]　尼布尔.人的本性与命运[M].谢秉德,译.香港:基督教文艺出版社,1998.

[69]　帕利坎.基督教传统[M].翁绍军,译.陈佐人,校.香港:道风书社,2002.

[70]　潘霍华.追随基督[M].邓肇明、古乐人,译.香港:道声出版社,2000.

[71]　潘能贝格.人是什么——从神学看当代人类学[M].李秋零,田薇,译.香港:道风山基督教丛林,1994.

[72]　朋霍费尔.狱中书简[M].高师宁,译.何光沪,校.成都:四川人民出版社,1997.

[73]　彭国翔.儒家传统——宗教与人文主义之间[M].北京:北京大学出版社,2007.

[74]　饶申布什.饶申布什社会福音集[M].赵真颂,译.香港:基督教辅侨出版社,1956.

[75]　圣经(新译本)[M].香港:环球圣经公会有限公司,2002.

[76]　施莱尔马赫.论宗教——对蔑视宗教的有教养者讲话[M].邓安庆,译.北京:人民出版社,2011.

[77]　史密斯.宗教的意义与终结[M].董江阳,译.北京:中国人民大学出版社,2005.

[78]　苏舆.春秋繁露义证[M].北京:中华书局,1992.

[79]　孙诒让.墨子闲诂[M].上海:上海书店,1986.

[80]　汤清编译.历代基督教信条[M].香港:基督教文艺出版社,1999.

[81]　汤因比.文明经受着考验[M].沈辉,等译.杭州:浙江人民出版社,1988.

[82]　唐·库比特.上帝之后——宗教的未来[M].王志成,思竹,译.北京:宗教文化出版社,2002.

[83]　唐君毅.唐君毅新儒学论著辑要——文化意识宇宙的探索[M].张详浩,编.北京:中国广播电视出版社,1992.

[84]　唐君毅.中国宗教之特质[M]//唐君毅全集.台北:台湾学生书局,1988.

[85]　唐文明.近忧——文化政治与中国的未来[M].上海:华东师范大学出版社,2010.

[86]　唐文明.与命与仁——原始儒家伦理精神与现代性问题[M].保定:河北大学出版社,2002.

[87]　特洛尔奇.基督教理论与现代[M].刘小枫,编.朱雁冰,等译.香港:汉语基督教文化研究所,1998.

[88]　田薇.信念与道德——宗教伦理的视域[M].北京:线装书局,2012.

[89]　田薇.信仰与理性——中世纪基督教文化的兴衰[M].保定:河北大学出版社,2001.

[90]　万俊人.寻求普世伦理[M].北京:北京大学出版社,2009.

[91]　王先谦.荀子集解[M].上海:上海书店,1991.

[92]　吴龙辉.原始儒家考述[M].北京:中国社会科学出版社,1996.

[93]　西美尔.现代人与宗教[M].曹卫东,等译.北京:中国人民大学出版社,2006.

[94]　谢文郁.自由与生存——西方思想史是上的自由观追踪[M].张秀华,王天民,译.上海:

上海人民出版社,2007.

[95]　许志伟、赵敦华主编.冲突与互补:基督教哲学在中国[M].北京:社会科学文献出版社,2000.

[96]　杨伯峻译注.论语译注[M].北京:中华书局,1980.

[97]　杨国荣.存在之维——后形而上学时代的形上学[M].北京:人民出版社,2005.

[98]　姚新中.儒教与基督教——仁与爱的比较研究[M].赵艳霞,译.北京:中国社会科学出版社,2002.

[99]　伊利亚德.神圣与世俗[M].王建光,译.北京:华夏出版社,2002.

[100]　余英时.余英时新儒学论著辑要——内在超越之路[M].辛华,任菁,编.北京:中国广播电视出版社,1992.

[101]　虞格仁.历代基督教爱观的研究——爱佳泊与爱乐实(Agape och Eros)[M].韩迪厚、薛耕南、万华清,译.香港:中华信义会书报部,1950.

[102]　约翰·德雷恩.旧约概论[M].许一新,译.北京:北京大学出版社,2004.

[103]　约翰·德雷恩.新约概论[M].胡青,译.北京:北京大学出版社,2005.

[104]　张岱年.中国哲学大纲[M].南京:江苏教育出版社,2005.

[105]　张庆熊.基督教神学范畴[M].上海:上海人民出版社,2003.

[106]　张善文译注.周易[M].太原:山西古籍出版社,2006.

[107]　张旭.卡尔·巴特神学研究[M].上海:上海人民出版社,2005.

[108]　张志刚.宗教学是什么[M].北京:北京大学出版社,2002.

[109]　张志刚.宗教哲学研究——当代观念、关键环节及其方法论批判[M].北京:中国人民大学出版社,2003.

[110]　周辅成编.西方伦理学名著选辑:上卷[M].北京:商务印书馆,1964.

[111]　周伟驰.奥古斯丁的基督教思想[M].北京:中国社会科学出版社,2005.

[112]　朱熹.四书章句集注[M].北京:中华书局,2011.

[113]　卓新平.基督宗教论[M].北京:社会科学文献出版社,2000.

后记

　　当得知这本书即将付印，少不了一阵轻松和放心。转念之间，回首过往，却不免生出几许隔世之感。无论个人还是世界，多少沧桑，多少变故，虽一言难尽，却无法留白。它注定这篇后记超出了通常的内容和意义。

　　许多年前有兴趣进入这片研究领域，就几欲构思写书，却迟迟未果。当终于写完了这本书，却又在通往出版的途中一路辗转了数年之久。自入选 2017 年清华大学文科出版基金项目后，在等待此书出版的日子里，专心致志地度过了学术上紧张又充实的 2018 年。不料，2019 年元月刚从澳门开完学术会议归来，上天就跟我开了一个人病临头的坑笑，人生顿时跌入了生命的低谷，不仅完全打乱了生活和工作秩序，心灵秩序也受到严峻挑战。在整整一年的时间里，接受各般的无可奈何，放下诸多热衷的事情，剩下的内容似乎就只有求生。我自嘲，也许是上天在惩诫我的精神自傲。一直以来自许为执着于超出日常生活层面的人生之境，而今却除了日常还是日常，以致连日常也不得安生，长夜都变成了难挨的负担和煎熬。

　　记得从青春时代开始，当死亡的想象第一次划过夜空下的脑海，心灵就曾被那种彻底否定性的虚无感击中。这时，理性必须即刻关住闸门，将想象逐出心间。在以后的岁月里，有关死亡的念头也曾多次闪现在午夜，但每次都被理性停止，否则会恐惧和绝望到崩溃。难道是海德格尔所谓先在的死亡意识一再对我如此明晰地显现出来，而我每每因惧之而逃避之和抗拒之，因此上天就偏偏令生死考验之火早早地燃临我的头上，以便淬炼我的勇气不成？

　　如果说曾有的生死想象已经让我有一种直击心灵的体验，那么，这一次是真正切身地临近了生死之问。在不止一次的自我对话里，我冷静地问自己：如果现在经受不住死的考验，那么，即使死亡推迟到更远的将来，就能无恐惧地接受吗？既然死亡本身不可逃避终究要来，那么早点儿晚点儿又有多少本质性的区别？理性告诫自己，必须站立，必须挺住，必须勇敢直面生存的悲剧性问题，决不能自己打倒自己。毕竟在哲学形而上的世界里浸润了多年，对生与死的问题有着深切的理解和领悟。此世，生只一次也偶然，重要的是活着的时候，能够活出自己的样子，有高尚的东西，有精彩的片段，有充满意义的时空；此生，死也一次则必然，重要的是能坦然告别，安然离去。

　　在艰难的日子里，也曾几次叩问信仰之域。克尔凯郭尔说，对于基督徒来讲，死亡并不可怕，上帝是包括永生在内的一切可能。死亡不致死，绝望才是致死的疾病。我相信，这一"信仰"是生命里的一种"真谛"，一种活泼的"力量"，也是一种恩赐的"福气"。不过，虽然自己也想赢获基督信仰中的生命，却一直徘徊在理性追问的途中，尚未实现信心跨越理性的"一跃"。也许有一天上帝会开启我的信仰之门，但当下更多地还是从哲学的超越精神中获取自我挺拔的力量，并且有意识地从儒家君子人格和道家道法自然中去寻找和体会超越生死的天地情怀。想来好巧，也算是一次真正以"在身性"的体验对本书理论研究的一次回应吧！

　　然而，正是在这些艰难的日子里，我收获了许多基督徒朋友和非基督徒朋友的无比关心和爱护，还有我的同事们的关照和帮助，我的家人、我的学生们的日夜陪伴和照看，以及主治医生作为主心骨的有力支持。我不去一一计数，却个个铭记在心。这是人生的一笔非常宝贵的精神财富，让我在生命逼仄的感受里，体会到生命的开敞和丰厚。对此，我心充满了慰藉和感恩。

　　2019，苦难的一年，难忘的一年。这一年不仅我个人的生命遭遇劫难，我的父亲也在一个夏雨的晚上告别人世。我以最大的自持力，撑着自己，送走了亲人。可是，谁又料到2020庚子年伊始，一场超出个人命运的更大灾难从天而降。新冠病毒肆虐全球，整个人类都被抛进了险境，从经济、政治到思想文化极大地改变了现代世界的生存秩序，对人类文明的发展前景将带来不确定的影响。这一切不能不叫人惊叹,个人命运的改变和历史方向的转折,往往都是由偶然事件引发的,而如何应对这些偶然性的出现,也许只能从过往历史的真正反思中获取智慧的源泉。

就这样,从昨天到今天,在时光的穿梭里个人和世界交织在一起,构成了一幅晦明相间的长画。我的书稿也在一路跌跌绊绊的脚步里,终于等来了即将付印的消息,也算是许久以来在一首低沉的旋律中弹起的一个明快的音符。

在这本书走向出版的过程中,许多人付出了辛劳。我的博士生翁华通读了第一遍书稿;任作栋仔细校订了清样,核实查对了所有的引文、注释和参考书目,改正了多处错误;已经毕业工作的桑泽轩在国家图书馆查找相关文献,解决了资料上的一些难题。责任编辑梁斐从一开始接手这本书,就一直关注和操心它的每一步进展,认真细致地审读书稿提出疑问,按照编辑的专业要求给予改善的建议。在此,我对所有付出辛勤劳动的人一并奉上衷心的感谢,也对清华大学及其出版社对人文学术的大力支持表示敬意。

最后记上一笔,权当对自己的一个交代和自勉。本书以基督教和儒家为研究对象,对二者的理解是在哲学形而上学的层面上将它们作为"宗教性生存伦理"框架内的两种不同的范型予以把握。因此,"宗教性生存伦理"在本书中是一个先在的思想观念和理论前提。对此本书在"导论"里做了一个必要的解释性界定之后,主要是据此解读基督教和儒家两个传统个案,并未对这一理论前提或思想观念本身给出充分和系统的论述,这是我原本计划在本书的基础上进一步拓展和完成的研究任务。谁料病祸加身,力不从心,迟至今日仍在徘徊,也使得国家社会科学基金项目的结题一延再延。每每念及,忧思不安,唯祈天命垂顾,早日走出困顿,也好了结心愿。

谨以此书纪念父亲田文涛——我青少年时代心中的偶像。

田薇

2020 年 9 月 14 日修订

清华大学学清苑小区

补记:

翻开两年前的"后记",依然有些唏嘘。然终是时过境迁,此刻的心境已不复当初。如果说那时候内外世界都令自己心潮起伏,万千思绪,那么如今虽说还远未达到苏东坡那种"回首向来萧瑟处,也无风雨也无晴"的境界,但还是平静了许多许多。不知是因为经历了更涩的世事变迁,让人更添了些深厚和从容,还是因为时间的流逝也削弱了敏感的神经。既无意再多写什么,也不想抹掉两年前的书写。

两年后再"补记",自然意味着两年前的那次"付梓"末了竟成了一个长长的等待。这本书稿最初完成于 2014 年 10 月,算来已经将近八年,与出版社照面从中国社会科学出版社到清华大学出版社前后也有五年多。如今终于能够面世,我必须感谢两个人的帮助,一个是我的哲学系同事圣凯教授,另一个是我的研究生同学张保生教授。圣凯的慈悲之心令我感动,保生的同学之谊让我欣慰。我深深地感谢他们。

田薇

2022 年 7 月 26 日

学清苑书房